冀滇肯

张锐强

著

CNS
湖南
人民
出版社

图书在版编目（CIP）数据

莫须有 / 张锐强著. --长沙：湖南人民出版社，2025.1
ISBN 978-7-5561-3307-9

Ⅰ．①莫…　Ⅱ．①张…　Ⅲ．①将军—列传—中国　Ⅳ．①K825.2

中国国家版本馆CIP数据核字（2023）第160803号

莫须有
MOXUYOU

著　　者：张锐强
出版统筹：陈　实
监　　制：傅钦伟
选题策划：长沙经笥文化
责任编辑：张玉洁
产品经理：杨诗文
责任校对：夏丽芬
特邀编辑：章　程　吴　静　杨诗瑶
封面设计：东合社—安　宁

出版发行：湖南人民出版社［http://www.hnppp.com］
地　　址：长沙市营盘东路3号　　邮　编：410005　　电　话：0731-82683357

印　　刷：长沙鸿发印务实业有限公司
版　　次：2025年1月第1版　　　　　　　印　次：2025年1月第1次印刷
开　　本：880 mm×1230 mm　1/32　　印　张：13.75
字　　数：260千字
书　　号：ISBN 978-7-5561-3307-9
定　　价：58.00元

营销电话：0731-82221529（如发现印装质量问题请与出版社调换）

目录

代序

文化与武化

从童年时听评书《杨家将》《岳飞传》和《隋唐演义》算起，我对军事历史的兴趣和研究已经持续四十多年，动笔书写也超过二十年。现在想想，青春期之所以不曾追星、不曾迷恋火热无比的武侠，根由即在于此。我内心已经没有崇拜明星、侠士的空间，只有对军事和战将不算狂热但长久不衰的兴趣。时至今日，虽已白发，还会不远万里踏勘古战场。我得承认我有英雄情结。一个民族，如果没有自己的英雄，或者有英雄而不尊崇不研究，恐怕很难谈得上有希望。当然，这个英雄是广义的概念，其中应当包括伟大的科学家、思想家和艺术家。即便普通人，只要他们在各自不同的位置做出各自不同的贡献，便是英雄。

今天人人都习惯于谈论文化，越没文化的往往调门越高。但他们完全没有意识到，今天最缺的可能不是文化，而是武化。武化的内涵并非好勇斗狠、打打杀杀，而是内在的责任与外在的担当，是对箭在弦上引而不发的火候的巧妙拿捏。你可以面色如常，但胸中得怀有利器。当男人尽皆懦弱胆怯，手无缚鸡之力，这样的文化恐怕难说正常。当然，这是秦汉刑徒从军、宋明右文抑武的漫长后遗症。而本来我们是文武不分职的，起初作战甚至是贵族的特权，平民不得染指。

即便如此，我们对名将的贡献依然可能存在认知误区。

生物、学说、文化、民族、国家都是在交流中发展的。如果没有交流、碰撞、扬弃与吸收，它们便只能在同质化中慢慢衰落。曲线可能平滑，但趋势却很坚定。碰撞、扬弃与吸收都是交流的一种。名将与军事家对民族国家的贡献，并非仅限于征战杀伐、开疆拓土，还包括交流。如果不信，你看看蒙古西征期间东西方不动声色地实现了多少技术与物质的交换。战场上的交流是最剧烈的交流，可能也是效率最高的交流——因为成本足够高昂，双方都不得不高度重视。

有鉴于此，我写了关于古代名将的四本书，由湖南人民出版社出版。《莫须有》《空悲切》算是开路先锋。

名将喋血疆场，可谓死得其所，正是求仁得仁之意。

像常人般死在床上，反倒被视为耻辱。就像陆游的诗句："白首不侯非所恨，咿嘤床箦死堪羞。"可如果他们没有战死疆场，也没有死在床上，而是死于背后或明或暗的一刀，就难免令人扼腕叹息。伍子胥、吴起、白起、李牧、蒙恬、李广、魏延、檀道济、岳飞、袁崇焕……这个名单未免太长。

从某种意义而言，他们的死亡也是我们成长的代价。就像在前面探雷的勇士。如果不把他们的经验教训展示出来，以告来者，那么他们等于屈死了两回。不是吗？

《明史·奸臣传》列出六大奸臣——胡惟庸、陈瑛、严嵩、周延儒、温体仁和马士英，其中周延儒、温体仁和马士英跟袁崇焕一样，都曾是崇祯的朝臣。而在文学家张岱的《夜航船》中，崇祯朝奸臣有四：周延儒、袁崇焕、杜勋和马士英。他居然用袁崇焕代替温体仁，而且还认为袁崇焕连秦桧都不如。

提到魏延，总是避不开诸葛亮。诸葛亮的遗嘱将魏延推上了绝路。因为《三国演义》的影响，人们对诸葛亮普遍持有正面看法，正好遮蔽了他六出祁山的巨大代价。自从追随刘备，诸葛亮就开始"吃大户"。明代何宇度《益部谈资》记载：刘备"从南阳大姓晁氏贷钱千万，以为军需。诸葛孔明作保，券至宋犹存"。可以肯定，当时诸葛亮归附刘备还不久，他们还屈身新野小城。局面实在窘迫，两人便从姓晁的南阳大户手中借钱千万。这家人也有意思，将债券一直保存到宋朝。占领荆州后，两人又多次向大户发债。这些债券保存时间更长，明末张献忠破荆州时，发现刘备"借富民金充军饷券"，债券上有"武侯押字，纸墨如新"字样。等到蜀汉政权建立，掌握了发钞的权力，干脆变本加厉，直接发行直百钱、直百五铢钱，面值以一当百，不动声色地吸血。而根据蜀吴灭亡时的数据，蜀国九十四万人纳税养十万两千兵，比例比吴国略高两三成，但吴国二百三十万人纳税养三万两千官员，蜀国居然要养四万，比例几乎是吴国的三倍。

政治是否人道，数据不会骗人。读书读到这里，我不相信你没有被那些发黄的纸页触动。当然，本文并没有简单地翻案，故作惊人之语。我所做的只是有一分史料说一分话，力图还原历史细节。"嘤其鸣矣，求其友声。"我相信会有很多同好应和。

余不多言。谢谢湖南人民出版社，以及当初刊发这些文章的《当代》《四川文学》《山东文学》《绿洲》等杂志。

是为序。

白起：纸上谈兵的对手盘

导读： 长平之战无疑是名将白起的成名之战，但是其对手赵括，也完全尽到了军人的职责。多年以来，加在赵括身上的恶评实在是不公，"纸上谈兵"云云，纯属从结果倒推的污蔑。

恨白起吗？吃豆腐吧

去山西采风时，在太原吃过一道菜，普普通通的豆腐。不普通的是，豆腐是蒸的，要蘸着红油调料吃。朋友告诉我，对于古代的山西人来说，豆腐不是一般的豆腐，而是白起的脑浆；调料也不是一般的调料，而是白起的血。他们就是要蘸着白起的血，吃他的脑浆。

山西的中部和北部，战国时期是赵国的领土，太原更是其发家的根据地。赵简子命令家臣董安于修筑的晋阳城，就在今天太原西南的晋源区。后来，尹铎又奉命前去治理经营。临行之前，他问赵简子："您是准备把晋阳当作税赋来源地呢，还是作为基业的保障？"赵简子说："愿为保障！"于是尹铎轻徭薄赋，厚抚百姓，晋阳遂成为赵氏基业的坚强堡垒。赵简子临死之前，特意交代赵襄子："如果有一天，晋国有难，爆发战争，你千万不要觉得尹铎年轻、晋阳太远，一定要去那里！"没过多久，晋国果然发生内乱。晋国势力最大的智瑶，胁迫韩、魏两家，发兵攻赵。赵襄子带领人马退到晋阳，坚守了一年多。后来，智伯引来汾河水，倒灌晋阳，城中军民"悬釜而炊，易子而食"，苦不堪言。关键时刻，赵襄子采纳门客张孟谈的建议，派人悄悄出城，游说韩、魏两家，反戈一击，共同对付智瑶，结果智瑶全军覆没，他自己也丢了性命。赵、韩、魏三家，平分了智瑶的土地，这就是"三家分晋"。从此，山西也有了"三晋"的称谓。在有些历史学家眼里，这是春秋与战国的真正分野。

山西人，或者说赵国人，为什么如此仇恨白起？原因非常简单——长平之战。在那场有明确史料记载以来规模空前的大会战中，赵国军队损失兵力多达四十五万。其中有四十万，是投降之后被白起下令坑杀（也就是活埋）的。四十五万条性命，换算成家庭，再考虑到亲戚宗族关系，几乎家家户户都要牵扯其中。也就是说，赵国举国上下跟白起不是有杀父之仇，就是有夺子之痛，或者亡夫之恨。如此刻骨仇恨，怎能不发恶言，要食其脑，饮其血？

白起采取欺诈的手段，屠杀数十万放下武器的战俘，他因此而被称为"人屠"。如果搁在当下，按照《日内瓦公约》，他难逃国际法庭的审判。即便不是死刑，至少也有终身监禁等着他，就像第二次世界大战之后的纽伦堡审判和东京审判。不过，这并非白起"罪行"的全部。根据《史记·白起王翦列传》的说法，白起一生指挥过大小战斗七十多次，攻取城池七十多座，歼灭或曰屠杀六国军队，仅《史记》中有明确数字记载的，就有八十九万。其中包括与赵将贾偃交战后沉河淹死的两万名赵军战俘。应该说，这个数字统计得相当不完整。根据梁启超先生的考证，战国期间，共有两百万军人战死。即便采信这个相当不完整的数据，白起至少也炮制了其中的一半还多。

仅仅从这个数字出发，白起是毫无疑问的屠夫。但问题在于，在这大大小小的七十多次战斗中，他竟然没有失败的记录。所以，在更多人的眼里，他是战神，·是常胜将军，是统一中国的功臣，是军事史上的著名统帅。

那么，他到底是怎样的一个人？

伊阙之战：避实击虚，各个击破

《后汉书》曾经引用古谚说，"关西出将，关东出相"。这其中的"关"，可不是现在人们想象中的山海关，而是函谷关。山海关以东称为"关东"，只不过是近现代的事情，而函谷关的历史，要早很多，因为它是老子著述《道德经》五千言的地方。孟尝君演绎"鸡鸣狗盗"，也在这道城墙之下。为了尽快逃回齐国，他手下的门客学鸡叫，引得城里的鸡纷纷响应。门吏听见鸡叫，以为到了时辰，提前打开关门，孟尝君一行这才得以溜之大吉。赵国公子、平原君赵胜的门客公孙龙，在这里也留有故事，不过他的诉求，与孟尝君正好相反。他高谈阔论"白马非马",是要说服把守城门的士兵放行,让自己进关西去。当时赵国的马正流行烈性传染病,所以秦国规定,凡是来自赵国的马,一律拒之门外。

却说公孙龙大摇大摆地来到关门前,首先遭遇当头一棒。关吏理直气壮地说:"你可以进去,但马不能进。"公孙龙狡黠地笑笑,说:"白马不是马,为什么不能进?"关吏不屑地说:"你开什么玩笑?白马当然是马。"公孙龙反问道:"那我公孙龙是龙吗?"关吏一愣,说:"我不管你公孙龙是不是龙,反正不管白马黑马,一律都不能进关!"公孙龙立即摆开架势,侃侃而谈:"马是指种类,白是指颜色。比如你说要马,那给你黑马黄马都可以;如果说要白马,那给黑马黄马就不行。你看看,白马和马不是一回事吧?"这本来是个混账逻辑,但那门吏辩他不过,最终只得挥手放行。

现在旧事重提,门吏的面目大约是个笑料:没读过几本书,也没多少文化,因此只能被能言善辩的公孙龙忽悠得云山雾罩、稀里糊涂。但是我不这么看。我宁愿向这个门吏致敬。为什么?因为他通情达理,还没有彻底沦为庞大的国家机器上一枚冰冷的螺丝钉——既然辩解不过,就挥手放行。他把自己和对方置于同等的地位,双方都通情达理。作为门吏,身负国家职责,他如果执意为难,难道还有拦不住的道理?

"关"的故事暂且到此打住,再来看"关西"。能出将才的关西,主要指秦陇地区。白起就是那一带的人。他应该是这个谚语最有说服力的论据。白起又叫公孙起,秦国郿人。

这个"郿",就是今天陕西宝鸡的眉县。前794年,秦庄公在此筑邑,因地形似眉毛,故称"眉邑"。东汉末年,权臣董卓在此修筑了郿坞城堡,因此也叫"郿坞"。京剧《法门寺》是出生旦净丑各展所长的好戏,它另外一个名字,就叫《郿坞县》。

白起生活的地点,是眉县常兴镇的白家村。既然在姓白的白家村,为什么又叫公孙起呢?因为白氏受姓的楚公族,上可溯至人文初祖轩辕黄帝。白起是楚公族胜的后裔,秦始皇《追赠白起武安君诏》说得很明白:"武安君白起,先源两楚,继次三秦。昔在先皇,秉节朝室……"白居易在《太原白氏家状二道》一文中称:"白氏芈姓,楚公族也,楚熊居太子建奔郑,建之子胜,居于吴楚间,号白公、因氏焉。楚杀白公,其子奔秦,代为名将,乙、丙、已、降是也。裔孙曰起,有大功于秦,封武安君。"也就是说,白起的家世非常显贵,是楚国太子建的直系后代。建的儿子叫胜,号称白公,后代因此以"白"为姓。再朝远处说,黄帝姓公孙,所以也有人称胜为"公孙胜",白起也就成了"公孙起"。

姓氏的起源虽然高贵,但未必好使。就像阿Q,祖上也曾阔过。白起的父辈祖辈,似乎没有多高的地位,也少有建树,否则司马迁不会只字不提。在有文字的记载中,白起首次登上历史舞台,起因就是一场战争,就像京剧名角儿,上台一亮相,就赢得了满堂彩——白起这一仗,打得相当漂亮。

前294年,秦国任命白起为左庶长,率军攻打韩国的新城。新城在哪里呢？在今天河南伊川西南部。伊川属于洛阳市，往西北不远，就是大名鼎鼎的函谷关，秦国通向中原的咽喉要地。作为西北与中原地区的边界，函谷关的文化意义是历史赋予的，只对后世有意义；在当时，它只有军事价值。秦国极力向中原渗透，中原各国则拼命遏制。这周围一带，因此兵祸连连。

白起首次登台，头衔是左庶长。庶长原本是春秋初期秦国执掌军政大权的官职名称，但白起的左庶长不是官职，只是爵位。刚开始，贵族的爵位都是世袭而来，就是所谓的龙生龙、凤生凤，老鼠生儿会打洞。后来各国纷纷变法，打破这一陈规陋习，规定所有的爵位，全部根据军功的大小而授予。每砍回一颗人头，就能获得一级爵位，标准清楚，执行严格。根据《商君书》中的记载，商鞅在秦国主持变法时，设置有军爵十七级，从低到高，分别是：公士、上造、簪袅、不更、大夫、官大夫、公大夫、公乘、五大夫、左庶长、右庶长、大庶长、左更、中更、右更、少上造、大上造。连同公士在内，下面还有小夫等三级爵位，是为军中的勤杂人员设置的，第二级也就是上造以上，才是战斗人员的爵位。第四级以下全部是民爵，就是平民的爵位，与官职无关。这些爵位虽然换不来官儿当，但还是有相当的实惠：可以减免税收，少服徭役，盖更大的房子住，日常待遇差别也很大。比如三级爵位的士兵，可以享受精米一斗、酱半升的待遇，每顿饭还能吃半盘菜羹。二级爵位的士兵，就只有粗米吃。那些勤杂人员，能不能吃饱肚子，还是个问题。

民爵的享有者，基本相当于"士"的阶层。必须指出，秦军正式作战的士兵，个个都有爵位，这是古老传统。"战士"和"士兵"的称谓，即由此而来。第五级到第九级，对应于"大夫"的阶层，是朝廷官员；十级以上，都属于"卿"的阶层，是朝廷重臣。白起的左庶长，是卿起步阶段的爵位，可以想象，在此之前，他已经立下无数军功。

这次攻打新城，也许是白起首次作为主将，独立领兵作战。他毫无悬念地拿下新城，然后乘胜推进。因为这项军功，第二年他的爵位连升两级，成了左更。秦军虎视眈眈，韩国则坐卧不安，他们立即派出使臣，赶往魏国，请求增援。秦国是共同的敌人，韩魏又有同盟关系，魏王并没有作壁上观。他立即下令，派大将公孙喜领兵前去助战。就这样，双方的军队，在伊阙附近相遇。

洛阳的龙门石窟，天下闻名。伊阙之战的战场，就在龙门一带。两山对峙，伊水从中间流过，地势十分险要，是韩国的门户。这里一旦失守，秦国的虎狼之师，便可以长驱直入中原腹地。虽然魏国同样要受到威胁，但说到底，这里离韩国的腹心地带更近，韩国的风险更大，所以联军以韩军为主力，但主帅是魏国将军公孙喜。公孙喜又叫犀武，是战国中后期魏国重要的军事将领。

当时白起面对的形势，十分困难。敌强我弱：联军的数量，比秦军的两倍还多。地形不利：联军占据天险，且在本土作战，后勤补给线短。

双方僵持了很长时间。秦军远来，利在速战速决。怎么办呢？白起站在高地上，遥望两军绵延不断的营垒，苦思冥想。慢慢地，他紧皱的眉头舒展开来，右手握拳，暗击左掌，然后转身大步流星地回了营帐。

韩魏联军虽然人多，但心不齐。韩国将军畏敌如虎，一直不敢出战。白起回到大营，手下的将领已经全部到齐，等待主帅的将令。白起环顾左右，随即表明战役决心：派出一支人马，牵制韩军，他亲自带领主力，猛攻魏军，各个击破。

《孙子兵法》说："故用兵之法，十则围之，五则攻之，倍则分之，敌则能战之，少则能逃之，不若则能避之。"什么意思呢？十倍于敌，就包围歼灭它；五倍于敌，就攻击它；一倍于敌，得想法分散敌军的兵力，形成局部优势；兵力对等，可以与之交战；兵力处于劣势，要尽量脱离战斗，避其锋芒。当然，《孙子兵法》不是教条。这段话只考虑了兵力，但没有考虑将略。不同的将军指挥，会有不同的战果。

白起目的很明确，分散敌军优势兵力，形成局部优势或者对等的形势，然后各个击破。当然，这个计划能够成功的前提，是担任牵制任务的那支偏师，能挡住韩军的进攻。要做到这一点，并不容易。秦军本来就没有兵力优势，派出偏师牵制联军的主力韩军，兵力对比更加悬殊，类似鸡蛋碰石头。如果这个计谋被联军识破，那么白起的境遇，可以想象。

每次作战行动都必须冒险。冒险能够成功，不成其为冒险，关键在于主将的判断。白起的将才，就体现在这里。他断定韩军不敢出击，然后承担着这个判断的压力，果断行动。

秦军兵分两路，悄悄集结人马，展开阵势。双方对峙到现在，魏军已经习惯了睡在"火山口"的日子，因此白起的攻击，取得了战术效果。他们的骑兵、步兵和战车协同作战，潮水一般朝魏军的大营扑去。魏军措手不及，顿时惊慌失措。

然而公孙喜并没有慌乱。他可不是毛头小子、新兵蛋子，而是久经战阵的老将。接到警报，他沉稳地发布几道命令，然后披挂整齐地走出营帐，跨上战马，驰到高处指挥作战。

杜甫的《兵车行》里有句诗——"况复秦兵耐苦战"。秦军确实是虎狼之师，他们地处偏远的西部边陲，长期跟少数民族作战，养成了凶狠强悍的风格。而且秦军赏罚分明，奖励标准清楚，惩罚细则严酷，种种因素决定，他们一旦拿起刀枪上了战场，就不再是人，而是一群虎狼。为减轻重量方便作战，他们甚至连头盔都不戴。秦始皇兵马俑里的士兵，头上戴着小圆帽，据专家考证，那是麻布做的方巾。有些士兵干脆只盘着发髻。只有军官，头顶着牛皮做的板状帽子。毫无疑问，这是勇敢者的游戏。

秦军不戴头盔，并非逞匹夫之勇，而是有着相当科学的依据。综合考量，不戴头盔降低负重所能提供的灵活和方便，远远超过戴头盔减少头部被直接击中的概率能提供的好处。

然而秦军的对手，并不是"豆腐渣"。魏军的战斗力，也不容小觑。

白起遇到的对手是当年吴起训练的"武卒"，个个都是"特种兵"，单兵实力并不比秦军弱。他们的抵抗非常顽强，战事一时呈现僵持状态。为了打破僵局，白起双手用力，将战鼓擂得响入云霄，为士兵助威。在戈矛沉闷的撞击声和嘶声呐喊中，秦军将士们听见战鼓，回头一看将军的身影，顿时豪情万丈。他们人人奋勇，个个争先，兵车驱驰，战马奔腾，魏军的阵势，被一道道击破。

　　如今在洛阳龙门桥的东边，还有一个平台，据说那里就是白起擂鼓的地方。白起擂鼓台有没有，或者到底在不在那里，并不重要，重要的是，秦军击溃了魏军。公孙喜见势不妙，立即派出信使通报韩军，调集他们前来增援。指挥作战的韩国将军，在《史记》中是个无名之辈。也幸亏这样，否则，他会被司马迁牢牢地钉在耻辱柱上，永世不得翻身。他接到报告，竟然拒绝执行统帅的将令。这个可怜虫，抗命不遵的理由非常充分："我们也遭到了猛攻，自顾不暇，哪里还有力量前去增援？"

　　除了拼死一战，再没有别的办法。公孙喜一声怒吼，跃上战马，带领身边的卫士，杀入敌阵。渐渐地，他身后的人马越来越少，身上的伤口越来越多，最终力不能支，被秦军俘虏。

　　消灭了魏军，剩下的韩军，只能是秦军的一盘菜。他们本来就没有接战的胆量，现在侧翼完全暴露，哪里还能组织有效的抵抗，只好匆匆败退。白起令旗一挥，渴望立下战功、多砍几个脑袋回去换取爵位的士兵，瞪着血红大眼，紧追不舍。最终，秦军歼灭韩魏联军二十四万人，攻占伊阙等五座城池。

当了俘虏的公孙喜，依然不乏血性。他仰天长叹道："先王待我那么好，我却丧师辱国。即便能活下来，哪里还有脸面回去？就算大王能免去我的死罪，我心里的愧疚，又如何能安？！"白起亲自劝降，也碰了钉子。公孙喜说："魏国有百万兵马，即便今天战败，还有几十万勇士。况且魏王聪颖智慧，有许多良臣大将辅佐，你们这样的平庸之辈，哪里是对手？无知的小子，竟敢劝我投降，真是不知天高地厚！"

史书上记载："白起怒而起，杀犀武于新城。"我想，这是史官作为文人的想当然。他们不会理解白起的逻辑。白起下令杀掉犀武，实际上是给予了他将军的礼遇。白起和犀武是战场上的老对手。犀武这样一位重要的将军打了那么大的败仗，既无颜见"江东父老"，又不能像秦国后来的樊於期那样畏罪潜逃，更不能像郑安平那样屈膝事敌，除了一死，难道还有别的路可走吗？

二十四万人的鲜血涌满一地，铺成白起前程的红地毯。战后，他荣升国尉。请注意，这里的国尉不再是爵位，而是官职，其地位在最高的军爵大上造——后来改称大良造——之下，只比将军低一级。根据《商君书·境内篇》中的说法，"将，短兵四千人"，"国封尉，短兵千人"，短兵有卫队的性质，差不多相当于本部人马。

鄢郢之战：猛虎掏心，水淹鄢城

楚国的国都郢，后来还有个称呼，叫江陵，原址在今天湖北荆州市北面的纪南城。这个地方，一定不会忘记三个人：两个侵略者，一位爱国者。这两个侵略者，都是大名鼎鼎的将军。第一个侵略者是伍子胥，他本来是楚国人，但楚平王无道，残杀了伍子胥的父兄，伍子胥就逃到吴国，凭借出色的政治军事才能，获得吴王阖闾的重用，最终带领吴军，攻陷了郢都。这时，楚平王已经死去，伍子胥把他挖出来鞭尸。第二个侵略者，就是本文的主角，名将白起。前279年，他指挥大军，直奔东南，次年，在郢都城上挂起了自己的帅旗。巧合的是，他也是楚人的后代，而且出自宗室。楚国老祖宗九泉有知，不知该做何感想？

白起这次的行动，与一个词语密切相关——"合纵"。因为楚国急于雪怀王客死秦国的耻辱，再度派出使者，准备合纵攻秦，秦国得到消息，决定先下手为强。

故事开始之前，"合纵"这个字眼必须掰扯清楚。它实际上有先后两个版本。

自从商鞅变法以来，秦国不断向东方拓展势力，黄河天险终于成为秦国的内河，函谷关也被秦军控制。这个局面，在中原地区引起了严重的不安。前329年，公孙衍因为在秦国受张仪的排挤，转而投奔魏国。他建议"合众弱以攻一强"，发起"五国相王"运动，就是魏、赵、韩、燕和中山五国，互相承认王位，联合对付秦、齐、楚三个大国。这就是"合纵"一词的初始版本。这个版本里，合纵国的目标有三个国家，不止暴秦。

公孙衍的这个策略，没有取得实质性的进展。后来，东周洛阳人苏秦，又来炒这碗夹生的冷饭，没想到还真能炒热炒熟。苏秦这个人，也很有意思，本来他先打的是秦国的主意，眼巴巴地跑过去，献上灭六国的计谋，结果没被采纳。战国时期风云激荡，公孙龙那样的大忽悠，并非特例。很多人都是"以嘴养嘴"，凭口才吃饭，翻手为云，覆手为雨，反正嘴唇有上下两片，可以随便翻。这个苏秦，也是如此。此地不留爷，自有留爷处，他一怒之下，离开秦国，跑到离秦国最远的燕国，不再提灭六国，转而贩卖"合纵攻秦"，没想到还真卖出了好价钱，他自己佩上六国的相印，担任"纵约长"，负责具体执行。

六国合纵确实取得过战果。前298年，齐、韩、魏联军第二次攻秦，征战三年，最终攻入函谷关。秦国被迫承认战败，退还韩、魏的土地，与三国讲和。

时间之河流到前279年时，齐国已经衰弱，韩、魏相继屈服，只有南方的楚国，虽然经过多次打击，但实力尚存。正是那句话："百足之虫，死而不僵"。秦国的目光，随即转向东南。此前楚怀王被诱骗至秦，幽囚而死，新立的顷襄王急于报仇，就联络各国协调行动，共同对付秦国。这事，让秦王下定了最后的作战决心。

出兵打仗，先定后方。赵国的实力最强，不得不防。于是秦昭王和赵惠文王在渑池集会，约定双方息兵言和。渑池会背后，还隐藏着一位名将的故事，那就是廉颇。这员名将，我们以后再说。且说秦国后方已定，随即腾出手来，全力攻楚。主将不是别人，还是白起。

在此之前，秦楚多次交战，楚国败多胜少。楚人一听秦兵便觉胆寒。白起审时度势，决定采取"猛虎掏心"的战术，不纠缠一城一地，直接攻击楚国的心脏郢都。简而言之，就是速决战。这样部署看似没什么了不起，但在当时，千里奔袭，放弃后方依托，深入敌国腹地，进行外线作战，可不是轻易就能做出的决定，除非那人不是将才，只是没心没肺的棒槌。做决定之前，白起一定经过了缜密的思考，承受了相当大的压力。

方略已定，白起随即指挥人马，经蓝田，出武关，然后大军乘船沿汉水南下。这样方便行军不说，还有利于大军就粮——汉水两岸丰饶的土地，必须成为秦军的粮仓。

有个成语叫"过河拆桥"，此时的白起，就在做这样的事。他命令部下，每经过一条河，就拆除河上的桥；军士登岸以后，战船全部烧掉，坚决不留后路。

白起预演了项羽破釜沉舟的故事，以无比强硬的姿态，表达了必战必胜的决心。秦军士气大振，楚军则闻风丧胆。此时的楚国，顷襄王无能，内政未修；奸臣当道，令尹子兰祸乱朝纲；忠良被逐，左徒屈原流放江南；外交遭伐，秦国使用离间计，破坏了齐楚同盟。在这种情况下，他们怎么能挡得住如狼似虎的关西秦兵？白起势如破竹，很快兵锋便直指鄢城。

鄢城是楚国的别都，在今天的湖北宜城东南，战略地位十分重要，是通向郢都的咽喉和门户。鄢城一失，郢都必定不保，所谓唇亡齿寒。顷襄王熊横很清楚这一点，因此集中楚军的精锐，在这里死守不退。

白起到达鄢城之后，扎好营寨，派出警戒，随即部署攻城。他一声令下，成群结队的秦军，扛起云梯，架好冲车，就向城墙冲去。抛石机抛石，弓箭手放箭，掩护步兵进攻。

冷兵器时代，防御比攻击更占优势。楚军依托城墙，拼死抵抗。秦军激战多日，损失惨重，也没能拿下。大军久屯坚城之下，向来是兵家大忌。怎么办？继续杀掉失败的将士以正军法吗？只怕他们的性命白丢。白起的眼神随着手指，一点点地划过作战地图，终于找到了破绽：夷水出山谷，流向东南，这是天然的武器啊。

白起亲自勘察好地形，然后派出一哨人马，筑起堤堰，拦蓄夷水，同时挖条渠，直通鄢城。这条渠上起湖北南漳县的谢家台，下至宜城璞河镇的赤湖村，蜿蜒七十余公里，比都江堰还要"大"二十多岁。本来用于攻城的军事设施，在后世竟然也能造福百姓——灌溉着两岸三十多万亩良田，人称白起渠。它沟通时空，连接着两位中华名将：前面是战神白起，后面是梅花上将张自忠。张自忠以三十三集团军总司令兼五十九军军长的身份驻扎宜城赤土坡时，该渠经年失修，完全废弃，天旱无水，下雨成涝，两岸十年九灾，百姓苦不堪言。心系民瘼的他对此很是着急。听说当地百姓有修复白起渠的愿望，立即派人勘察地形，仔细研究，然后电呈湖北省代理主席严重，为民请命。严重欣然同意，工程迅速立项。张将军派部队参加施工，承担土质最坚硬地段的土方任务。可惜开工不久，抗战期间正面战场的唯一一次战略进攻、冬季攻势于1939年冬天开始，将军奉命率部渡过襄河攻击日军，工程被迫中止。

将军殉国之后，局势平缓，湖北省当局再议此事，省主席陈诚拨款调人，下令再度开工，并将之命名为"荩忱渠"。三十三集团军派两个师的部队，直接投身施工一线。可惜的是，工程尚未告竣，1945年日军再度入寇襄西，计划又被打乱。直到1951年，政府组织百姓又一次动工修渠，两年后方才竣工。经过多年的扩修配套，如今这条渠已经成为系统完备的大型水利工程，日夜滋养着两岸的百姓。将军生前的愿望，终得实现。

这是后话，回头还说白起。水攻的主意，说起来版权也不在白起手上，当初智伯便曾水淹晋阳。不过智伯最终是搬起石头砸了自家的脚，白起呢？

水位蓄到一定的程度，秦兵随即开闸放水。刹那间，洪水滔滔，咆哮着冲向鄢城。那时的城墙，都是夯土而成，可没有钢筋混凝土。鄢城的东北角被大水一冲，洪水久泡，终于轰隆一声坍塌。滔滔江水流进鄢城，没过多久，水面就漂浮起了无数的尸体。

毫无疑问，其中多数是平民，包括老人和孩子。

到了这个份上，鄢城陷落已没有悬念，郢都也成了熟透的桃子。白起没有立即进兵，他在鄢城休整部队，从秦国调集大量的刑徒之人，也就是罪犯，迁徙到刚刚占领的楚地，并且运来粮草，充实后方。一切准备就绪，他首先发兵西进，占领西陵，控制住长江，切断郢都和西边巫郡的联系，然后沿江东下，占领夷陵，就是今天的湖北宜昌，一把大火，将楚人的宗庙陵墓，烧得干干净净。

白起这一招，比水淹鄢城都要狠。那时人们对祖宗的重视，不是今天所能理解的。我想，他们重视的并非祖宗，其实是在寻求跟这个冷漠世界的联系。他们迫切需要一个信物，作为对"我是谁，我从何而来"这个根本问题的答案。白起的一把火，让楚人的这个信物和信念，统统化为灰烬。

夷陵已毁，强敌兵临城下。郢都虽然人口众多，却像是一座空城：没有斗志的士兵，不再是士兵，甚至连平民都不如。看到城外林立的秦军旌旗，顷襄王一定想到了他祖辈的遭遇，想到了吴兵在郢都的抢掠，想到了伍子胥悲凉的快意。

没办法，跑吧。

顷襄王一路向东北而逃。这样一来，我的家乡信阳，就攀上了一些尊贵的瓜葛：它成为楚国的临时首都，留下了楚王城的遗迹。在当时，它叫城阳。两年之后，楚国才正式定都于陈，就是今天的河南淮阳。

郢都一定会记住的那个爱国者是谁？诗人屈原。我不想在"诗人"二字前面，再加上一些形容词，无此必要。那些字眼，对诗人如果有影响，也一定是负面影响。真正伟大的人物搁在那里，什么都不用说，说什么都是累赘。

白起攻陷郢都的消息，估计要过很多天，才能传到屈原耳朵里。因为当时，他早已不在首都担任要职，正处于第二次放逐之中。第一次他被怀王放逐到汉北地区，这一次他被顷襄王放逐到了江南。山河破碎的结果，早在屈原的意料之中：外有强敌，内有权臣，这样的国家没有振兴的道理。尽管如此，他依然感觉到了椎心泣血的哀痛，于是以正气作笔，以血泪和墨，写下《哀郢》，作为对祖国的告别诗篇，然后纵身一跃，将干净的身躯，连同一颗赤子之心，投入汨罗江。他知道就此下去，江水会拖着他的身体，因此衣服内装满了沙子。我们的诗人去意已决，不愿苟活。不知怎么回事，读史读到近代，读到黄海海战中北洋海军"致远"号战舰被击沉，坠海的管带邓世昌使劲按下前来营救主人的爱犬的头，与之双双沉入黄海时，那一刻，我总会想起屈原的怀沙。一位诗人，一位将军，生平不同，背景殊异，时间又差了两千多年，可是，那股正气，却是一以贯之，源未断，流不竭。

从这个意义上说，白起也是杀害屈原的刽子手。然而，真正应该对此负责的，是大将军白起吗？

"鸟飞反故乡兮，狐死必首丘。"诗人自沉，尸首无着，但九天有知，最后时刻，他那颗高傲的头颅，一定正朝着郢都的方向！

白起立下奇功，秦王自然要大加封赏。秦王封白起为"武安君"。有人认为，之所以叫武安君，是因为当时白起的幕府，驻扎在湖北南漳的武安镇。其实正好相反，是地因人名，而非人因地名。《史记正义》中说得很清楚，之所以这么叫，是因为白起能"抚养军士，战必克，得百姓安集，故号武安"。至于"君"，已经不再是军爵中的爵位，实际上相当于封侯。因为周朝分封诸国时，那些诸侯国最高的是公爵，君主的爵位与"侯"也属于同一个档次，只不过品级略高而已。像秦国和孕育分裂出韩、赵、魏三国的晋国，都是侯爵，楚国更惨，只是子爵。所以当时的臣子，直接封侯的可能性很小。后来秦朝的军爵中，出现了"关内侯"和"彻侯"，这个制度一直延续到了汉代。它的起始时期失考，《史记》的记载与《商君书》矛盾，但可以想象，那至少应该是秦国正式称王之后的事情。

华阳之战：马不停蹄，千里奔袭

前273年，魏国和赵国联手攻击韩国。魏赵联军数十万人马，将华阳团团包围。这个华阳，就在今天的河南新郑北部，属于郑州。此地离韩国的首都，不过咫尺之遥，甚至戈矛撞击的声音，都能听得到。

那时韩国和秦国名义上是盟国。自然，韩国是仰人鼻息。碰到这种情况，"孩子哭抱给他娘"，他们立即向秦国求救，但秦王没有立即派兵。三晋兄弟互相攻伐，彼此消耗，符合秦国的根本利益。时间越拖越长，华阳的局势也越来越危急。韩国的相国赶紧找到病中的陈筮，说："事情非常紧急，您虽然有病，还是为国家辛苦一趟，赶一宿夜路，去秦国求援吧。"陈筮闻听，立即收拾行李驾车西行。他星夜兼程，赶赴咸阳，找到了秦国的相国、穰侯魏冉。魏冉说："你匆匆忙忙地赶来，事情很着急吗？"陈筮不慌不忙地说："不着急，不着急！"魏冉一听大怒："你就是这样为国家负责的吗？使者冠盖云集，都说你们的形势很危急，你却说不急，是何道理？"陈筮不卑不亢地说："如果确实紧急，韩国就会背离秦国，投向赵魏。现在还能派我过来求援，说明还不太危急。"

陈筮这番话，确实高明，正可谓不着一字，尽得风流，将利弊说得清清楚楚：秦国还想坐山观虎斗？那很好，韩国随时可以回头，继续跟赵魏联盟，到时候看你们能落得下什么。这是给秦国最后的机会，救不救，你们掂量着办！魏冉当然不是棒槌，都是聪明人，所以不必多说，他马上表态："你不必见秦王，我马上去请示，立即发兵！"

增援华阳的主将，还是白起。这个消息，赵魏联军也知道，但是按照当时的条件，从秦国出兵到咸阳，没有一月半月的，根本不行。因为路途遥远，翻山越岭，战车又受道路的限制。等秦军赶到，估计华阳城上的旗帜，早已变了颜色。正因如此，赵魏联军心里并没有当回事。

白起终究是白起，他接到出兵的虎符，立即传令三军，轻装前进，日夜赶路，以强行军的速度，马不停蹄地朝华阳开进，结果只用八天，就出现在敌军阵前。

指挥魏军的是魏国司徒芒卯。当白起的帅旗从天而降时，芒卯不觉大惊失色。他怎么也想不到，秦军的速度如此之快，简直就是从天而降、晴空霹雳。

还没开战，赵魏联军已经在心理上输掉一阵。魏国离华阳更近，魏军是联军的主力。这回白起的战术，跟伊阙之战不同，他决心擒贼先擒王，首先攻击魏军。此时的魏国，屡战屡败，国力衰弱，当初按照吴起的方法训练出来的武卒，估计已经剩余无多。白起令旗一挥，秦军的战车随即轰轰隆隆地朝魏军的阵势扑去。后面的步兵和骑兵，在弓箭手的掩护下也发起了冲锋。经过激战，秦军俘虏了三员魏将，歼灭魏军十三万人。芒卯见大势已去，抛下赵军，带领残兵，逃了回去。

击退魏军，白起指挥人马，继续攻击贾偃指挥的赵军。赵军兵微将寡，哪里还有勇气作战？稍一接触，随即溃退，两万人马做了俘虏。

这两万俘虏怎么处理？如果放掉，他们回到赵国，披上盔甲拿起武器，还是战士。白起一挥手，秦军随即用刀枪将他们押到了黄河边。滔滔河水奔流而去，两万名俘虏面面相觑。他们一定早就有了不祥的预感。指挥的秦将朝黄河一指，那些俘虏，随即一个接着一个，跳进了黄河。即便有那么一两个不愿意，也被人枪戳脚踹，推了下去。

黄河，是中华民族的母亲河，她孕育了中华文明，其中也包括这样残酷的一页！

白起继续挥师西进，一直开到了魏国的国都大梁，就是今天河南开封市的西北。国都被围，魏王惊恐不已。这时，段干子建议，割让南阳，乞求秦国退兵。谋士苏代则指出："以地事秦，犹抱薪救火，薪不尽，火不灭。"他说："段干子想升官，秦国想要土地。段干子提这个建议，无非是想要退敌立功，升官发财，可这样一来，魏国的土地早晚会葬送光的。"魏王无奈地说："你说得确实有道理。可是事情已经开始，没法更改了呀。"于是割让南阳，签了城下之盟。秦国随即将南阳和从前占领的楚国的上庸等地一起，设置为南阳郡。

这个结果昭示天下，中原地区的腰，已经被秦国斩断。

范雎亮相：从厕所到庙堂

现在该来说说范雎了。因为汉代石刻上的断字错误，也有人称他范且，丢掉了名字的另外一边。还有典籍称他为范睢。但据《史记》记载，他叫范雎，字叔，魏国人。请注意，"睢"和"雎"虽然长得几乎一样，但还是有本质上的不同。前者是"目"字旁，念"suī"；后者是"且"字旁，念"jū"。

范雎的口才很好，但家里很穷，出身低微。在白起已经受封为武安君时，范雎还只是魏国中大夫须贾的门客。那时田单智摆火牛阵，击退燕军，相继收复七十多座城池，齐国得以复国，实力逐渐恢复。魏王很担心齐国报复，因为当初共同伐齐，魏国也有份儿，于是就派须贾出使齐国，建议双方修好。会谈时，齐襄王对须贾很不客气，指责魏国背信弃义，反复无常。他说："先王的死，与魏国有很大的关系，我怎么能不切齿痛心？"须贾笨嘴拙舌，说半天也说不到点子上。范雎挺身而出道："齐湣王残暴无道，五国同仇，岂独魏国？大王您英才盖世，应该着力重振齐桓公、齐威王时期的辉煌。如果对过去的仇怨斤斤计较，恐怕也难逃齐湣王的覆辙！"

这话给齐襄王留下了深刻的印象。他派人挽留范雎，劝其在齐国任客卿，范雎严词拒绝："我与使者一块儿出来，却不一块回去。这样无信无义，还怎么做人呢？"齐襄王听了这话，很是感叹，就送给他十斤黄金和牛肉美酒。主人没份儿，只送给自己，这样的礼物能要吗？范雎是个聪明人，坚辞不受。尽管如此，须贾知道后，还是很恼火。

回国之后，须贾依然愤愤不平，就向丞相魏齐告了黑状："范雎一定出卖了魏国的情报，否则怎么会这样？"须贾这话相当恶毒，估计有伤了面子的嫉妒成分在内。魏齐这个人，脑子里也缺根弦，竟然信以为真，下令毒打范雎，打得他骨折齿落，气息奄奄。范雎明白这道坎不好过，怎么解释也没用，就装死。到了这个份上，魏齐还不解恨，叫人用席子裹住范雎，扔进厕所，让醉酒的宾客朝他身上撒尿，以示羞辱。

夜深人静时，范雎强撑一口气，苦苦哀求看守说："我伤重到这个程度，虽然还有一口气，但活下去已无可能。如果您能让我死在家里，方便家人收殓，我一定会好好报答您的。"举手之劳，成人之美，还能得到报酬，何乐而不为？看守就去请示魏齐："厕所里的那个人已经死了，尸体扔掉吧。"魏齐喝得醉醺醺的，随口答道："扔就扔吧。"

范雎就这样捡了一条命。他逃回家中，赶紧找到好友郑安平，让他掩护自己藏起来，同时嘱咐家人，假戏真做，立即发丧。第二天，魏齐酒醒了明白过来，派人搜查范雎。仆役们看见地上只剩一领席子，立即赶到范雎家。还没进门，就看见门上糊着白纸，挂着白幡，范雎的家人正在大张旗鼓地发丧。这些人还是不放心，活要见人，死要见尸啊，否则回去怎么交代？范雎早已给家人撒谎打了草稿，他们哭哭啼啼地说："哪里还有尸身，早已被野狗叼去吃了！"那帮仆役这才相信，回去照此复命。范雎呢，在郑安平的掩护下，化名张禄，深居简出。后来，王稽从秦国出使魏国，回国时悄悄带走了他，范雎这才彻底脱离危险。

当时秦昭王继位已经三十六年。他东征西讨，连连得胜，心里看不起舌辩之士，范雎在驿馆里整整被冷落了一年多。他虽然坐在冷板凳上，但秦国的政局和时弊，却摸得一清二楚。华阳君和穰侯是秦昭王母亲宣太后的弟弟，泾阳君和高陵君是秦昭王的弟弟。穰侯魏冉占据相位，华阳君、泾阳君、高陵君轮番担任将军。他们在宣太后的庇护下，都有疆域广阔的封地，实力和威望已经对秦国构成威胁。前271年，穰侯魏冉要出兵攻打齐国的刚寿二邑（刚邑，在今山东宁阳东北；寿邑，在今山东东平西南），想借机扩大自己陶邑的封地。应该说，单纯从军事的角度出发，这不是个好计谋。范雎立即抓住这个机会，上书秦王，要求见面献策。

秦王总算给了范雎一个机会。到了宫门口，范雎大摇大摆地朝里闯。正好这时秦王出来，宦官怒声喝止："大王来了！"范雎假装没看见，大声说："秦国哪里有王？秦国只有宣太后和穰侯罢了！"

这话正好击中秦昭王的心病。秦昭王立即客气地朝范雎行礼，然后把他请进内宫，长跪三次，行礼问策。请注意，那时跪的含义跟现在不同。当时人们席地而坐，彼此行礼基本上都是顺势的跪姿。秦昭王这不是乞求的姿态，而是礼貌恭敬。

范雎不敢直接点出宣太后专权，就先拿穰侯攻齐这事开刀。因为越过韩魏攻齐，长途征伐，战争的成本高，获得的实惠少。攻下来的城池，你无法带走，难以妥善管理，最终还是要落到别人手里。就像月球上的矿产资源再多，你也无法利用，只能废弃。这样的例子，此前并不少见。怎么办呢？范雎针锋相对，提出了"远交近攻"的策略。他建议秦王，结好远处的国家，而进攻周围的国家。一句话，结远亲，打近邻。这样，"得寸则王之寸也，得尺亦王之尺也"。魏国地处中原，在交通要道上；韩国和秦国紧邻，土地彼此犬牙交错。韩国的土地伸进秦国，就像树干内生了蛀虫，人心里生了病灶。天下无事还好，一旦有事，这些地方必然会成为秦国的心腹大患——韩国随时可以把它们当作发动进攻的桥头堡。

实在不能指责函谷关的关吏玩忽职守，破坏国家制度，擅自放公孙龙过关。关吏的逻辑，其实跟秦王的逻辑，有彼此呼应的关系。秦王也讲理，他深深地被范雎的口才打动。当然，范雎好的不只是口才，还有政治才干和见解。秦昭王不是睁眼瞎，而是个识货的行家，他立即拜范雎为客卿，采纳他的建议，停止对齐国用兵，转而攻打韩国和魏国。没过多久，韩国和魏国无法忍受秦军接连不断的攻击，先后屈服。

范雎就这样，从魏国的厕所，昂首挺胸，进了秦国的庙堂。地位稳固之后，他慢慢地试图搬走穰侯这个压在身上的巨石，建议采取"固干削枝"的策略。他对秦王说："果实过于繁盛，难免压弯树枝，压弯树枝，就会伤到树心。现在四贵专权，朝廷上下，都是他们的人。恐怕今后拥有秦国的，不是大王您的子孙。"这话很重，直击秦昭王的死穴。他没有过多犹豫，立即颁布诏令，收回穰侯的相印，让穰侯以及高陵君、泾阳君、华阳君回到封邑；将宣太后安置于深宫，不准她干预朝政。

到底穰侯曾经贵为丞相，秦王还是得顾点面子。他吩咐派出牛车，帮助穰侯搬家，结果用了一千多辆车子，首尾相接，绵延数十里。出函谷关时，关吏例行检查，清查结果显示，穰侯积蓄的珍宝，不比国库少。

前266年，秦王拜范雎为相，并且将他封侯，食邑在应，就是今天河南鲁山的东部，所以叫应侯。需要指出的是，当初白起拜将，是因为穰侯的举荐。秦昭王继位，穰侯也出了大力，辅佐有功。现在新换的丞相范雎，会给秦国和白起带来什么呢？且让我们拭目以待。

"远交近攻"的策略奏效之后，秦国得以腾出手来，对付北方强大的赵国，白起也因此登上了最辉煌的舞台——长平之战。

长平之战：白起廉颇两强相遇

前262年，白起带领秦军，占领了韩国的野王，也就是今天的河南沁阳。这样一来，韩国的上党郡与国都，就中断了联系。因为韩国的都城在新郑附近，从上党郡到新郑，必须从野王渡黄河。韩国打算献出上党郡，请求秦国退兵，但是上党郡的太守冯亭，却另有打算。他说："不如投降赵国。如果赵国接受上党，秦军肯定会派兵攻赵。赵国受到攻击，自然而然地会跟韩国结盟。韩赵联手，击败秦国才有希望。"说干就干，他立即派人到赵国，请求派人接收上党。这是天上掉下来的馅饼，还是烫手的山芋？赵王拿不定主意，就把平阳君和平原君叫来商议。平阳君说："强秦在后，怎么能要呢？贸然接受上党，祸患肯定要大于收获！"平原君赵胜，也就是公孙龙的主人，意见正好相反："要占领一个城池，得费多少军马钱粮？现在人家白白送上门来，我们再不要，不是傻瓜吗？"

赵王也是个贪心的家伙，竟然同意火中取栗。他封冯亭为华阳君，让他继续坐镇上党。这一下，可是摸了老虎的屁股。前260年，左庶长王龁统率秦军进攻上党，上党居民为了躲避战火，纷纷逃向赵国，赵国立即派出军队赶到长平一带，安抚接应逃难的百姓。

秦军和赵军，就此对峙于长平，也就是今天山西高平西北一带。赵军的指挥官是名将廉颇。有一天，秦军的侦察兵跟赵军不期而遇。既然是侦察兵，兵力肯定不多。赵军希望占点便宜，于是主动发起攻击。结果呢？秦军虽然人少，但战斗力并不弱，一战下来，赵军大败，还损失了一员偏将。后来两军又打了几仗，赵军接连吃亏，丢失了两座营垒，折损了几名都尉。廉颇见秦军势大，就下令采取守势，不准部队出战。

秦军远来，利在速战。赵军这样老拖着，秦国可不愿意。赵军有四十多万人马，秦军的力量则超过六十万，六十多万人马就那么耗着，后勤补给线那么长，每天要消耗多少粮草？你当然可以源源不断地朝前线运，可是那些粮草，只怕有一大半，要被役夫和骡马在半路上吃掉。而且时间越久，各个诸侯国合纵攻秦的可能性就越大。

一句话，夜长梦多。

怎么办呢？范雎双管齐下，一手抓和谈，一手抓战争。和谈当然是假的，当时赵国派了使者过来，范雎下令，大张旗鼓地厚待赵国的使者，三天一大宴，五日一小宴，对他恭恭敬敬，无比殷勤。范雎这么做，是想给其他国家传递一个假信号：秦国和赵国正在和议，双方谈得很融洽，用不了多久就会罢兵，咱可不能蹚这道浑水，免得落个里外不是人。

至于战争，范雎的主意更馊——离间计。他派人带着许多金钱作为活动经费，到赵国的国都邯郸大造舆论，说："秦国不怕廉颇，他早晚会投降的。我们只怕马服子赵括。要是他出来带兵，秦军就麻烦了。"

这些流言蜚语，很快就传到了赵王的耳朵里。赵王对廉颇，早就有一肚子意见。为什么？因为赵军连吃败仗，廉颇却老是坚守不出，这个态度，赵王不喜欢，因为形势也不允许赵军拖延。赵国的军粮一直供应紧张，派人到齐国借粮，齐国又改变了外交政策，不掺和西方的战事，希望埋头发展，积蓄力量。

士兵们没有吃的，必然会引起骚乱，因此赵王万分着急。他多次派人到前线申斥廉颇，可廉颇呢？你有你的千条计，我有我的老主意，油盐不进。

赵王的耳朵根子没那么软，这些流言蜚语，只是推动了他一下，坚定了他走马换将的决心而已。他随即下令，起用赵括前往长平，代替廉颇。

消息传出，秦王大喜。敌变我也变，他马上给白起一道兵符，命令他火速赶到前线接替王龁。为保密起见，他同时设置了一条禁令："谁敢泄露这个机密，斩！"

却说赵括，对这一切全都蒙在鼓里。他当然明白赵王为什么要起用自己，因此一到前线，立即不折不扣地按照上级的意图部署。对原先赞同廉颇做法的将军，不换思路就换人，大批撤换，积极部署进攻。

白起深知，四十多万赵军并不是软柿子，可以由着他捏。要是他们还躲在坚固的营垒后面，不出来接战，那他就是老虎吃天，无从下口。

如何抵消赵军营垒坚固的优势？白起决定引蛇出洞。他派一支弱旅，担任诱敌任务，到赵军营门前挑战。等赵军出来，他们略微抵抗一阵，转身就逃；派两万五千精兵，切断赵军的后路；另外派五千骑兵埋伏在半路，以最快的速度楔入追击的赵军中间，将他们切为两段，以便各个击破。

就战术而言，这是份近乎完美的作战方案，非常专业。能否成功的关键，在于赵军是否出来追击，以及骑兵能否守住阵地，真正切断赵军的联系。要知道，真正打起来，他们将两面受敌。这五千骑兵，也许会成为赵军的夹心饼干。

一切部署停当，当年八月的一天，秦军开到赵军大营前挑战。这正对赵括的胃口。他披挂整齐，点齐人马，出去接战。结果没打多久，秦兵就败退而去。机不可失，赵括哪肯放弃，他一挥佩剑，赵军随即呐喊着追了过去。

秦军且战且走，一直退入大营。赵括见秦兵如此不堪一击，越发来了情绪，挥动令旗，三军随即摆好阵势，攻击秦军的营垒。

白起早已做好准备，数十万秦军严阵以待，赵军仓促之间，哪里攻得下来？正在这时，一个哨探匆匆跑来："报！

启禀大将军，我们背后出现了一支秦军，已经截断我们跟大营的联系！"

赵括并不是传说中的书呆子。他自幼熟读兵书，虽是第一次指挥作战，但面对如此险情，并不惊慌。他立即传令停止攻击，前军监视大营的秦军主力，后军转身，猛攻楔进来的秦军骑兵。同时派人赶回大营，命令他们，从背后策应。

赵括冲锋在前，两军血流成海。赵军士兵知道局势不利，在主帅的激励下，作战非常勇敢，奈何那支秦军，死战不退，赵括怎么着也冲不开道路。

赵括当机立断，再度改变部署，命令外围的士兵掩护，里面的士兵放下武器，拿起工具，修筑营垒，坚守待援。就这样，局势暂时得以稳定，但四十多万赵军被分成三截，首尾不能兼顾，情势万分危急。

到九月，赵括被包围已经整整四十六天。赵军本来就粮草不济（这是赵王着急决战的重要原因），现在大军被围，粮草运不进去，士卒们更是没有一粒粮食吃。在这四十六天里，赵括并没有坐以待毙，一直在组织突围。他将士兵分为几队，轮流出击，但到底也没能突出秦军的包围。

没有粮食，第一步杀马，第二步就是吃人。战死士兵的尸体，马上就会被抢着吃光；吃到最后，受了伤不能动弹的士兵，也成了战友们的盘中餐。赵括坚持的这四十六天，白起同样如坐针毡：将士连日征战，疲惫不堪；补给一直紧张，要不断催粮派款。作为经验丰富的统帅，白起深知要对赵军实施最后的毁灭性打击，他手下的人马显然不够，因此使者络绎不绝，求援文书不断地朝咸阳飞去。

这个局面秦王也是头一次碰到。秦赵两国，都举全国之力，苦苦坚持。这是两国之间的决战。秦王不敢怠慢，亲自赶往河内，也就是刚刚从韩国手中夺过来的黄河以北地区，将当地十五岁以上的男子，全部赐民爵一级，然后编组成军开赴长平，负责截断赵军与国内的联系，彻底切断他们的粮道。

秦军得到了生力军的支援，赵国呢？根本派不出一兵一卒，除非不要针对匈奴的边防，将李牧的大军也调来前线。这当然是不可能。这种拆东墙补西墙的做法，好有一比：医得眼前疮，剜却心头肉。

最后时刻，赵括强打精神，撑起虚弱疲惫的身体，披挂整齐，亲自带领临时挑选出来的还能勉强支撑的士兵，突然冲出营门，朝秦军扑去。不管成与不成，反正这是最后的一战。

秦军的连弩非常有名，大家想必都在电影《英雄》中见识过。将军们一声令下，矢如雨飞，赵括身中数箭，大叫一声，倒地身亡，壮烈殉国。看到这里，谁还能指责他是个书呆子呢？他绝对不缺乏军人的能力、素养，以及血性。

主帅阵亡，又断粮多日，包围圈中的赵军，迅速土崩瓦解。按照《史记》的记载，四十万赵军被俘。他们的命运会如何呢？华阳之战中那两万赵军俘虏的结局，已经做了极其强烈的暗示。白起说："上党的百姓，宁愿归附赵国，也不愿跟随秦国，赵国人肯定更加仇视秦国。他们向来反复无常，留下是个祸害。"于是下令全部活埋，只放掉二百四十个年轻的士兵，回邯郸报信。

长平之战，赵国换将其实另有隐情。不过我们暂且放下，后文再说。

经过多次激战，俘虏四十万这个数字，可能偏高。也许二十多万比较准确。因为根据《史记》的说法，这一仗，赵国共损失四十五万人，而白起自称秦军阵亡过半，也就是说，有三十万人战死。在战场上击毙五万赵军，无论如何，也不会造成秦军这么高的阵亡率，否则战争的最终结局，必然会改写。考虑到秦军处于攻势，伤亡率高，二十万对三十万，基本靠谱。

四十万也好，二十万也罢，这两个数字同样惊人。无论如何，白起应当对这几十万人的生命负责。毫无疑问，这是他身上一个抹不去的污点，所以当时就有人称他为"人屠"。但是，我不赞成拿现在的价值观，去套历史人物。任何历史人物，无论他多么英明，也无法脱离当时的时代，正如你不可能揪住自己的头发离开地球。作为秦国将军，白起要考虑的是如何削弱敌国的战斗力。这几十万人一旦回去，不久就会再跟秦军刀兵相见，别说白起，就是白痴，也能想到。不仅如此，秦国一直用法家思想治理国家，提倡严刑峻法。如果不杀也不放，先扣留着，这几十万张嘴都要吃饭，也够白起受的。所以白起的决定虽然经不起时间的检验，但也有他自己的理由，符合他作为百战名将的一贯逻辑。借用王羲之在《兰亭集序》中的一句话："后之视今，亦犹今之视昔。"如果我们一味苛责他，谁能保证这样理直气壮、预设道德正确的责难，将来不会沦为笑柄？

白起活埋赵军俘虏四十万，若干年后，项羽也在新安，也就是今天的河南渑池，活埋秦军降兵二十多万，所持的逻辑如出一辙。唯一不同的是，秦兵内部确实不甚安定。因为东方各国人服徭役进入关中时，经常受到秦国官民的欺侮凌辱，现在有了机会，诸侯联军自然要趁机报复，时不时地要羞辱他们一顿。那些降兵心怀疑惧，私下里议论纷纷，埋怨带领他们投降的主将章邯。项羽的脾气，大家都知道，想让他采取妥善的办法消除摩擦，那可比登月还难。他一拍脑袋，下令发动夜袭，把那些秦兵全部活埋。

有组织有策划的大规模屠杀，白起和项羽，并非特例。在中国，唐朝末年，黄巢荼毒陈州，明朝的张献忠血洗四川，以及清初多铎制造的"扬州十日"，李成栋的"嘉定三屠"；在国外，日本人制造过南京大屠杀，希特勒有灭绝犹太人的计划。这些方式比起白起和项羽的活埋，更加凶残无道。

无论古今，滥杀都是被谴责和反对的。

巧合的是，秦朝和项羽的政权，几乎同样短命；白起和项羽本人，在那之后，也都没活几年。白起第三年即被逼自杀。项羽到底年轻，时间稍长，又活了五年。结局大家都知道，项羽自刎于乌江，也是自杀。

这其中，是否有些一脉相承的道理呢？

名将凋落：赐剑咸阳

经过一年休整，第二年十月，白起平定了上党郡。赵军刚刚遭遇灭顶之灾，是一鼓作气灭掉赵国的良机。白起命令王龁攻占皮牢，就是今天的山西翼城东三十里牢寨村；司马梗攻占太原；他自己准备亲率大军，直捣邯郸。

消息传出，韩赵两家举国震动。他们立即派出说客苏代，带着大量的金银财宝，去贿赂范雎。这一下有好看的了，苏代是舌辩之士，范雎也靠这个起家。两条伶俐的舌头相遇，到底哪条鼓动得更快？

苏代说："赵国一旦灭亡，秦王就可以称王于天下，武安君一定会封为三公。他为秦国夺取了七十多座城邑，南边平定了楚国的鄢、郢及汉中地区，北边俘获了赵括的四十万大军，即使历史上赫赫有名的周公、召公和吕望，功劳也无非如此吧。如果赵国灭亡，秦王称王于天下，那么武安君位居三公是确定无疑的，您能屈居他之下吗？即使不甘心，也没有办法。秦军围困上党，上党的百姓都转而归附赵国。天下百姓谁都不愿意做秦国的子民。如果灭掉赵国，它北边土地将落入燕国，东边土地将并入齐国，南边土地会归入韩魏，您所得到的百姓也没多少。照我看来，不如趁着韩国、赵国惊恐万状，让它们割点土地，免得再让武安君建立功勋。"

这话打动了范雎。他立即向秦王报告说秦军疲惫不堪，不宜继续作战。秦王对范雎早已言听计从，立即同意接受韩国和赵国割让的城池,罢兵言和。

单纯从技术的角度出发,白起指挥进兵时机正好,功在国家;范雎建议退兵私心甚重,误国误民。白起听说后,极度不满,从此就对范雎有了看法;范雎呢,对功勋卓著的白起,也起了戒心。在这一点上,白起近乎廉颇,而范雎则大不如蔺相如。将相不和,伤国本,害自身。

却说赵国,本来答应割让六座城池,后来又突然毁约。秦王大怒,于前259年再度兴兵,进攻邯郸。这时正值白起生病行动不便,没法出战,秦王就派五大夫王陵作为主将。王陵打了一阵子,没取得什么进展,秦王派兵过去增援,还是不见效果。这时白起身体痊愈,秦王想起用他,但白起不愿意。他说:"打邯郸没那么容易。各个诸侯国对秦国积怨很深,每天都有援兵到达。秦国虽然在长平消灭了赵军主力,但秦军也损失过半,国内兵力空虚。远行千里越过河山去攻打别人的国都,赵军在城里抵抗,诸侯军在城外攻击,里应外合,内外夹击,必定要击败秦军。这个仗不能打!"

从早先的打,到现在的不打,白起是不是意气用事、要挟君主?可能稍微有点这样的成分,但更主要的,还是基于对政治军事形势的正确分析。彼时的赵国,喘息未定、狼藉一片,秦军正好乘胜追击;现在呢,已经过去了差不多一年,赵国有足够的时间舔舐伤口,编练新军组织防御。否则,他们恐怕也不敢贸然毁约。

白起这话,秦王当然听不进去。他先来硬的,命令白起挂帅，白起拒不执行；又来软的，派范雎亲自来请，白起还是不肯答应。他说："我身体不好，实在没法出战。"

可以想象，范雎当时看到的，不会是什么好脸色。白起心存旧怨，范雎肯定也不会痛快。将相之间矛盾的裂缝，进一步扩大。

少你白起这粒芝麻，难道我堂堂大秦，就榨不出油来？秦昭王不再跟白起较劲，改派长平之战中白起的副手王龁，前去邯郸，啃硬骨头。

这次邯郸之战的主角，是战国四公子之一，魏国公子信陵君魏无忌。秦军的结局是完败。消息传来，白起是什么态度呢？《史记》中白起的原话是："秦不听臣计，今如何矣！"意思就是说，不听老人言，吃亏在眼前。我开始要打，你们不打；后来不打，你们又要打，结果怎么样？漂亮了吧？

同样的话，可以有两种语气，一是悲伤感慨，一是自鸣得意。揣测白起当时的心情，估计两种都有，但前者居多，他毕竟为国家立了那么多功劳，不至于非要拿国家的失败，来印证自己的伟大。但是在听者的耳朵里，第一种意思，他们恐怕很难听出来。即便有，他们也会主动过滤掉。这在逻辑学家眼里，叫奥卡姆剃刀定律。它最简单的表述是，如果两个处于竞争地位的理论，都能推导出相同的结论，那么简单的那个理论更好。因此，人们应该使用最简单的手段获得他们的结论，并排除一切不能被认识到的事物。那时的秦王和范雎，刚挨了一记耳光，恼羞成怒还来不及，哪里还会仔细揣摩白起的忠心？类似的情节，《三国演义》中也有。谋士田丰，反对袁绍进攻曹操，被投进监狱。后来袁绍在官渡大败，狱吏就去祝贺田丰："主公打了败仗，证明您是对的，您的苦日子，马上就到头了！"田丰长叹一口气，对狱吏说："你哪里知道主公的为人！他要是打了胜仗，心里高兴，没准儿会放掉我；现在吃了败仗，窝了一肚子火，哪里还有脸面见我？你看着吧，我没什么好下场。"没过多久，果然有使者捧着袁绍的宝剑前来，勒令田丰自刎。

虽然一为谋士，一为战将，但白起的结局，跟田丰有着惊人的相似之处。秦王大怒，强令白起必须出征，白起还是不肯就范；再派范雎来请，白起也没给他面子。秦王终于到了忍耐的极限。他下令，革除白起的武安君爵位，贬为士兵，命其立即迁往阴密居住。这个阴密，大致在今天的甘肃灵台西南。白起因为有病，行动不便，没有立即动身。又过了三个月，秦军的形势越来越危急，求援的使者接连不断地奔向咸阳。想起白起，秦王又羞又恼，再也不想见到他，于是强令白起，马上动身离开咸阳。

没办法，白起只好带着家小，满怀怨气，出城而去。他走后没多久，秦王和范雎商议道："这家伙现在还不服气，还在发牢骚。"于是，白起就给四百年后的田丰，作了命运的预言：秦王派出使者，带着宝剑，追上白起，命令他自裁。

白起确实还不服气。他接到宝剑，对天叹道："我何罪于天而至此哉？"意思就是，我犯了什么罪过，非要落到今天的下场？

司马迁在这里，用了一个词，叫"良久"，就是白起想了很长时间。后来他终于想通："我固当死。长平之战，赵卒降者数十万人，我诈而尽坑之，是足以死。"就是说，我确实该死，长平之战赵军几十万人投降，我采取欺骗的手段，把他们全部活埋，仅这一条，就该死。

鲁迅称赞《史记》是"史家之绝唱，无韵之离骚"。我读《史记》，经常把它当作散文甚至小说来读。白起最后的这番话，与其说是他自己的心声，不如说是另外一种形式的"太史公言"。很难相信，白起能想通。所谓的想通，也不过是给自己一个台阶下。但是就民间的感情，尤其是赵国的民众，肯定会支持这个"太史公言"。

白起自杀的地方，在杜邮，就是今天的咸阳市东北，渭河北岸的任家咀。对于白起，多数秦国人自然是持同情的态度。秦始皇即位之后，念他劳苦功高，把他的儿子白仲分封于太原，千年之后，繁育出了白居易。白居易在《太原白氏家状二道》中追忆先祖白起，这样写道："后非其罪，赐死杜邮，秦人怜之，立祠庙于咸阳，至今存焉。"唐宋时期的白起墓和白起祠庙，没能保存到现在。1970年，解放军三五三零厂施工时，发现了白起墓的墓道，出土了数件兵器、佩剑等文物，如今都保存在咸阳博物馆。

"夷陵火焰灭，长平生气低。将军临老病，赐剑咸阳西。"这是唐朝诗人曹邺的《过白起墓》。其中的感慨同情，溢于言表。曹邺生活在晚唐，当时朝政腐败，藩镇割据，中央政府无力控制，他当然期望能从天而降一个白起，挽狂澜于既倒。但是如果他去高平市西北的谷口村，又会做何感想呢？谷口，又名杀谷、哭头、省冤谷，村中有白起台和骷髅王庙。骷髅王庙始建于唐代，据说唐玄宗巡幸高平时，看见此地白骨露野、头颅遍地，大为震惊，遂命人收拾尸骨，好生葬埋，然后修了骷髅王庙。明代时该庙改为供奉赵括夫妇。白起确实算是无罪冤死，但赵括会同情他吗？

谁抄了名将的后路？

外有名将，内有名相，如果彼此精诚团结，齐心协力，则外国不敢侵犯，这是加法，1+1=2；如果彼此互不服气，你争我斗，那就是减法，1-1=0。正如那句俗话：彼此补台，好戏连台；互相拆台，一齐垮台。廉颇、蔺相如可以算作加法，白起、范睢则是减法。

翻检典籍，悉心揣摩，白起大约是死于那句感慨或者牢骚："秦不听臣计，今如何矣！"如果没有这句风凉话，结局也许不会那么极端。这话给白起带去了杀身之祸，也增加了我对他的好感。没有这话，白起就是个杀神，冷酷的职业军人；有了这话，他就成了男子汉，是爷们儿：这话可能是错的，但我一定要说出来。因为咱爷们儿就是这脾气，绝不藏着掖着。

这脾气，我喜欢。人生一世，不过俯仰之间。老那么战战兢兢、如履薄冰地看脸色讲利害，百年之后泉下相见，彼此当做何感想？

从作战思想上，也能看出白起性格的一些端倪。他这个人，喜欢打歼灭战，伊阙之战、华阳之战、长平之战，无不如此；他还善于长途追击，追求胜利果实的最大化。这一点，在当时算是先进思想。因为《孙子兵法》主张"穷寇勿追"，《商君书·战法》也要求，"大战胜，逐北无过十里"，就是说，打了胜仗，追击不能超过十里。白起从来不管这一套。这种痛快淋漓的性格，也许可以算作"不讲利害"，不通权变，可若非如此，白起又怎么能成其为白起？这是一枚硬币的正反两面。

真正能让白起死的，当然只有秦王。这人的性格，可以用名将王翦评价嬴政的话来形容："怚而不信人"。这个"怚"，也有的版本是"粗"，意思和读音都一样，指性情粗暴。一个性情粗暴而且多疑的君王，面对功高震主的大将，一定会有本能的戒心；白起不听命令，还说风凉话，这样的人，能为我用是人才，不为我用就是威胁，还留着干吗？

但是白起之死，范雎还是负有很大的责任。《史记》里用了四个字，说是范雎"言而杀之"。意思很明确，就是煽风点火，添油加醋，直到秦王的情绪失控。到底是秦王身边的人，手眼通天，关键时刻能成事，更能坏事。

范雎这么做，也完全符合他的性格。就是司马迁总结的，"一饭之德必偿，睚眦之怨必报"。你管我一顿饭，我就报答你；你敢瞪我一眼，我就报复你。通俗地说，就是爱憎分明，情绪强烈，但不讲原则。

范雎在秦国拜相之后，依然使用化名张禄，魏国人毫不知情。有一天，须贾出使魏国，范雎就换了一身破衣裳，到驿馆去找他。须贾很吃惊："范叔你还活着啊？你来秦国，也是来游说的吗？"范雎说："嗨，别提了。以前我有过错，犯到魏国丞相手里，哪里还敢游说。现在就是给人当个用人，混口饭吃罢了。"须贾感慨道："你现在还这么贫寒？"于是就留他吃饭，并且叫人拿来自己的一件粗丝袍，送给范雎。幸亏有了这身衣服作为礼物，否则须贾必然难以善终。尽管如此，后面的场面，还是够他喝一壶的。

两人边吃边聊。须贾随口问道："秦国的相国张君，你知道吗？我听说秦王很信任他，天下大事都由他决定。这次我办的事情，成败也都取决于他。年轻人，你有没有跟他熟悉的朋友？"范雎当然早已不再年轻，不过既然没有高官厚禄，在须贾眼里，年龄再大也是个年轻人。范雎说："巧得很，我主人跟他很熟，就是我也能求见他，我帮您引见吧。"须贾这家伙，到这个时候还不忘耍大牌。听了范雎这话，装腔作势地说："我的马病了，车轴也断了。没有四匹马拉的大车，我是决不出门的。"范雎说："没事，我去把主人的大车给您借来。"

范雎回去弄来四匹马拉的大车，亲自驾辕，载着须贾进了相府。认识的下人看到范雎亲自驾车，都识趣地自动回避，须贾感觉很是奇怪。到了丞相的办公室门前，范雎说："您请等会儿，我去通报一声。"可怜的须贾，拽着马缰绳，在门口等得花儿都谢了，也不见人出来，就问把门的："范叔进去那么长时间，还不出来，搞的什么鬼呀。"把门的说："范叔是谁？这里没这个人！"须贾说："就是刚才跟我一起乘车进来的那个人呀。"把门的瞥了须贾一眼："什么范叔，他就是我们的相国！"

须贾顿时五雷轰顶，赶紧脱掉上衣光着膀子双膝跪地，让把门的代他向范雎认罪。范雎叫人挂上华丽的帐幕，招来许多侍从，威仪森严，然后吩咐一声："传须贾！"须贾跪着进来，连连叩头，口称死罪："没想到您靠自己的能力达到这么尊贵的地位，我再也不敢读天下的书、参与天下大事了。我犯了应该煮死的大罪，把我抛到荒凉野蛮的胡虏地区，我也没话说。我的死活，都在您一句话！"范雎冷笑一声道："你有多少罪？"须贾抢一般答道："拔下头发来数我的罪过，也不够数！"范雎说："你有三条罪。从前楚昭王时，申包胥帮助楚国打退吴军，楚王封他五千户作为食邑，申包胥坚辞不受，因为他的祖坟在楚国，他帮助楚国，不是为了获得封赏。我的祖坟在魏国，可是你却怀疑我有外心，暗通齐国，在魏齐面前说我的坏话，这是你的第一条罪状。魏齐把我扔到厕所里肆意侮辱，你不加制止，这是第二条罪状。更有甚者，你喝醉之后也朝我身上撒尿，于心何忍？这是第三条罪状。你之所以能捡条性命，是因为你还有点老朋友的交情，赠我一件粗丝袍。"

　　范雎说完这些，就喝退须贾，然后进宫报告秦王，建议接受魏国的和议请求，但拒绝须贾这个使者，责令他立即回国。须贾离开之前，来向范雎辞行。范雎大摆筵席，把各个诸侯国的使者全部请到大堂之上，摆满丰盛的菜肴，却让须贾坐在堂下，面前摆着铡碎的草和豆子，左右分别坐着一个受过黥刑的犯人，拿马料喂他。范雎还数落他说："回去告诉魏王，马上把魏齐的头送来，要不，我一定要血洗大梁！"消息传回魏国，魏齐相国也不当了，抛下相印，悄悄逃离魏国，跑到赵国的平原君赵胜那里，寻求庇护。

　　范雎在秦昭王跟前确实得宠。秦王决心替范雎报私仇，就给平原君写封信，说："久闻大名，听说你有情有义，我很想跟你交个朋友。请你来看我，咱们俩痛痛快快喝他十天半月的。"普天之下，谁不畏惧暴秦？再加上秦王送来的高帽子，平原君也深以为然，于是就兴冲冲地一路西行，来到秦国。

　　秦王没有食言，跟平原君喝了好几顿酒，然后才摊牌。他说："过去周文王得到吕尚，尊他为太公；齐桓公得到管仲，尊他为仲父。现在范雎就像我的叔父一样。他的仇人藏在你家，请你交出来，要不然别想出函谷关。"平原君说："魏齐是我的朋友，就是在我家，我也不能交给你，何况还不在呢？"秦王不跟平原君啰唆，直接找到赵王。这时赵国国王是赵孝成王，名叫赵丹。秦王告诉赵丹："大王的弟弟在我这里，范雎的仇人在你弟弟家。如果你不快点把魏齐的头送来，我马上派兵进攻赵国，你弟弟也别想出函谷关！"赵王闻听，立即派兵包围了平原君的家。魏齐抢先一步逃出去，找到赵国的丞相虞卿。虞卿这人，也不知道犯了哪门子邪，也丢下相位，带着魏齐，又跑回魏国，向信陵君求援，打算逃往楚国。在这事上，秦国固然过分，但魏齐也不是什么好东西，为他背井离乡，实在不值。

正因为如此，信陵君虽然名声在外，心里还是犯嘀咕。他说："虞卿到底是个什么样的人呢？"正好侯嬴在旁边，他说："虞卿从前没发达的时候，赵王见到他第一面，就赐他白璧一双，黄金百镒；见第二面，拜他为上卿；见第三面，拜他为相国。那个时候，天下人谁不知道虞卿？现在魏齐有困难，虞卿毫不犹豫，抛弃高官厚禄，跟他一齐逃亡，您还问他是什么样的人。人确实很难了解，了解别人也不容易啊。"这话绵里藏针，信陵君听了非常惭愧，赶紧驾车，出城迎接。魏齐这家伙总算识趣了一回，知道信陵君态度犹豫，就自己抹了脖子。

这是睚眦之怨必报、一饭之德必偿的例子，须贾能保住性命即为其一，但还不止于此。郑安平救过范雎的命，王稽带他来的秦国。这两个人对他后来的发达，都起了很关键的作用。范雎登上相位之后，王稽就过来求官。这事不难，秦王很给面子，封王稽为河东太守，特许他"三岁不上计"；提拔郑安平当将军，让他带兵增援王龁，继续围攻邯郸。

荐举贤能，充当重任，本来是相国的分内职责。范雎举荐的这两个人，到底有多贤能呢？按照他的聪明劲，再差也差不到哪里去吧。可是实际结果让人大跌眼镜：郑安平带兵攻赵，战败投降；王稽与别国私通，最后被砍头示众。

需要特别说明的是，郑安平阵前投敌，发生在白起两次抗命之后。范雎之所以如此积极排挤白起，恐怕不能说跟这事毫无关系。也就是说，白起作为名将名副其实，范雎作为名相徒有其名。范雎对白起"言而杀之"，其实也是"睚眦之怨必报"的表现。白起不是闪过他的面子嘛，事后还说了点风凉话。一饭之德必偿，可算美德；睚眦之怨必报，确是恶习。这样的行为，说白一点，就是哥们儿义气。在街面上混世界，游走于黑白两道之间，也许能混成个大哥；再宽一点，当个县官儿也行；主宰一州的军民事务，就可能捅娄子；当宰相，范雎确实不能胜任。

范雎推举私人、谗杀大将，毫无疑问，都是将个人好恶置于国家利益之上。说白点，他并没有为秦国效力的真心。他为秦王分析天下形势，制定"远交近攻""固干削枝"的策略，根本目的，都是提高个人地位，而非为秦国统一天下。当然，我们这么要求他，可能也有点超出时代。战国时期，人才流动非常频繁，一不高兴，抬起屁股就可以走人。"楚材晋用"这个成语，就是那种局面的产物。

如果我是范雎，也许不会滥用私人、谗杀大将，但也很难真心为秦国效力。秦国的核心是什么？是秦王，还是那一套官僚机构？反正国家是大片的泥土，不会说话；人民是遍地的农人、贩夫走卒，会说话但没人听。效力最大的，就是那一套独裁统治。它像一架巨大的机器，每个人都是一颗螺丝钉。总体而言，没有人能独立改变机器的运转，每个人都制人，也制于人。其实，王稽向范雎跑官时说的那番话，还是蛮有水平的。他说："有三件事无法预知，三件事无可奈何。秦王某天晏驾，是第一个无法预知；您突然归西，是第二个无法预知；我暴病死于沟壑，是第三个无法预知。一旦秦王晏驾，您再恨我，也无可奈何；如果您突然归西，您再恨我，也是无可奈何；假如我暴死沟壑，您再恨我，还是无可奈何。"意思很明白：有权不用，过期作废。趁现在秦王还宠信你、我还年轻有精力能折腾，赶紧给我个官儿当当吧。

说这话水平高，是因为他看清了问题的实质：上有独裁之君，下有专权之臣。这就是他们生活的时代。

风筝飞得再高，总有一只手，在地上牵着。战争是政治的延续，大将再勇猛，将士再顽强，最后还是要输在案牍文书手中。这就是白起们的命运。然而，在这一整套以独裁为基础的官僚机制里，每个人都是受害者。他们的斗争，基本上是零和游戏：秦王拖延了灭赵的时间，增加了战争成本；白起丢掉了性命；范雎丧失了名誉。尽管范雎最后在蔡泽的劝说下，急流勇退，得了善终，但谗杀大将的恶名，永世难消。只要《史记》不失传，人们就会一代代地铭记下去。

不是吗？

李牧：战神难破离间计

导读：名将李牧是抵御匈奴而成名的第一位汉族将军，此公劳苦功高，最终却含冤而死；赵武灵王雄才大略，但让后世感慨的，不仅仅是胡服骑射的伟大、沙丘之变活活饿死的悲剧，更有一段缠绵悱恻的爱情故事；甘罗十二为宰相，此事是真是假？

按照《周礼》中的说法，"牧"是指州郡的行政长官，所谓"州牧"。父母给孩子取名为"牧"，显然寄寓着无限美好的期望。中国历史上以此为名的有两位牛人，一文一武。文人是唐朝诗人杜牧，"小李杜"中的"杜"；武将则是赵国将军李牧，本文的主角儿。

　　遗憾的是，这两位牛人的命运，都不怎么好。

　　杜牧一生，从未得志。"虚负凌云万丈才，一生襟抱未曾开"，这诗用在他身上也很贴切。现在人们想起他来，第一印象大约还是"十年一觉扬州梦，赢得青楼薄幸名"。对一个有才干也有抱负的男人来说，这固然可算风流自赏，但终究上不了台面。每日把酒欢歌之后，深夜一人独对青灯，内心必然会有阵阵隐痛。

　　酒精的麻醉，终究只能起效一时。

　　风流的背后，必须要有功业支撑。

　　杜牧虽然未能出将入相，好歹有个善终。李牧呢？结局很惨。一代名将战功赫赫，威震四方，北服匈奴，西慑强秦，最终却因为小人谗言而死于非命。宋元时期的史学名家胡三省，用毕生精力注释《资治通鉴》。他在书中写到李牧时，不禁发出这样的浩叹："赵之所恃者李牧，而卒杀之以速其亡。"就是说，李牧本是擎天柱，可赵国却把他无端枉杀，从而加速了自己的灭亡。

赵国为什么要杀李牧？赵王怎么就那么笨？这问题您别问我，打开发黄的书页，咱们一起去问历史本身。

胡服骑射

《史记》是部难得的好书，虽是信史，也完全可以当成文学作品读。这是它的优点，自然也就是它的缺点，所谓利弊相因。就像李牧的事迹，字句简直都能蹦出纸面，栩栩如生，似在眼前，但是很难找到具体的对应时间。比如：他早期对抗匈奴，到底开始于何时？他又出生于哪一年？出生之时，是不是也有什么特别的征兆？全无记载。

李牧姓嬴。李为其氏。赵国柏人（今河北隆尧）人。其祖父李昙曾在秦国任御史大夫，后来到赵国为柏人侯，最终繁衍出赵郡李氏。到隋唐时期，赵郡李氏跟陇西李氏同时跻身著名的"五姓七望"。陇西李氏的后人有李益、李商隐，大唐帝室甚至也与之攀亲，将相众多；赵郡李氏中出了李德裕等九位大唐宰相，更有诗人李峤、李端、李顾，散文家李华，给李白处理后事的书法家李阳冰，以及音乐家李龟年这样的杰出代表。

赵郡李氏之所以能成气候，很大程度上在于良将李牧。李牧的儿子虽然不显，但孙子李左车却因为被韩信问计而闻名史册，他留下的"智者千虑，必有一失；愚者千虑，必有一得"这个成语典故，更足以流传千古而不朽。

根据推测，李牧大约出生在赵武灵王后期，那个群雄四起、风云际会的时代。当时赵国举国上下全力以赴的大事，可以概括为四个字：胡服骑射。

赵武灵王一生并未称王，这个称号是后人加的。他本名赵雍，继位时只有十五岁，是典型的少年帝王，也是少见的有为帝王。平生最大的功绩，就是上面的那四个字。拆开来说，就是推行服装改革——全国人民都穿胡服；推动战术革新——鼓励人民学骑马、练射箭，发展骑兵。

摊开战国时期的地图，你就会发现，赵国这个农耕文明的国家，注定要受到游牧民族的侵扰。因为它的西北和北方，有漫长的疆界，与游牧部落接壤。从西往东，分别有林胡、楼烦和东胡。游牧部落的骑兵来无影去无踪。经常来一阵狂风暴雨般的袭扰劫掠，在你反应过来之前，冰凉锋利的弯刀已经划过脖颈。好不容易召集起残兵试图反击，他们已经带着成群的俘虏和牛羊，扬长而去。游牧部落之所以能够占据这等优势，除了骑兵的速度因素，还跟农耕文明自身的特点有关系。当时的汉人（汉族先民古时称为华夏族），身穿宽袍大袖，袍子必须拖地盖脚，衣袖宽到膝盖，长得伸不出手，走不动路。赵军的盔甲也很笨重，结扎烦琐，骑马很不方便。

吃过几次亏，赵武灵王逐渐找到了问题的症结。他决心向对手学习，师法其长，然后再一较高下。类似"以子之矛，攻子之盾"。赵武灵王于是立即下令，赵国人全部放弃汉人的衣服，改穿胡人的衣服，短衣长裤，精短干练。

当然，赵武灵王要自己带头换胡服。

这事在朝堂上下即刻引起轩然大波。道理非常简单，这其中有华夷之辨、夷夏之防。赵武灵王的叔父公子成的看法，最具代表性。他说："中原地区是聪明才智者的聚集地，是古代先贤的教化地，是仁义道德的施行地，历来被远方国家学习，被四方不开化的民族效法。现在大王您却要下令，全国都改穿胡服，这把古代的先贤和礼教，置于何地呢？"

超越时代的人，难免会遭遇当时的非议。赵武灵王如果在意那些听起来铿锵有力、义正词严的反对，又何以成其为赵武灵王！他不顾阻力，力排众议，强力推行军服改革，大力发展骑兵，训练步骑协同的战术，军队战斗力不断提高。在他的指挥下，赵军首先灭掉了处于赵国腹心地带的中山国，然后四面扩张，北方发展到了燕、代，西边推进到了云中、九原，一时间国势大振。

赵国的强势崛起，完全得益于赵武灵王的胡服骑射。然而就是这样一个雄才大略的领袖和改革家，晚年竟然也会犯下低级错误，导致国内动乱国力受损不说，自己也丢了性命。

这事有四个字可以概括：沙丘之乱。

赵武灵王的长子赵章，起初被立为接班人。其生母是韩国公主，早逝。有天夜里，赵武灵王梦见一位美丽的姑娘，鼓瑟而歌，美妙动人。赵武灵王念念不忘，就说给大臣们听。有个叫吴广的，觉得这个姑娘跟自己的女儿孟姚很像，就把孟姚献给了国王。赵武灵王非常宠爱孟姚，赐名吴娃，跟她生了儿子赵何。母以子贵，子因母荣。赵武灵王爱屋及乌，于是改立赵何为太子。长子赵章怎么办呢？封为安阳君，封地在代，大约在今天的山西代县一带，由相国田不礼辅佐。

吴娃此人，也是典型的红颜薄命，天不假寿——不知是否因为相貌太美。前301年，她先行一步，在年长甚多的赵武灵王之前辞世。没过几年，赵武灵王将王位传给赵何，就是赵惠文王，让自己的相国肥义继续辅佐；他自称"主父"，常驻沙丘，就是今天的河北广宗大平台、前后平台一带，专注于军事。当时中原各国互相攻伐，实力削弱，而赵国主要向北拓展，国势日盛。赵武灵王自然也希望称霸中原，西服强秦。

征服秦国是赵武灵王的强烈期望，而非叶公好龙式的随口一说。他有个举动，足以证明这一点。他曾经假扮使者，出使秦国，以熟悉秦国地形，感受秦王为人。秦昭王并不认识赵武灵王，等他走后，觉得"其状甚伟，非人臣之度"，赶紧派人追赶。两人之间大约有心灵感应。赵武灵王辞别秦王，一路快马加鞭，很快就驰出了函谷关。等使者追上仔细查问，这才知道那就是赵武灵王。秦王一听，非常吃惊。

放下秦王，再说赵章。赵章也颇有少年英雄气概，不到十五岁，就跟随父亲出征中山，立下赫赫战功。这样的人无端遭遇罢黜，赵武灵王后来也不由得心生愧疚——想来那时，吴娃的影子，越来越淡了吧。时间无情也无敌，感情的半衰期其实很短，君王的感情尤甚。不是他品德不好，实在是其心太大，必须要容纳很多东西。安东尼听说克娄巴特拉离去，竟然抛下部队前去追赶。这样的情种固然可叹，可他作为统帅的结局更加可叹：他先于克娄巴特拉自杀，然后凝望着她死去。

与这样的情种相爱是大幸，为这样的情种效命是不幸。

赵武灵王后来又有了新想法，想让赵章在代地称王。当然没有成功。一国两主，已经造成不安；天有三日，岂非凭空祸端。但即便如此，内乱的种子已经种下，正在没日没夜地悄悄疯长：赵章虽然没能封王，但是有地盘，有实力，更有野心——或者叫不服。

这一点，一个叫李兑的人看得很清楚。他对肥义说："公子章势力大，心不服，早晚有一天会出事，那时你必定性命难保。不如托病辞官，让出相位，躲避灾祸！"

肥义说："主父把大王托付给我，我受此重托，只能忠于诺言，怎么能只顾自己的安全呢？"

果然，前295年，赵章和田不礼发动政变，杀死了肥义。赵何早有准备，在公子成和李兑的帮助下，调来四邑兵马，很快就平息了事态。赵章兵败，退入沙丘的主父宫。赵章虽是乱臣，却在主父身边。怎么办呢？李兑拿不定主意，想去请示赵何，但公子成的一席话，令他茅塞顿开。

公子成说："你这不是给大王出难题吗？大王怎么可能亲口下令，让咱们弑父杀兄呢？那样将来咱们难逃赶杀公子的罪名。咱们自己临机处理，大王肯定会接受最终的结果！"

于是他们挥兵杀入主父宫，杀掉赵章和田不礼，封住宫门，不许出入。赵武灵王也是响当当的血性汉子，他骑上战马，手挥战刀，想拼死一战。但是谁敢担负杀害主父的罪名？公子成和李兑，只围不战。

沙丘本来就没多少粮食，很快就吃得精光。赵武灵王没办法，只好抓鸟雀充饥，见着什么吃什么。公子成和李兑整整围困三个月，后来确信主父已死，这才禀报大王，进去收尸。在此期间，赵何不闻不问，接到报告，随即大哭一场，传令厚葬。

君王之泪，一文不值。

赵武灵王的结局，令人唏嘘。梁启超曾经说过："使主父而永其年，则一统之业，其将不在秦而在赵。"然而，历史从不接受假设。

力拒匈奴

李牧就出生在那样一个刀光剑影的年代。他的成名之战，是在北部抵抗匈奴，地点则在当初公子章的封地代。其幕府设在代地雁门郡，今天的山西宁武北部。

这时楼烦、林胡和东胡已经臣服于赵。但是按下葫芦浮起瓢，匈奴人随即赶来填空，不断骚扰。赵武灵王虽然修筑了长城，也就是所谓的赵长城，以阻挡匈奴的洪流，但堡垒终究是死的，而战马撒开四蹄，来去自如，总有空子可钻。赵军防不胜防，十分被动。

在这种情况下，赵孝成王赵丹将重任赋予李牧。李牧到达前线后，按照实战需要设置机构和官吏，当地的田赋租税都不上交中央，全部用于军费开支。

这个做法在当下是不允许的，是众多的财务违规行为中的一种：坐收坐支。

兵马未动，粮草先行。军费有了保障，军事措施也要跟上。李牧下令修缮增加烽火台，派精兵守卫值更；完善情报网，拉长情报链，派出大量的情报人员潜入敌境，多方搜集信息，打探情报。

大凡良将，带兵总有一些共同的特点。比如，官兵关系融洽，士卒乐意用命；纪律严明，训练有方。李牧也是如此。他上马抓练兵，让士兵们苦练骑射战术；下马抓后勤，每天都要杀几头牛羊，犒劳将士，补充热量。由于措施得力，他很快就锻造出一支士气高昂、能征善战的铁军。

铁军已经练成，那就抓紧建功立业吧。多打几仗，让大王看看，重用自己没有错误。就像巴顿将军对梅肯少将那番疾风暴雨式的训斥："嘿，见鬼，该怎么做，你比我清楚。我提拔你当了将军，你就应该做个样子证明我没有提拔错！"

可是李牧的做法恰恰相反，不但不肯主动出击，敌军来侵，也消极避战。他下过一道听起来很莫名其妙的命令："匈奴即入盗，急入收保，有敢捕虏者斩。"意思很明白：匈奴人一来，咱马上撤进城堡防守。谁敢贪图捕虏立功，妄开战端，杀无赦，斩立决！

一见匈奴骑兵的影子，李牧即深沟高垒，坚守不出。自己不打，还不让下边的人打。老虎不发威，还真有人把它当病猫。这就是战术欺骗的效果。时间一长，匈奴人都不把李牧当回事，觉得他缺乏胆气，畏敌怯战，有些部下也愤愤不平。尽管李牧守边以后，赵国就没有过人员伤亡和牲畜损失，但这些风言风语，还是慢慢传到了赵孝成王耳边。赵孝成王听了自然很生气。整天杀牛宰羊，靡费公帑，部队竟然这样无所作为，那养兵何用？于是立即派出使者，前去斥责李牧不该畏敌如虎，要求他果断采取措施，"证明我没有提拔错"。但是李牧呢，将在军，而君命有所不受，始终置若罔闻，油盐不进。

赵孝成王火了，一道命令下来，撤去李牧的军职，将他的帅印另交他人。继任者当然知道李牧因何落职，自己又是如何拿到军权的。因此上任伊始，就积极采取行动，想证明大王提拔他没有提拔错：每逢匈奴入侵，他便整顿人马正面迎敌。结果几仗下来，一次都没占到便宜。人员伤亡，牲畜损失都还好说，关键是边境不安，百姓无法耕种放牧。仗只打一时，结束就结束；可农时一耽误就是一整年，下年的粮食没有着落，麻烦。

记不清是西方哪位军事家说过：在军队内部，聪明而懒的人适合做司令官；聪明而勤快的人适合当参谋长；笨而懒的人可以当士兵；又笨又勤快的人最危险，应该立即清除出军队。

接替李牧的那个将军，智商未必很低。但综合考量，应该属于最后那个类型。

赵王大约也感觉到了这一点，又请李牧出山。使者来了好几回，李牧都是闭门不出，口称因为"身体原因"无法就任。这当然不是身体原因，而是心理原因。三请三推，已经给足面子，赵孝成王不再演戏，强令李牧出征。李牧顺势提了条件："王必用臣，臣如前，乃敢奉令。"

我出征，没问题，但是"杀猪杀尾巴，各有各的杀法"，我还得用从前的办法。同意咱就立即上马，不同意您另请高明。

赵王还能说什么？准！这个曲折大家看着是不是有些眼熟？没错儿，就是长平之战临阵换帅的再版。这足以说明赵丹的性格。这应该是个有冲劲的君王，但涵养城府不够。好在他还有个优点，知错能改，能及时调整，不怕丢面子。

李牧于是又来到雁门，按既定方针办，以守为主，从不言战。

边帅贪功,妄启战衅,经常会成为国家之大祸。唐朝时期,这种现象甚为严重。李牧不是杀良冒功之辈,但也绝非碌碌无为。都说进攻是最好的防守,但良将的防守,从来都是在等待出击的最佳时机。号令一出,地动山摇而血流成河,他不能不小心再小心,谨慎又谨慎。他虽然老是眯缝着眼睛,但却一直在观察寻找那个最合适的机会,从而闪电一击而功成名就。

机会终于到了。而早已做好准备的人,当然不会放过。

三军将士天天吃牛羊肉,自然渴望效命,以报厚恩。李牧等待的,就是这种精气神。他随即下令,精选战车一千三百乘,骑兵一万三千名,步兵五万,射手十万,统一编组,进行多兵种联合作战演习训练。眼看协同作战已经得心应手,即部署致命一击:秋高马肥之际,他安排百姓出去放牧。于是代地放牧的百姓漫山遍野,风吹草低见牛羊。匈奴人得到线报,立即派出人马,准备前来"揩油"。这时李牧派出一支小部队迎敌,两军稍一接触,赵军即败退而去,留下几千个百姓和牲畜,送给匈奴为俘虏。

匈奴单于得到消息大喜过望,很久没能占到便宜,渴望难耐。机不可失,时不再来,他立即点齐大军,准备狠狠地捞一票。这个情报,很快就通过线报和烽火,传到了李牧的司令部。朋友来了有好酒,豺狼来了上猎枪,李牧随即安排人马,在匈奴的进军道路上设下埋伏。等敌军的大部队赶到,他先指挥所部采取守势,以消耗敌军,迟滞其进攻:战车正面迎战,步兵集团居中阻击,射手们配备强弓硬弩,箭如飞蝗,铺天盖地地朝敌军飞去。

遭到顽强阻击,匈奴骑兵终于没能风卷残云。进攻受阻,他们士气大挫。正在这时,两翼和后面又发现敌情:赵军伏兵冲出阵地,加入战斗,形成包围。

刀光剑影,杀声震天,旌旗蔽日,烟尘滚滚。

匈奴人终于体会到了刀锋穿越脖子的感受。那想必凉快:温度冰凉,速度奇快。还没感觉到疼痛,人头已经落地,甚至还有剩余的神智和力气大喊:"好刀,好刀!"一场血战,匈奴骑兵全军覆没,十多万人留在赵国的土地上,再也无法体验秋风纵马弯弓射雕的痛快。

经过这番打击,匈奴人气焰熄灭。"胡人不敢南下而牧马",大抵如此。赵国的北部边境,因此而得到安宁。从那以后,李牧似乎在突然之间,成长为赵国继廉颇、赵奢之后最优秀的将领,成为擎天一柱,国之干臣。他甚至一度配上了赵国的相印。

燕赵互掐

李牧的第二个对手,也是赵国的近邻,北方的燕国。

远亲不如近邻,这话其实大谬。完全应该换成这样的说法,相见不如怀念。在李牧的时代,这简直就是个真理。赵与燕唇齿相依,理应协调立场,共抗强秦,这样才能生存下去。

如此简单的道理，他们当然明白，也确实友好过，可是那种"好"，委实脆弱。

长平之战，燕国没有提供一兵一卒、颗粮粒弹的援助。事过经年，燕王派栗腹送来五百金，给赵王治酒祝寿，希望重续旧好。而这个栗腹，回去竟然这样向燕王复命："赵壮者皆死长平，其孤未壮，可伐也。"赵国损失四十五万大军，现在老的老，小的小，正好是进攻的时机。

"夫小人有欲，轻虑浅谋，徒见其利，不顾其害"，栗腹就是这样的小人。芝麻大的利益被无端放大成山，而山大的危害则被缩小得纤毫不现。两国随即爆发了鄗代之战。这场战争中，赵军的主角儿是老将廉颇。他担任燕军主攻方向上的防御任务。李牧呢，扼守代地，牵制燕国的西路军，让其东西会师、合围邯郸的战役构想，始终只能停留在草图的虚线之上，无法变成现实。

避其锐气，击其惰归。卿秦指挥西路燕军，气势汹汹，兵临城下，李牧呢，毫不为之所动，依然先采取守势。等燕军的锐气逐渐低落，他趁机带领主力，展开猛烈的反攻。骑兵、车兵、步兵和射手，彼此配合，互相协同，打得燕军溃不成军，主将卿秦被投赵的乐乘俘获。剩下的残兵败将见势不好，赶紧转身，没命地朝国内逃。作为主力的东路燕军，结局更惨：主将栗腹被斩，二十万大军全军覆没。

鄗代之战，表面看是赵军完胜，其实是典型的两败俱伤。从那以后，两国的和平益发脆弱。秦国再在旁边稍一煽风点火，兵火就会在燕赵之间熊熊燃起。

没过多久，宿将廉颇因为受到排挤，不得不出走他国，赵国起用庞煖为将。消息传到燕国，将军剧辛不觉轻蔑地一笑。怎么回事呢？这庞煖也是员老将，曾经与赵武灵王论兵，剧辛跟他是那时的老熟人，从来就没把他当回事过。剧辛于是对燕王说："庞煖易与耳。"庞煖没什么了不起的，好对付。燕王呢，正处心积虑，要报上回的一箭之仇，于是立即决定，派剧辛统兵出征。

事实证明，"易与"的不是庞煖，而是剧辛自己。

剧辛其实并非庸才。沙丘之乱后，他投奔燕昭王，与郭隗、乐毅、邹衍等人酬唱应和，燕国一时风云际会。李白的《行路难》中有这样的句子："剧辛乐毅感恩分，输肝剖胆效英才。"其中的无限期许，溢于言表。

打动李白的，大约是燕王对剧辛的礼遇。那么一个名满天下、自视甚高的大诗人，却蹭蹬一生，这样思考问题，也是人之常情。但实际上，剧辛并没有给燕国作出多少贡献。他最大的名气，似乎还是这次败仗。因为他不但葬送了自己，还捎带着害了两万多名燕军，那些活生生的士兵。

老将庞煖是合纵家，口若悬河自不必说。但他的开山第一仗足以证明，他不光能说，也能干。有这一仗打底，他不仅在赵国国内声名大振，就是在国外，身价也是一路飙升。因此最后一次合纵攻秦，他当仁不让地出任联军统帅。这次攻秦，除了外交政策发生重大变化、"谨事秦"的齐，以及刚刚遭遇新败的燕，东方国家全部参与其中。就连小小的卫国，也派出了军队。

以往合纵攻秦，都是一路向西，结果总是在天险函谷关受挫。庞煖决定，绕道蒲坂，也就是今天的山西永济西南，渡过黄河，迂回至函谷关后。这个行动出其不意，联军一路进展顺利，等吕不韦率领秦军主力赶来应战，联军已经推进到了蕞，就是今天陕西临潼的北部，离秦国的都城咸阳不过咫尺之遥。

战火在国都门前燃烧，形势显然对秦军不利。五国合纵，楚考烈王为盟主，叫作"纵长"，楚国令尹春申君黄歇具体负责。黄歇也是楚军主帅。吕不韦仔细分析敌情，认为楚是大国，也是主盟国家。楚军远来，军士疲惫，战斗力不强，如果能首先击败楚军，联军必定不战自溃。于是，他派出精锐部队，准备连夜袭击楚营。楚军侦察到了这个动向，迅速报告黄歇。黄歇呢，作出了当时最最错误的决定：既不分兵御敌，也不通知盟军，而是连夜拔营，独自逃跑。

消息传来，庞煖大惊。联军的士气立时崩溃，各国将军纷纷要求撤兵。形势已经逆转，庞煖除了同意撤兵，还能怎么办？回国途中，他既不满于无功而返，又恼恨齐国的作壁上观，顺道攻占了齐国的饶安，也就是今天的河北盐山西南，为赵国夺取了一个出海口。

最后一次合纵攻秦，虽然不了了之，但事情并没有就此结束。秦国很快就采取了报复行动，主要目标当然是行动最积极的赵。前240年，秦军兵分两路，计划南北夹攻邯郸。北路军由蒙骜指挥，攻打龙（今河北唐县）、孤（今河北唐县北）、庆都（今河北唐县东），切断邯郸与北方代地的联系，阻止李牧南下；南路军由秦王的弟弟，长安君成蟜指挥，计划从屯留（今山西屯留南）东出太行，直逼邯郸。因为成蟜曾经在赵国当过"质子"，对邯郸周围的地形地貌、风土人情非常熟悉。

然而成蟜在屯留一带拥兵不前，北路的蒙骜遂呈孤军深入之势。庞煖立即组织人马，北上阻击。两军相遇时，蒙骜所部在曲逆（今河北顺平）西南的都山联营结寨。庞煖勘察过地形，命令部将扈辄道："都山以北，尧山地势最高。登上尧山，都山便可一览无余。你迅速带领两万人马，攻占尧山！"

扈辄接过将令，随即带领所部向尧山进发。这样的地势，秦军当然不会放弃，他们已经在山上扎下脚跟。扈辄到达后，立即组织攻击，经过苦战，将尧山拿下。蒙骜一听，赶紧派张唐带领大军，前来争夺。这时，庞煖也赶来增援，两军随即在山下展开激战。扈辄居高临下，在山上举红旗为号。张唐往东，红旗东指，张唐往西，红旗西指，张唐始终冲不出赵军的包围。正狼狈着呢，又听庞煖在战马上高声宣布："赵王有令，谁能砍下张唐的人头，封百里之地！"

百里之封可不是小数目，那是当时相当丰厚的赏赐，比起当下的巨奖亿万，毫不逊色。所以将令一出，赵军士气大振，高声呐喊着朝秦军扑去。"孩子哭抱给他娘"，张唐有了困难，向蒙骜求援。蒙骜闻讯亲自带领主力，好不容易才把张唐救出重围。

仗打到现在，长安君成蟜那边依然毫无动静。他当然不会有动静。一旦有动静，也只能是对秦军的一记重锤：他后来占据屯留，叛秦降赵，被秦军剿灭。当然，当时的蒙骜不可能知道这些。他只知道形势不对，随即退兵而去。经过太行山密林时遭遇埋伏，蒙骜被乱箭穿心，不治而死。

蒙骜领兵以后，每年都有担任主将出征的记录，先后攻占过七十多座城池，是秦军的名将。不仅如此，他的儿子蒙武，孙子蒙恬，都曾身披秦军战袍，立下汗马功劳。他的死，是对秦国的一大打击；赵国因此也有了短暂的喘息之机。

李牧的故事里，怎么突然插进来一个庞煖？这可不是我的错。历史的本来面目，就是如此。我想告诉大家的是，这事足以说明，李牧尽管身负兵韬将略，但在赵国并不受重视。具体情形，后面再说。

赵国虽然实力不断削弱，但秦国还是没办法一口吞掉。怎么办呢？既然不能一口吞掉，那就慢慢分化瓦解，把重任交给赵国背后的燕。秦燕两下一密谋，所谓的友好随即达成，标志便是燕国送太子丹到秦国当"质子"，秦国则打算派张唐相燕。如果秦燕就此结好，赵国必然会腹背受敌。因为秦国丞相吕不韦，对赵国的河间一带，念念不忘。河间本来都是赵国的领土，现在有部分已经成为吕不韦的封地。人心总是没有满足，既得陇，复望蜀。吕不韦还想继续用兵，好拓广自留地。

消息传开，赵国十分紧张。好在张唐不敢赴任，一直推脱。理由很简单：他的人头，值赵国的百里之地。而要去燕国赴任，必须经过赵国。他可没有多余的脑袋，好给人拿去换封地。当时交通网络之简陋，现代人无法想象，能跑马车的路很少。没有赵国的放行，张唐无论如何也到不了燕国。秦统一六国后，之所以马上就要动工修建当时的"高速公路"——驰道，原因正在于此。

张唐不肯动身，吕不韦也没办法，总不能绑着送去吧。回到府中，他还是愁眉不展。这时，门客甘罗自告奋勇，愿意去说服张唐。甘罗的祖父甘茂曾经相秦，是个出色的政治家。后来受人排挤，不得不到魏国栖身，最终客死他乡。他这一去不要紧，家道就此中落，甘罗这才投奔了吕不韦。

当时甘罗只有十二岁，所以吕不韦很不以为意。甘罗说："从前项橐七岁就做了孔子的老师，我已经十二岁了，您就不能让我试试吗？"

项橐是谁？就是那个带着小伙伴在地上用泥巴垒城墙，孔子的车子过来也不肯相让的小孩子。子路理直气壮地问他："是车躲人，还是人躲车？"项橐呢，则胸有成竹地反问道："是车让城，还是城让车？"孔子闻听大为惊奇，随即拜他为师。所谓"三人行，必有我师"，师不必贤于弟子，弟子不必不如师。

项橐的话让孔子惊奇，那只是史籍上的故事；甘罗的话让自己惊奇，可是活生生的现实。吕不韦立即点头同意。

反正死马当活马医呗。

张唐对甘罗的到来，也没当回事。甘罗早有对策，立即先声夺人："我是来给您吊丧的！"张唐懵了，细问究竟，甘罗说："您的功劳，比武安君白起如何？"张唐说："武安君东威燕赵，南破强楚，我哪里比得上！"甘罗又问："应侯范雎和文信侯吕不韦，谁在大王跟前更加得宠？"张唐说："当然是文信侯。"甘罗说："武安君那么大的功劳，只因反对应侯攻打赵国，被赶出咸阳，赐死于杜邮。您功劳不如武安君，却敢违抗文信侯的调遣，死期还能远吗？"张唐闻听，后背一阵发凉。既然不去也要死，那还不如去，也许还能捡条小命。

甘罗说服了张唐，又向吕不韦请命，先去赵国为张唐扫清道路。赵王说："秦国难道没有人了吗，派你一个小孩子来？"甘罗不慌不忙地说："秦王都是按照臣下才能的大小，来安排各自的差事。他觉得这件小事不怎么重要，所以就派了我来！"赵王一听，不由得肃然起敬，就问："那你来赵国，是为了什么事情？"甘罗说："燕国太子丹到秦国当质子，张唐即将赴燕当相国，想必大王您已经知道了吧？"赵王说："听说了。"甘罗说："这说明，秦国和燕国即将结盟，彼此互不欺骗。果真这样，大王您不就危险了吗？"赵王说："那我们该怎么办呢？"甘罗说："好办。文信侯无非是想要河间的那五座城，以扩大封地。如果您能把它们献给秦国，文信侯达到目的，我回去就可以劝他，取消张唐的使命，不再跟燕国结盟。这样您如果出兵攻燕，我们决不干涉。以赵国的强大，攻打燕国，还有不胜利的吗？您有多大的损失，不能从燕国讨回来呢？"

甘罗真是个大忽悠。春秋战国时期，这样的忽悠多如牛毛，但甘罗绝对是一流水平。结果赵王还真听进去了，立即将河间五城的地图、户籍交给甘罗，然后安排李牧，集结人马，准备攻燕。

赵国攻燕，自然有自己的理由。比如复仇。鄗代之战，赵军虽然大胜，但当时的情形，不容赵军主力长期在燕国腹地逗留，所以只得接受燕国的和议请求。可没过几年，廉颇一走，燕国又妄动兵戈。尽管最终还是没能得逞，但这事本身却足以说明，燕赵两国已经反目成仇，即便暂时维持和局，也只是面和心不和。所以对赵而言，既然已经暂时稳住秦，堤内损失堤外补，跟燕国算算老账，似乎也是顺理成章的事情。难道不是吗？

还真不是。

赵国此举是典型的火中取栗。其实他们两国谁先动的手，或者谁先打的歪主意，并不重要。这个问题，就跟先有蛋还是先有鸡一样，根本掰扯不清。春秋无义战，战国更是如此。每一场战争，都是某一方的崛起宣言，与正义无关。从实际结果来说，燕赵火并，谁胜都是失败，唯一的赢家只能是秦。

然而将军不能干涉政治，他只能听从政治家的指挥棒。李牧随即整顿人马挥师北上，很快就攻占了燕国的武隧（今河北徐水西北的遂城镇）、方城（今河北固安县西南），以及上谷（今河北张家口一带）的三十座城邑。

赵王下令，把其中的十一座分给了秦国。

却说甘罗，鼓舌摇唇之间，就获得了河间五城，以及上谷附近的十一座城。赵国劳师远征，所得也不过十九座燕国城邑，减去白送给秦国的五座，数目只有十四。而秦国呢，成本几乎是零，顶多付点甘罗的差旅费，绝对数目却比赵国还多两座。天底下哪里还能找到这样便宜的买卖！秦王大喜，立即封甘罗为上卿，并且把过去甘茂的田宅转赐给他。因为上卿的地位很高，接近丞相，所以民间就有了"甘罗十二为宰相"的说法。应该承认，这个说法略有夸大，但并未变形。

宇宙万物，能量守恒，甘罗的爵禄绝非凭空所得，秦国的利润，在赵国都是成本，而其恶果，很快就能看得见，摸得着。

宜安之战

前236年，赵国和燕国又掐了一架。赵国刚刚占了点小便宜，大战尚未爆发，黑压压的秦军已经开近了赵国的国门。

此时的秦国，政局已经天翻地覆。秦王嬴政杀死嫪毐，安定了后宫；驱逐吕不韦，收回了相权。彻底收回权柄的他，正处于现在常说的"内强素质，外树形象"的时期，决心先拿下实力最强、让秦兵屡次受挫的赵。

一句话，给你点颜色瞧瞧。

秦国此次出兵，有个冠冕堂皇的旗号：援救燕国。然而他们的进攻时间，却把握得相当精准而且微妙。

庞煖指挥大军刚刚打赵燕边境，也就是今天的河北顺平境内，秦将王翦和杨端和所部，分别从上党出兵，攻陷了阏与（今山西和顺）、橑阳（今山西左权）；庞煖推进到燕国的狸（今河北任丘东北）时，樊於期指挥所部从南阳（今河南修武）出发，拿下了赵国河间六城（黄河与济水之间）；等庞煖攻克阳城（今河北保定西南），三支秦军已经胜利会师，在邺城（今河北临漳）以及安阳（今河南安阳西南）的城头，插上了秦军的军旗。

且慢。邺城不是魏国的领土吗？西门豹治邺的故事，大家耳熟能详。邺城本来姓魏不假，但当时魏国不断被秦蚕食，领土遭腰斩，国已不国。无奈之下，魏国这才将孤悬在外无法固守的邺城，赠送与赵，算是做了个顺水人情。

赵军主力皆在庞煖麾下。当信使快马加鞭，将消息传到大营，庞煖虽然面不改色，心里却十分震惊。秦军动作如此之快，势头如此之猛，实在出乎意料。大军出征，部队集结，粮草前运，都需要相当的时间，会留下很多的痕迹，而赵军竟然浑然不觉。

来不及多想，庞煖立即下令，全军掉头，对燕军设置好警戒，迅速回师，保卫祖国。

赵国和燕国掐了一顿，虽然获得了北方边境的几座城池，却丢失了南方、西方的大片领土，就是瞎子也能看出来，绝对是个赔本买卖。赵国的领土进一步萎缩，亡国的阴影越来越清晰。赵悼襄王又气又急，抑郁而终；主帅庞煖年事已高，再加上一路鞍马劳顿，疲惫不堪，积劳成疾，也在大敌当前的关键时刻，撒手西归。

所幸匆匆回师的赵军，最终遏制住了秦军的势头。

当时秦军出动三十万大军，一路猛攻；赵国组织二十万人马，节节抵抗。秦军人多势众，但远来疲惫；赵军人数略逊，却有地利之便。两军势均力敌，只好隔着太行山与漳河水对峙。

这当然不是秦王嬴政想要的结果。这是拨开吕不韦阴影以来的第一仗，他必须要打好打顺打出自己的威风。于是传令前线整顿部队，裁减无功将佐与老弱士卒，保留十万到十五万人，王翦、樊於期、杨端和三将合军，以樊於期为主帅，以期给赵军致命一击。

樊於期接到命令，随即整顿人马，调整部署。这次部署调整，整整费时一年，可见嬴政志在必得，樊於期也是摩拳擦掌。一切准备完毕，前234年，樊於期突然带领主力，向东迁回百余公里，绕过赵军的防守，从下游渡过漳河，以迅雷不及掩耳之势，兵锋直指平阳。

平阳古城，就在今天的河北临漳以西。赵军主力都在太行山—漳河一线与秦军对峙，这里不是防御重点，兵力自然空虚。秦军以狮子搏兔的态势，迅速拿下，然后继续推进，威胁武城，也就是今天河北磁县西南。

一旦武城失守，赵国的南长城将彻底失去意义，邯郸将直接暴露在秦军的火力之下，国本动摇。

南长城值得单独说说，而要说起它，又离不开当时的交通条件。当时的道路，以都邑为中心向外辐射，各个都邑之间的连线，就是交通干道。道路之外，可以想象，森林更加茂密，山势更加高峻，河流更加湍急。离开那几条可怜的大动脉，真是"欲渡黄河冰塞川，将登太行雪满山"，绝对寸步难移。若非如此，张唐怎么敢于拂吕不韦的面子，不去燕国赴任，而东方六国合纵攻秦，又一定要碰函谷关之壁。

赵国的南长城，修筑于赵肃侯时期，是赵武灵王父辈的政绩。它修筑于漳河北岸，具体位置已经难于考证，有说法认为，它从今天的河北武安西南，经磁县，到今天的肥乡南部。苏秦游说赵肃侯修筑南长城，主要目的，无非是要拱卫洛阳通往邯郸的南北交通线。一旦南长城不保，秦军的滚滚洪流，便可一路向北。

正因为如此，扈辄立即带领赵军主力，前来堵截。秦赵两军在平阳一带展开激战。结果一战下来，扈辄阵亡，麾下近十万将士被消灭。消息传到邯郸，赵国举国震惊。

扈辄所部，是赵军仅存的一点主力，好不容易才拼凑出来的。如今扈辄自己阵亡不说，还把麾下将士一起带入阴曹地府，赵国的江山，何人可佑？这时的赵王名叫赵迁。有人向赵迁推荐李牧，他在声色犬马之余，终于想起来北方边境还有这么一座"活长城"，随即下诏，让李牧即刻带领主力，星夜兼程，迅速南下，抵挡秦兵。

说李牧不受重视，原因即在于此。

长平之战不用他，还好理解，当时他尚年轻，资历官阶都不够；但是廉颇出走之后，还不用他，而用了跟廉颇年岁接近的老将庞煖，何故？用庞煖就用庞煖吧，庞煖是合纵家，自然能说会道，口才肯定比李牧好，更能推销自己；可庞煖病死，还不用李牧，却用庞煖的副将扈辄临时顶替，怎么也说不过去。

扈辄哪一点比李牧强？

无人可以回答。

就连司马迁，也把李牧记载在《廉颇蔺相如列传》之中。

可能你会说，北部边境也很重要啊。没错，边疆当然重要，可是边防再重要，能比得上位居中央、指挥全局吗？

朝廷重视不重视，已经没有机会争论。李牧立即点齐主力，挥师南下，紧急灭火。

李牧所部精锐，是赵军最后的种子，是其血本所在。他们在对胡人的作战中，夺取了大量的战马，因而机动性很强。主帅一声令下，三军将士随即披挂整齐，扬鞭纵马，向南疾驰。马蹄溅起滚滚烟尘，上冲至天，几十里外都能看见。

秦赵两军在宜安附近相遇，展开对峙。宜安在哪里？就在今天河北藁城西南二十五里处。《舆地记》称："宜安城，李牧所筑。旁有土山，冈阜崛起，又有台，高数仞，俗犹呼为李牧台。"

秦军远来，利在速战。劳师远征，夜长梦多。樊於期也希望这样给秦王交卷。李牧呢，上任伊始，似乎也应该来个"短平快"，抓个"涨停板"，给赵迁看看。然而这不是李牧的脾气。你有你的千条计，我有我的老主意。

一个字，守。

李牧传令，筑垒布阵，坚守不出。宜安城就是那种情境下的产物。筑好营垒，安排好强弓硬弩射住敌阵，全军将士随即以此为依托，像在代地那样，每日操练不止。至于课目，也没有新鲜的，还是老一套，骑马射箭，冲锋布阵。

樊於期多次挑战，李牧只是一个臭不理。樊於期立即意识到，李牧要采取长平之战中廉颇对付王龁的手段。这一下，他皱了眉头。秦军再厉害，总得在交锋中摧毁敌人；赵军老是不接招，他又有什么办法！

有了，你学廉颇，那我就学白起，诱敌出击。

樊於期亲自带领精锐，猛攻肥下。这个地方离宜安不远。今天藁城西部七里处的肥累城，就是当初的战场。赵军在这里，驻有人马。

肥下不是司令部，自然兵力不多。在樊於期的猛烈攻击下，损失惨重，防线岌岌可危。守将派出的求救使者，首尾相接，络绎不绝。但是李牧坚决不为所动。友军苦战，而我们整日里好吃好喝，光说不练，时间一长，将士们都有点吃不住劲。将军赵葱是赵国的宗室，他首先看不过去，出面建议立即救援肥下，他愿意领兵出征。李牧看了赵葱一眼，说："敌攻而我救，是致于人，兵家所忌！"

一句话，我偏偏要打破你的战术构想，不按你的节奏出牌。

《孙子兵法》里说得很清楚："故我欲战，敌虽高垒深沟，不得不与我战者，攻其所必救也。"

赵迁从邯郸得知消息，也派使者催促，希望李牧一剑封喉，一招制敌。李牧看樊於期已经攻击多日，差不多已经到了火候，这才下令升帐，召集部将，发布将令。

然而李牧的第一道命令，又让将军面面相觑。不是救援肥下，而是袭击秦军大营。

大帐里一直鸦雀无声。李牧的嘴角微微一动，随即把微笑掐灭："秦军久攻肥下，大营必定空虚。此去进攻，必能一战而克！"

李牧接着发布第二道命令：派出少量人马，向左右发展，保障侧翼；等拿下秦军大营，主力即兵分三路，中路迎敌，左右两翼埋伏，等待命令出击，夹攻秦军。

一切果然都在李牧的妙算之中。赵军多日不出，秦军早已习以为常。他们做梦也想不到，李牧的铁骑会突然出现在眼前。等他们反应过来，前沿阵地已经失守，他们已经失去了展开反击的最佳时机。很快，秦军的大营上空就飘扬起了李牧的帅旗。

消息传到肥下，樊於期大惊失色。粮草辎重，全部积存在那里，如今早已归了李牧。远离后方作战，一旦没了军粮，他这十几万人就是去偷去抢，也找不到那么多食物。活命都成问题，还打什么仗！

来不及多说，樊於期立即带领部队，回援大营。没别的办法，只有趁赵军立足未稳，迅速攻击，或许还能逆转战局。

可是晚了。一切都晚了。

李牧麾下的士兵，休养生息了那么多天，就像一张拉满的弓，一旦松开弓弦，哪里还有回旋余地！中军先是射箭，远距离解决一批秦军；骑兵和车兵接着引导步兵，发起反冲击。樊於期遭到突然打击，正不知所措的工夫，左右两翼又出现敌情。

战局发展到这里，结果已经没了任何悬念。

秦军很快就溃不成军。樊於期见势不妙，在侍卫的掩护下，抛下部队，匆匆化装逃跑；群龙无首，剩下的秦军只能任人宰割。经过激战，赵军歼灭秦军超过十万。

这是战国后期规模最大的一次歼灭战，也是扇在嬴政脸上最清脆的一记耳光。樊於期遭此大败，不敢回国，只好一路向北，逃到燕国栖身。他的结局，想必大家都已知道：脑袋成了荆轲刺秦时的见面礼。

也有典籍记载，当时的秦将名叫"桓齮"。但是多数学者认为，这其中的"桓齮"就是樊於期。之所以叫法不同，是因为各国的口音差别很大，以讹传讹。而且从那之后，史书中再也找不到"桓齮"的痕迹，樊於期的名字又不见于之前的任何典籍。一个事迹上不了典籍的将军，很难想象会有那么值钱的脑袋。

当然，也有人表示反对。他们认为，打了败仗，秦王未必会那么恨他，一定要他的脑袋。持这种观点的人，只见典籍与字迹，却没看见人情。如果考虑到这是嬴政亲政以来对赵国的第一仗，如果考虑到此前秦军虽然也打过败仗，但几乎没有全军被歼灭的先例——崤之战年岁久远，暂且不提——包括六国合纵攻秦的时候。而这一次，秦军几乎是全军覆没，嬴政的暴怒，完全可以理解。

尤其需要指出的是，败仗未必是死罪。但是抛弃部队，独自逃跑，不是死罪也近乎死罪。诸葛亮之所以一定要斩马谡，就是因为他有逃跑的情节，后来才回营请罪的。

还有一个细节不容忽略，那就是此役秦王不仅抛弃了名不见经传的杨端和，还抛弃了宿将王翦，而命令樊於期为主将。对他的期望之高，由此可见一斑。期望越高，失望越强。极度失望之下面子受损，按照嬴政的性格，杀个把将军昭示天下挽回颜面，完全顺理成章。这一点，樊於期认识得很清楚。

秦国一直是法家治国，施行严刑峻法。按照秦律，"将自千人以上，有战而北，守而降，离地逃众，命曰国贼，身戮家残，去其籍，发其坟墓，暴其骨于市，男女公于官"。不但要抄家，籍没资产，男女人等沦落为国家的奴隶，还要发掘祖坟。嬴政做了这一切，还不解气，于是悬赏"金千斤，邑万家"，就是用千金加万户侯的价码，以求樊於期的项上人头。由此可以想象，这场战役对秦国的打击之大，嬴政所挨的耳光之响亮。

亲者痛，仇者快，反之亦然。消息传开，整个赵国为之沸腾。自从长平之战以来，赵军屡战屡败，丢人失地，总算扬眉吐气了一回。赵迁呢，自然也是大喜过望。兴头上，他对李牧说："你就是寡人的白起！"随即封他为武安君，封地就在今天的河北武安县。

从那一天起，李牧正式成为赵国的全军统帅。

赵迁封李牧为武安君，粗听起来是无上的荣誉，但事后回想，却有一语成谶的意味。阴云也许就在那一刻，开始在李牧的头顶慢慢生成、聚集。

韩非惨死

宜安之战后，秦国不甘心失败，第二年，也就是前233年，再度攻击赵国的战略要地番吾——今天河北平山东南的番吾城。这一次，李牧还是没给他们好脸色，干净彻底地粉碎了秦军的攻势。

接连遭遇两次打击，嬴政不得不调整战略部署。他明白，赵国虽然实力不断削弱，但秦国还是无法一口吞下。在这种情况下，他有心逐步推进，先灭韩国。

韩国是战国七雄中实力最弱的国家。秦国这样做，完全是拣软柿子捏。韩王安一听，更加不安。因为实力弱，他对秦国一直恭恭敬敬，小心伺候，没想到还是会成为瞄准镜中的目标。怎么办呢？既然兵将不行，不能来武的，那就来文的。韩王安派公子韩非出使秦国，劝说秦王掉转枪口，还是对准赵国。

典型的以邻为壑。

请注意，韩非是完完全全的贵胄子弟。可人家虽然出身显贵之家，却既不仗势欺人，也非不学无术。《韩非子》现存五十五篇，十多万字，不能说字字珠玑，但是确有真知灼见。很多寓言故事和成语，都出自这本书，比如"自相矛盾""讳疾忌医""老马识途""守株待兔""滥竽充数"等。韩非不但能写文章，还深通治国方略。只是他多次给韩王提建议，韩王总是不予采纳。否则，韩国又何以沦落至此，任人宰割。

相形之下，秦王嬴政倒是个识货的行家。他读了韩非的文章，大为激赏，竟然发出这样的感慨："嗟乎！寡人得见此人与之游，死不恨矣！"

哎呀，我要是能见到这个人，跟他交往，死而无憾！

这样的超级粉丝，搁在今天也算是骨灰级了吧。

秦王对韩非如此推崇备至，仰慕已极，等见了韩非，自然礼遇甚厚。韩非趁机贩卖自己的理论，劝说秦王，放韩国一马。他说："今释赵之患，而攘内臣之韩，则天下明赵氏之计矣。"意思是说，韩国一直臣服于秦，就像秦国的内臣一样。现在您不去攻打赵国，却要灭韩，天下人岂不是都明白了必须要跟赵国合纵对付秦国的道理吗？

韩非这话并非没有道理，然而，他却没能忽悠住秦王。为什么呢？《韩非子》中的一个故事，正好可以作为原因的解释。原文不长，抄录如下：

宋人有酤酒者，升概甚平，遇客甚谨，为酒甚美，县帜甚高著，然而不售。酒酸，怪其故，问其所知里长者杨倩。倩曰："汝狗猛耶！"曰："狗猛则酒何故而不售？"曰："人畏焉。或令孺子怀钱，挈壶瓮而往酤，而狗迓而龁之，此酒所以酸而不售也。"

夫国亦有狗。有道之士怀其术而欲以明万乘之主，大臣为猛狗，迎而龁之，此人主之所以蔽胁，而有道之士所以不用也。

什么意思呢？宋国有个卖酒的，买卖公平，态度恭敬，酒很香醇，酒旗也挂得很高，但就是没人来买，时间一长，酒都酸了。店家百思不得其解，就向住在同一条里巷的老人杨倩请教。杨倩说："你的狗是不是很凶？"卖酒的说："狗凶跟酒卖不出去有什么关系呢？"杨倩说："人们害怕狗呀！人家打发小孩，揣上钱拿着壶前来打酒，但你的狗蹿出来咬人，谁还敢来买？这就是你的酒白白酸掉卖不出去的原因。"

国家有时也有这样的"恶狗"。才智之士满腹经纶，想要禀陈大国的君王，使其能够明白治国方略，可有些大臣却像恶狗一样蹿出来咬人。这就是国君受到蒙蔽和挟制，能人得不到重用的原因。

如果换作这则故事中的说法，秦王身边还真有"狗"。它不是别人，正是韩非的师兄弟李斯。当时他在秦王跟前非常得宠。

李斯和韩非都出自荀子门下。论文章，李斯的《谏逐客书》虽然声名远播，现在各种选本里还能读到，但他依然远远不是韩非的对手。不说文人相轻自古已然，因为他们俩虽然都能写，但并非传统意义上的文人；只说同行是冤家，过去秦王对韩非的那一番感慨，想必让李斯心惊肉跳。后妃争宠世人皆知，大臣争宠也是古已有之。李斯此人，也不能免俗。

秦王如此推崇韩非，如果再听从韩非的计谋，让韩非得了势，今后还有他李斯的活动空间吗？

必须马上采取行动。李斯立即在秦王跟前给韩非上眼药："韩非，韩之诸公子也。今王欲并诸侯，非终为韩不为秦，此人之情也。"韩非到底是韩国公子，说一千道一万，他心里肯定向着韩国，而不会考虑秦国的根本利益，这是人之常情。

这话秦王相信。那怎么办？既然不能用，就让他回去吧。但李斯铁了心要赶尽杀绝。他说："今王不用，久留而归之，此自遗患也，不如以过法诛之。"大王您留他那么久，又不重用，再让他回去，不是放虎归山吗？不如找个小过错杀掉他！

不是同行，断断想不出如此直接而又如此恶毒的主意。

国君要杀个人，那还不简单。欲加之罪，何患无辞。然而秦王终究爱惜韩非之才，并没有立即动手。

事有凑巧，头几年，楚国等四个国家旧事重提，又想合纵攻秦。这时姚贾挺身而出，要求前去游说四国，让他们放弃计划。所谓"上兵伐谋"。秦王批准了姚贾的行动，并且"资车百乘，金千斤，衣以其衣冠，舞以其剑"。给他百车千金不说，还把自己的宝剑和衣冠赐给他使用。这种礼遇极为少见。姚贾呢，也不辱使命，出使三年，大有成效。回国之后，秦王拜他为上卿，赐食邑千户。

韩非对此大不以为然，立即提出异议。理由有二。第一，姚贾假公济私，他"以王之权，国之宜，外自交于诸侯"。就是说，他利用大王的权力、国家的财富，自己结交诸侯。第二，姚贾出身卑微，是"世监门子，梁之大盗，赵之逐臣"。这其中的"梁"，便是《孟子见梁惠王》中的"梁"，指魏国。因为魏国以大梁为都。就是说，姚贾是看门人的儿子，父亲跟侯嬴差不多，所以赵国撵走了他。韩非认为，重赏这种人不利于"厉群臣"，不能在大臣中间起到正面表率作用。

英雄不问出身。但是不能单纯埋怨韩非也搞"血统论"，当时人们的价值观，就是如此。出身卑微者，很少能得到社会的承认。

秦王一听有理，立即招来姚贾当面对质。结果呢，姚贾对答如流，理直气壮。他说："没错，我确实把大量的财宝送给了四国的国君，跟他们关系很密切，可这都是为了秦国的利益。如果我有私心，目的是自交，那何必还要回来？我出身也确实卑微，可是姜太公、管仲、百里奚这些先哲，出身低贱或者名声不好，又何曾妨碍他们效忠明主？"

这三个人的履历上，确实都有污点。姜太公出身倒是高贵，但到他那时候，早已家道中落，所以他年轻时当过杀牛卖肉的屠夫，也开过酒店；管仲和鲍叔牙合作做生意时，每次分成都拿大头不说，参军打了三次仗，还回回都当逃兵；百里奚生活无着，到处流浪，被晋军俘虏后成了奴隶，秦国是用五张羊皮把他赎回来的。

秦王闻听，想起李斯的话，对韩非的态度出现了一百八十度的逆转，立即下令，逮捕韩非，下狱问罪。

提起秦国，都说是暴秦。秦国也确实暴，被捕者没有上诉的权利，只能听天由命。这时的韩非，多么希望李斯同学，能伸出援助之手，帮他给秦王递个话，辩解两句。李斯同学也确实伸出了手，只是递过来的是毒药。

韩非无奈，只好服毒自杀。

到底是李斯同学行动快效率高。秦王爱才，正打算派人赦免韩非，却接到了韩非的死讯。没办法，没有人能将韩非从冥界再拉回来。

李斯文章写得不错，书法也有贡献，小篆就是他整理而成的。他是楚国上蔡人，故地在今天的河南上蔡的西南。上蔡县城西南五公里处有李斯楼村，村人都姓李，自认为是李斯的后代。当地村民至今还保留着这样的习俗，清明祭奠时，不在坟顶放置祭物，比如用圆形土块压住几张纸钱等，因为李斯死时头已被砍掉，这是桩冤案。

纵有千年铁门槛，终须一个土馒头。在李斯楼的东南，蔡国古城的西南部，有个巨大的土丘，那就是李斯墓。该同学算计韩非同学如此缜密，最终自己也不免身死族灭。临刑之前，他对二儿子说："吾欲与若复牵黄犬俱出上蔡东门逐狡兔，岂可得乎！"

牵着黄狗，从上蔡东门出去追野兔，那种日子当然轻松潇洒，但问题在于，他念起其好的时机不对。想当初他谗害同学时，担任秦相在朝堂上议论风生时，又何尝想起过东门逐兔之乐？总是到了最后关头，才想起人生最根本的东西，可彼时一切都为时已晚。

唐人胡曾为李斯墓题过诗，说的就是这个意思："上蔡东门狡兔肥，李斯何事忘南归？功成不解谋身退，直待云阳血染衣。"

只是不知道假如李斯九泉之下再见故人韩非，将会作何感想。

缓冲消失

尽管秦王将韩非下狱，却在实际上采纳了他的建议。从前233年直到前230年，秦国一直没对韩国采取行动。因为秦军惦记的，依然是赵。

前 233 年，秦军进攻赵国，遭遇挫折。次年，他们经过精心准备，增派人马，兵分两路。秦军主力从太原进兵井陉，攻克番吾，准备向邯郸以北攻击前进；另外一路人马从邺城和安阳出发，攻击邯郸南部。

一句话，钳形攻势，两面夹击。

李牧面对作战地图，很快就有了战役构想：南路有漳河以及南长城为依托，急切之间，秦军难以拿下。于是他命令司马尚指挥所部，配置于邯郸以南，迟滞秦军；自己带领主力迅速北上，迎战河东之敌。破敌之后，再挥师南下，合击南线秦军。

李牧所部的代地边防军，最大的特点，就是机动性强。主帅一声号令，全军随即拔营起寨，向北而去。两军在番吾附近再度相遇。仇人相见，分外眼红。但是主帅没有将令，赵军阵势纹丝不动。对面的秦军一看见李牧的旗号，心里已经怯了三分。等正式接战，赵军噼里啪啦一顿猛揍，很快就将秦军打得晕头转向。

大军搏击就像勇士拔河，一方略一松懈，就有可能演变成彻底的溃退。当时的秦军，情形大略如此。他们丢盔卸甲，狼狈逃窜。李牧看到他们短期内已经没有再度组织进攻的能力，立即转身，向南开进。

这一次，南线秦军可以用一个词来形容：望风而逃。北边溃败的消息已经传来，再看到李牧的帅旗正猎猎飘扬，守卫邺城的秦将哪里还敢接战！稍一接触，他们就纷纷逃走，漳河沿岸的阵地，悉数归入赵军之手。

从那以后的三年里，秦军再也没有染指过赵国。秦王的注意力，已经牢牢地聚焦在韩国的版图之上。

这时的秦王嬴政，已经把局势看得越来越清楚。他打定主意要灭掉六国，平定天下。他的一系列举动，引起世人的广泛关注，大梁人尉缭也前来投奔效力。尉缭建议秦王，不要吝惜财物，要收买各国的豪臣，搞乱六国的内政。这样，不过花费三十万金，就让他们不战自溃。

嬴政大喜，立即拜尉缭为国尉，给予他饮食、服饰和自己同等的最高规格礼遇，全盘接受其建议。

尉缭这个名字，想必大家都不陌生，尽管对他本人以及大名鼎鼎的《尉缭子》未必了解。他的名字叫"缭"，姓氏已经失传。尉缭中的"尉"，来自他的官职国尉。因为《尉缭子》中的近万言、二十四篇文章，尉缭当之无愧地跻身于知名军事理论家的行列；因为对秦王的那番建议，他又成了秦国的情报兼特务机关首脑。

著名导演黑泽明有部作品叫《影子武士》，也叫《影武者》，说的是武田信玄战死之后，秘不发丧，临时找了个"影子武士"，以信玄的面目继续活跃在当时日本的军事舞台上。通俗地说，影子武士就是替身。第二次世界大战期间，蒙哥马利也用过替身战术。而这个战术的版权，也许应该归入尉缭的名下。

当时天下人无不痛恨秦王，因此他的安保任务，相当繁重。众所周知，张良是最积极的刺客之一。他从仓海君那里请来一位大力士，能舞动一百二十斤的大铁锤，准备刺杀秦王。等秦王的车驾巡游到博浪沙，刺客突然发现，有很多辆完全相同的车，他根本分不清秦王到底乘坐哪辆车，刺杀行动因此失败。力士身材高大，立即被拿住杀掉；张良貌不惊人，身材普通，融入人群就像水滴入海，这才捡回一条性命，成就了刘邦的天下。

让副车跟秦王的车驾完全相同，以掩人耳目、迷惑刺客，就是尉缭的主意。当然，在此之前，还有个类似的事件，然而那只是灵机一动的产物，并非事先有意识地精心策划，因此不会对尉缭的版权构成威胁。

这事发生在前592年，齐晋的鞌之战中。晋军司马韩厥亲自驾车，跟在齐顷公身后紧追不舍。当时邴夏是御者，为齐顷公驾车；逢丑父是车右，作战护卫。邴夏一边驾车一边回头，见始终甩不掉韩厥，就大声喊道："射中间的那个人！他是个君子！"齐顷公说："明明知道人家是君子还要射他，这不符合礼仪！"于是他们连续放箭，射死了韩厥身边的两个人，就是车右和本来的御者。这时，晋军有个大夫车子坏掉，要搭乘韩厥的车，韩厥就用胳膊把他推到身后，然后弯腰放稳车右的尸体。趁这个工夫，前面的逢丑父和齐顷公交换了位置。

两辆车继续飞驰。跑着跑着，树枝挂住了齐顷公的骖马，逢丑父的胳膊前一天被蛇咬伤，无力推车，于是他们都做了俘虏。韩厥手持马缰，准备绑住齐顷公，这时，逢丑父大声支使齐倾公说："我渴了，快去找点水来！"齐顷公趁机开溜，韩厥把逢丑父当作齐顷公，带回大营才发觉上了当。晋军主将郤克打算杀掉逢丑父，逢丑父大声喊道："迄今为止，还没有人愿意代替君主承受祸患，好不容易有了一个，难道应该被杀死吗？"郤克一听有理，随即改变了主意。

需要指出的是，韩厥就是韩国国王的始祖。尽管俘虏的是逢丑父，依然是大功一件，因此回国之后受到很重的封赏。这个封赏，奠定了韩国开国的基础。

放下春秋，回过头来再说战国。堡垒最容易从内部攻破，尉缭的这个反间计，取得了很大的成效。当然，那些接受了钱财的豪臣，未必一定都是贪利之辈。李斯说得很明白："不肯者，利剑刺之。"秦国以实力为后盾，一手胡萝卜一手大棒，愿意要哪样，你自己掂量。

最终强力推动统一进程的，自然主要靠大棒。现在想想，尉缭应该是个充满矛盾的人物。他在书中说："凡兵不攻无过之城，不杀无罪之人。夫杀人之父兄，利人之货财，臣妾人之子女，此皆盗也。"秦国东并六国，很难匹配这样的标准，然而尉缭却甘愿辅佐秦王，达到目标。

第一个被秦国吞并的，就是韩厥的子孙。韩非死后，韩王安的心越发惴惴不安，不知道哪一天会是尽头。前232年，秦军伐赵，又被李牧拒之门外。韩王安审时度势，决定争取主动，于是献出南阳，以求苟延残喘。不战而得，这样的便宜当然得要。秦王赶紧命令一个叫腾的人，前去接收。这个人后来被任命为内史，所以被称为内史腾。

内史腾青史留名，主要得益于两件事。一是前230年，他奉命起兵伐韩，没过多久，就占领了韩国的全部领土，俘虏了韩王安，灭了韩国，秦国设置颍川郡，管理新得到的河南中部和西部；二是他治理南郡时，发布了两则著名文告。

当年白起攻楚，拿下了郢都，秦国遂在刚刚夺来的土地上设置南郡，治所就在郢。作为曾经的楚都，这里的楚人自然不甘心就此覆灭，反秦活动一直没有停息。这种局面，对秦国下一步的灭楚计划大为不利。于是灭韩之后，秦王命令内史腾镇守南郡，希望将这里打造成铁板一块，成为攻楚的前进基地。内史腾到任之后，发布一道文告到县乡，申明法律；不久又发布一道文书，申明为吏之道。近年来考古工作者在一个叫喜的秦人墓中，发掘出了这两则文告。它们富有哲理、言之有据，可见内史腾此人，确有治国才能，秦王用他没有用错。

自杀他杀

韩国一灭，秦赵两国之间，没了丝毫的缓冲，进一步的冲突在所难免。

宜安之战后，赵国虽然抵挡住了秦国的几次进攻，但杀敌一千，自损八百，赵军付出的代价，也相当惨重。尽管秦军的损失更大，但秦国地广人众，完全可以消化；而赵国呢，国土不断缩小、人口逐年递减，难以负担连年征战的高昂成本。偏偏在这个时候，上帝又跟它过不去。

前231年，代地发生八级以上大地震，土地开裂出一道深沟，东西宽达一百三十步。自乐徐以西，北至平阴，台屋墙垣大半坍塌，百姓死伤无数，灾民流离失所。内忧外患，赵国无力赈灾，又不可能争取到"国际援助"，一时间哀鸿遍野，民怨沸腾。

不知道是否因为诸侯连年攻伐、不义战争不断，导致天怒人怨，那段时间，秦国的异常现象和自然灾害也不少：

前243年十月，秦国发生蝗灾，乌压压的蝗虫遮天蔽日，瘟疫流行，死者甚众。

前240年，天有彗星先出东方，现北方，五月又在西方出现。卜者认为，这昭示西方将有大将死。果然，不久之后，秦国名将蒙骜战死。

前239年，秦国连续发生大灾，大批百姓逃出关中求食。

前238年，秦国四月飞霜，气温骤降，冻死百姓庄稼无数。

然而当时的秦国，基本可当得起"地大物博"这个词。这些灾害他们完全能够承受，大不了通过战争的方式，转嫁到六国头上。但对于当时的赵国而言，却是屋漏偏遇连夜雨，无法支撑。秦国当然也明白这一点，前229年，秦国趁机出兵，力叩赵国之门。

这一次秦国做了更加充分的战前准备，兵力也远远超过以往。王翦率领驻扎在上地（即上郡之地，秦治肤施，今陕西榆林东南）的军队下井陉，杨端和率河内驻军一同进攻赵国。

兵来将挡，水来土掩。在李牧、司马尚的顽强阻击下，王翦一时占不到便宜，只好加紧施行"盘外招"。

下棋的朋友都知道"盘外招"。比如韩国围棋皇帝曹薰铉九段，棋厉害，盘外招也厉害。干吗呢？唱小曲。形势大好或者形势不好，都唱。棋局越激烈声音越高。第五届东洋证券杯决赛，日本棋手依田纪基九段不堪忍受，戴耳塞上阵，以示抗议，结果还是败下阵来。依田纪基自己，也不是没有盘外招。他的法宝，是把棋子拍得震天响，甚至有时拍碎。刚开始李昌镐老是输给他，据说与此不无关系。李昌镐棋好人胆小，屡受惊吓。

秦国的"盘外招"，远比这个厉害。因为牵扯到的利益更大，完全不在一个数量级。他们的办法，就是像尉缭说的那样，用糖衣炮弹，攻打赵国的权臣，实施反间计。

这个办法，尉缭和李斯是总策划，姚贾与顿弱是急先锋。

顿弱听说尉缭得到那样的礼遇，于是也来试试运气。见了秦王，他也像尉缭那样，不肯行礼："臣之义不参拜，王能使臣无拜即可矣，不即不见也。"我的道义信条不容许我参拜君王。你要是同意，咱们就聊；不同意，我转身就走。

这个要求多少带点酸气，也是文人的无奈之处。他们可怜的自尊，在巨大的财富与权势跟前，也确实难以保全。秦王胸怀天下，当然不会在意。于是顿弱进一步提要求："韩，天下之咽喉；魏，天下之胸腹。王资臣万金而游，听之韩、魏，入其社稷之臣于秦，即韩、魏从。韩、魏从，而天下可图也。"

一开口便是万金，即便秦王也不能随便答应："寡人之国贫，恐不能给也。"

这一点，顿弱当然心里有数。于是接着忽悠："天下未尝无事也，非从即横也。横成则秦帝，从成则楚王。秦帝，即以天下恭养；楚王，即王虽有万金，弗得私也。"天下并不是太平无事，不是连横就是合纵。连横秦国称帝，合纵楚国成王。秦国称帝，可得天下；一旦楚国成王，大王您就是富有亿万，也是人家的。

秦王当然知道利害好歹，于是给顿弱足够的活动经费，"使东游韩、魏，入其将相。北游于燕、赵而杀李牧"。

也就是说，杀死李牧的凶手中，有顿弱这个家伙。

其实顿弱不应该遭到谴责，各为其主而已。真正害死李牧的，还是郭开，那个害了廉颇的家伙。

郭开在赵悼襄王跟前很得宠。赵悼襄王本来有个太子，名叫赵嘉，素质不错，能当个好君王，一切都坏在赵悼襄王手里。

赵悼襄王纳娼为王后不说，还在她的影响下，废掉原来的太子赵嘉，而将国家交给不成器的赵迁。赵迁喜欢声色犬马，郭开精通溜须拍马，两者正好配合默契，"相得益彰"。

顿弱带着无数的金银珠宝，光彩晃得郭开睁不开眼。史料中没有记载他跟顿弱是否摊过牌，但可以肯定，即便没有明说，彼此也能心照不宣。他拿了顿弱的钱，不断在赵迁跟前构陷李牧。光一个郭开，当量已经足够猛烈，顿弱还要拉上另外一个佞臣韩仓。郭开和韩仓很快就让赵迁对一个并不存在的事情深信不疑：李牧要反，他的副将司马尚，也不干净；李牧和司马尚正在密谋，随时可能投降秦军。

郭开和韩仓具体怎么构陷李牧的呢？王翦先给李牧写信，假意表示要和谈。这样的信，李牧当然要回复，否则往大里说，可能误国；从小里说，至少失礼。李牧回一封，王翦再写一封；如此循环往复，两人通了十几次信。

这事成了郭开和韩仓手中的把柄。他们俩对赵迁说："现在全国的军队，基本都掌握在李牧手中。他跟秦国正在谈判，准备投降，秦王答应封他为代王！"这个说法实在太突然，刚开始赵迁自然不会相信。两人接着说："李牧多么厉害的人物，大王您难道不知道？过去他抗击匈奴，打得他们服服帖帖，再也不敢生事；上回樊於期、王翦来犯，也被他全歼。可这回呢？王翦的人马并不多，李牧却迟迟不动手。这里面难道会没有文章？我听说他跟王翦已经勾结上，经常通信！"

赵迁赶紧派人到前线了解情况，得知李牧确实曾与王翦互通书信。这样一来，赵迁对郭开和韩仓的话，立即深信不疑。

怎么办呢？除了李牧，国中还有谁人可用？赵葱吧，他是宗室，行不行都得行；另外派颜聚接替司马尚。就这么办！快！

关于李牧的最终结局，《史记》和《战国策》中记载不同。

《史记》的说法是："赵王乃使赵葱及齐将颜聚代李牧。李牧不受命，赵使人微捕得李牧，斩之。废司马尚。"这个说法貌似可信。李牧大概率不会痛痛快快交出兵权。当时的严峻局势，他比谁都清楚，明白一旦军队交到不靠谱的将军（当时哪里还有靠谱的将军？）手中，赵国必定马上玩完。而且他素来极有主见。这个主见不是一般意义上的主见，那种主见但凡稍有成就的将军身上都会有，李牧这个主见，集中体现为能承受君命的压力，通俗而言就是抗命，就是将在外，不由帅。抗击匈奴时如此，宜安之战中也是如此。应该说，这也是赵迁怀疑他的部分原因。

小时候看过连环画《李牧之死》，封面上的李牧，已经脱下战袍和铠甲，一身平民装束，似乎是根据《东周列国志》改编的。这本小人书我当时并不喜欢。不止这本，所有关于东周列国的小人书，我基本都不喜欢。因为我不喜欢那上面的盔甲和兵器，我觉得不好看。相比之下，《三国演义》和《岳飞传》要帅得多。不说形式，只说内容，这本连环画里说，李牧接到命令，随即抛下军队，准备回家，结果在半路上的一个小酒馆里，被赵迁派来的人杀死。

这个说法的源头，应该是《史记》。

《战国策》中的说法，与此小有区别：李牧死于自杀，方式甚为悲壮决绝。

关于此事，吕不韦的门客司空马似乎是谋划者。吕不韦当权以后，想到东方六国有声名显赫的"战国四公子"——

赵国平原君赵胜、魏国信陵君魏无忌、楚国春申君黄歇、齐国孟尝君田文——收养门客，手眼通天，唯独秦国虽强，却没有这样的人，于是自告奋勇广泛养士。据说吕不韦养了整整三千人，堪比孔子的门徒。这些门客给他写了《吕氏春秋》，即《吕览》，当然还帮他干过别的很多好事坏事。然而盛极必衰，嬴政亲政以后，将吕不韦赶出朝堂，他手下的门客随即树倒猢狲散。这个司空马，就跑到赵国，赵迁让他代理相国。司空马建议赵迁割地求和，拖延时间，赵迁不肯；要求统兵拒敌，赵迁也不放心，司空马只好告辞而去。《战国策》中原文如下：

> 司空马去赵，渡平原。平原津令郭遗劳而问："秦兵下赵，上客从赵来，赵事何如？"司空马言其为赵王计而弗用，赵必亡。平原令曰："以上客料之，赵何时亡？"司空马曰："赵将武安君，期年而亡；若杀武安君，不过半年。赵王之臣有韩仓者，以曲合于赵王，其交甚亲，其为人疾贤妒功臣。今国危亡，王必用其言，武安君必死。"
>
> 韩仓果恶之，王使人代。武安君至，使韩仓数之曰："将军战胜，王觞将军。将军为寿于前而捍匕首，当死。"武安君曰："缲病钩，身大臂短，不能及地，起居不敬，恐获死罪于前，故使工人为木杖以接手，上若不信，缲请以出示。"出之袖中，

以示韩仓，状如振栖，缠之以布。"愿公入明之。"
韩仓曰："受命于王，赐将军死不赦。臣不敢言。"
武安君北面再拜赐死。缩剑将自诛，乃曰："人臣
不得自杀宫中。"过司马门，趣甚疾，出棘门也。
右举剑将自诛，臂短不能及，衔剑征之于柱以自刺。

这事甚为关键，所以我再翻译成白话：司空马离开赵国，
经过平原津。平原津令郭遗听说有远客自赵国而来，热情接
待的同时，问道："听说秦兵正在攻打赵国，客人自赵国来，
请问战况如何？"司空马随即说到为赵王设谋图存而不被采
纳的事情，说赵国必然灭亡。郭遗说："那么您估计赵国能
支撑多久？"司空马说："赵王若能坚持以武安君李牧为将，
可支撑一年；如果妄杀武安君，也就是半年时光。赵国有个
叫韩仓的臣子，善于阿谀奉承，甚得赵王欢心。这人妒贤嫉能，
每每谗害有功之臣。如今正是风雨飘摇之时，赵王非亲勿用，
必听韩仓之言，武安君恐怕没有好下场。"

韩仓果然大进谗言，赵王信以为真，使人取代李牧。李
牧被调回后，赵王让韩仓去责备李牧，韩仓说："将军得胜
归来，大王向你敬酒贺功。可你回敬大王时暗藏匕首，居心
叵测，其罪当诛！"武安君急忙分辩说："臣胳膊有曲挛之疾，
伸不直，而我身躯高大，跪拜之时不能双手够地，深恐对大
王不敬而触犯死罪，所以才叫人做了个木杖接手，大王若是
不信，我可以让你们看看。"于是从袖中伸出胳膊给韩仓看，

样子就像木杖，上面缠着布条。李牧恳求韩仓好好跟赵王解释，韩仓说："我接到的命令只是赐你死，决不饶恕，别的话不敢多说。"李牧于是向北遥拜，感谢赐死之恩，然后抽出宝剑准备自杀。可他转念一想，臣子不能自杀于宫中，于是快步走出棘门。出门之后，右手引剑准备自杀，可胳膊太短，宝剑够不到脖子，就以嘴含剑，将剑柄抵在柱子上自刺而死。

看到这里我们才发现，李牧还是个残疾人，跟鞌之战中的晋军主将郤克一样。有人认为，李牧的残疾，是在对匈奴的战争中受伤导致的。一句话，他是伤残军人，应该受到优待。

可是，实际结果正好相反。

现在回头再看，《李牧之死》里的铠甲兵器，依然不够帅气。但是比起《战国策》里的"含剑自杀"说，就个人感情而言，我还是更加倾向于《李牧之死》里的他杀说。我觉得自杀说简直就是对李牧的污蔑。当然，其本意是好的，希望把将军的背影，描绘得更加忠勇，愈发悲壮。

问题在于，那么一个素无德行的君王，又如何值得将军如此的忠义？这种忠义，只是明珠暗投。

君君臣臣，父父子子。就是说，君王像君王的样子，臣子就要像臣子的样子；父亲尽了父亲的责任，儿子也要行儿子的孝道。所谓"兄友弟恭，父慈子孝"。如果处于强势和主动的一方，没有首先尽到自己的责任，那我们又有什么资格和理由，要求处于弱势和被动的一方，来承担他们的义务？就当时的情形而言，当然不能主张李牧举兵造反，灭掉赵迁，那对国家大局不利；然而屈死终究无益，还有逃跑避祸这个明智的选择。像廉颇那样，攻打乐乘一顿，李牧脾气不同可能做不出来，但至少可以效仿吴起吧。

就本质而言，李牧的自杀也是他杀。凶手呢，则是赵迁、郭开与韩仓。至于顿弱和秦王，他们手上当然有将军的血，但不应该受到谴责。

这是前 229 年的事情。三个月后，王翦发动攻击，击败赵军，杀了赵葱，俘虏赵迁、颜聚，赵国随即灭亡。从前的赵国太子赵嘉，也就是赵迁的长兄，逃到代地，自称代王，又支撑了六年。但就总体而言，那个昔日强大的赵国，胡服骑射的赵国，就这样烟消云散，成为史册中一个泛黄的名字。

历史无情人有情，良将李牧的名字，永远能透过干巴巴的史书，发出光芒。

檀道济：
三十六计不能救身

导读：檀道济是一时名将，创造出三个成语，总结出三十六计，最终冤死又跟著名诗人谢灵运有千丝万缕的关系。名将刘裕开创的不仅有一代王朝，也有战史难以略过的三次经典战例。同样是名将的陶侃，留下了经典的小气之举……

我们都知道可以把良将比喻为万里长城。创造这个典故的人，本身就是一员良将，屈死的良将——南北朝时期，南朝刘宋的大将军檀道济。

檀道济无罪被冤杀时，愤怒地呐喊道："乃复坏汝万里之长城！"

你们这么干，是自毁长城！

这是他创造的第三个成语，也是大实话。不过等凶手幡然醒悟，已经为时晚矣。

檀道济的事迹，主要见于《宋书·檀道济传》《南史·檀道济传》和《资治通鉴》。大家都知道《资治通鉴》出自司马光，只写政治斗争和政治人物，以总结得失，鉴古知今；《南史》和《北史》是唐朝史学家李大师、李延寿父子的作品。李大师之所以要重修《南北史》，是因为南北分隔，"南书谓北为'索虏'，北书指南为'岛夷'。又各以其本国周悉，书别国并不能备，亦往往失实"。他决意钩沉史海，打通南北，自成一家。其中《南史》以《宋书》《南齐书》《梁书》《陈书》为本。撰《宋书》的沈约是南朝官场不倒翁，历宋、齐、梁三朝，官越做越大，一生富贵。此人执齐梁文坛牛耳，大力奖掖后进，对刘勰的推举尤其被传为佳话；虽政绩平平，"用事十余年，未尝有所荐达，政之得失，唯唯而已"，然而史才突出，一生撰写四代国史，对文章之事极其看重，简直到了走火入魔的地步。萧衍称帝后依然不忘文人本色，有次跟沈约"单挑"，比的是列举关于栗子的典故。两人各自写下，结果沈约不敌，少了三条。事后他这样解释："此公护前，不让即羞死。"意思是说萧衍贵为天子，所以我得让着他。偏偏萧衍又较真，好险将他治罪。两人最后确实交恶，沈约忧惧而死。南唐后主李煜有这么一句词："沈腰潘鬓消磨。"其中的"沈腰"便是指沈约。沈约暮年腰身极度纤瘦，想来与忧惧不无关系。

这样一个文人，必然会对自己的文字负责。所以《宋书》中的檀道济事迹，可信度不容置疑。而上述几本史书，关于檀道济都有两个基本口吻：首先他有将帅之才；其次他有不白之冤。《南史》甚至记载，檀道济被冤杀的当天，京师建康地震，随后地上生出许多白毛，这样一首歌谣慢慢流传开来，并被收入《古诗源》："可怜《白浮鸠》，枉杀檀江州。"

江州此地每每令历史心痛。数百年后，司马白居易又为一位流落天涯的歌女潸然泪下，青衫湿透；可是比起那位老大嫁作商人妇的琵琶女，刺史檀道济的冤屈，又何止千万倍！

腾空位置

西晋是个速朽的王朝，共历四帝，五十余年。

如今偶有桥塌楼垮的报道，所谓豆腐渣工程云云。其实要把桥建塌、楼盖垮，相当不容易。因为国家有强制性的设计规范，工程师设计时已经留出安全系数，国家越富有，安全系数越大。一般来说，只有设计、施工、建材甚至地质同时出现问题，才会导致桥塌楼垮的重大事故，否则顶多出点小毛病，略加维修，便可正常使用。

同样的道理，让一个鼎盛王朝在五十余年内迅速垮台，没有非常之辣手也不行。司马炎和他的宝贝儿子司马衷，愣是不缺乏这样的手段。他们联手毁掉西晋后，残余势力仓促南渡，华夏文明才没有断档，历史重新进入南北大分裂的状态。

魏晋一直重视门第，门阀士族长期掌握朝政，最有代表性的当然是王氏与谢氏，所谓"旧时王谢堂前燕，飞入寻常百姓家"。王氏的代表人物首推王导和王羲之，他们与秦代统一六国的名将王翦同出一源。晋室刚刚南渡时，朝廷四分之三的官员要么姓王，要么与王氏有亲属故旧关系，号称"王与马，共天下"。其中的"马"是皇室的复姓司马。318年，司马睿由晋王而称帝时，竟然邀请王导一同坐下，受百官朝贺。王导当然没干。谢氏的代表人物首推谢安，后来又出现了文学家谢灵运和谢朓。

当时朝廷有明文规定：世族子弟二十岁登第出仕，寒门子孙三十岁以上方能试吏。年龄差十岁，还有官与吏的本质区别。因为出身关系如此重大，所以有专人负责管理族谱。孝武帝时，贾弼之、贾希镜祖孙三代的专业就是谱学，贾氏《百族谱》被官府抄录收藏，有专人掌管鉴别，以防冒名顶替。贾希镜受伧人——南方士族蔑称北方士族为伧人甚至伧鬼——王泰宝贿赂，将其录入琅邪（今山东临沂北）王氏，被人揭发，几乎掉了脑袋。

檀道济并非士族，而是寒门子弟，他是如何崛起的呢？没办法，既无祖宗余财荫德，那就只能自己打拼。他和他的长官刘裕一样，都是依靠军功，在血与火中一点点地累积政治资本。契机则是孙恩之变与桓玄之乱。

孙恩一家世代信奉五斗米道。这是道教最早的派别，东汉顺帝年间，由张道陵创立于四川鹤鸣山（在四川大邑）。张道陵的孙子张鲁长期在汉中传道，信徒众多，最终割据一方。孙恩起兵俗称"起义"，正史称为"叛乱"，我看还是折中立场，用中性词"起事"为好。他起事后，会稽（今浙江绍兴）等八郡群起响应，"旬日之中，众数十万"。他随即自称"征东将军"，设立官职，徒众称为"长生人"。"其妇女有婴累不能去者，囊篚盛婴儿投于水，而告之曰：'贺汝先登仙堂，我寻后就汝。'"母亲以这种方式解决后顾之忧，难免有邪教特征。孙恩也毫无远见，起初听说有八郡响应，他喜形于色："天下已无大事，过几天咱们就能穿着官服去建康！"后来听说刘牢之大军前来，立即改变语气："就算割据浙东，总能做个勾践！"等刘牢之带兵渡江南下，他再度调低目标："即便逃走，也不丢人！"

孙恩每到一地，总是烧杀抢掠：杀地方官，劫掠财物，烧毁房屋，甚至砍伐树木，填埋水井，极度疯狂。他出身于次等门第，所以碰到望族子弟绝不手软。会稽内史王凝之是第一个倒霉鬼。王凝之名声平平，但其父名头无比响亮——王羲之。王羲之有七个儿子，小儿子王献之名气最大。这父子八人名字最后都有个"之"字，王凝之的四个儿子也是。一般说来，不能直呼尊长的名字，其中的字也不能用，所谓避讳。《宋书·武帝本纪》中凡是不能不提到刘裕，都称"刘讳"。唐朝诗人李贺更倒霉，父名晋肃，"晋"与进士的"进"同音，所以他连参加进士考试的资格都没有，不得不愤怒地大吼："我当二十不得意，一心愁谢如枯兰。衣如飞鹑马如狗，临岐击剑生铜吼。""我有迷魂招不得，雄鸡一声天下白。少年心事当拏云，谁念幽寒坐呜呃。"

王羲之的儿孙，为何如此"不讲究"？

有人认为这正是五斗米教信徒的特点。原因是否如此，难以证实，但当时五斗米教极度盛行却是事实。王凝之就是例子。孙恩即将兵临城下，王凝之不调集人马组织防御，而是踏星步斗、拜神起乩，然后告知部下不要惊慌，他已经请来"鬼兵"——天兵天将——守住各路要津，贼兵必不能犯。

很幽默吧？

王凝之的妻子谢道韫大约算得上成名效率最高的诗人，只因一句诗便名垂青史。曹雪芹在《红楼梦》中曾经拿她评价林黛玉："堪怜咏絮才。"事情的起源，是谢安有次召集儿女子侄训话，俄而大雪骤降，谢安灵机一动，便出了道现场考题："白雪纷纷何所似？"其侄谢朗答道："撒盐空中差可拟。"侄女谢道韫则说："未若柳絮因风起。"

这短短的一句七字，随即光耀千古。

孙恩破城时王凝之的外孙正好在王府。孙恩杀掉王凝之及其儿子后，还想杀掉这个小孩儿，谢道韫厉声喝道："事在王门，何关他族！必其如此，宁先见杀。"孙恩这才停下屠刀。

孙恩给东晋制造了麻烦，但给刘裕提供了机遇。刘裕也是寒门出身，虽然《宋书·武帝本纪》中说他是刘邦之弟楚王刘交之后，但就像杨度给杜月笙当清客时，曾经替杜月笙续家谱选祖宗，否决了晋朝名将杜预和唐朝宰相杜如晦，最终确定为杜甫，读者对这事只能会心一笑。反正刘裕曾经在新洲（今江苏南京市北大江中）伐荻为生，因欠人社钱三万还不起，被绑在拴马桩上，其困窘可知。

还好，刘裕最终捡到了谢家的便宜。

谢琰参加过淝水之战，声望很高，所以朝廷委派他与刘牢之一同平叛。然而谢琰名不副实，"无绥抚之能，而不为武备"，每日只是饮酒清谈。孙恩大军推进到会稽城外几十里时，将军们纷纷建议整顿军备，在湖中布列水军，设下埋伏，但谢琰根本不听。等孙恩大军赶到，晋军还没吃饭。此时谢琰勇气大发，声言"先灭此寇而后食也"。这话他肯定是从书中读到的。最终谢琰兵败身死，两个儿子一同丧命。只可叹那些士兵，都是饿死鬼。

南渡之初，广陵（今江苏扬州）和京口（今江苏镇江）聚集着大量的难民。檀道济就曾流落于京口。谢玄出镇广陵时，从中选拔骁勇敢战之士，如刘牢之等，组建新军。后来谢玄改镇京口，京口当时又名北府，所以这支军队被称为北府军，是晋军主力。淝水大捷便是北府军之功。如今谢琰一死，军权逐渐落到刘牢之手中。刘裕当时是刘牢之的参军。孙恩杀掉王谢后裔，腾出来的位置都给了寒门子弟。

孙恩之乱起于399年，那年年逾六旬的法显和尚从长安出发，去天竺（今印度）取经。当时刘裕身处下层，甚至还要担任侦察任务："牢之命高祖（刘裕）与数十人觇贼远近。会遇贼至，众数千人，高祖便进与战。所将人多死，而战意方厉，手奋长刀，所杀伤甚众。"檀道济真正以将军的面目出现，还是在平定桓玄叛乱的时候。那时他和两个哥哥檀韶、檀祗一起，都在刘裕帐前效力。檀道济还像刘关张桃园三结义那样，收了两个赫赫有名的兄弟。

桃园结义

　　檀道济的两个小兄弟分别是薛彤和高进之。高进之跟薛彤关系密切，通过他认识了檀道济。三人在桃园结义的可能性不大，但确实举行过仪式："刑牲盟生死"。

　　重要人物往往最后出场。比如开会，总是听会者到齐之后，训话者方掐着点儿伴着掌声，款款入室。根据这个原则，我们还是要先说说高进之。高进之是沛国（今安徽淮北）人，其父高瓒身为武师，会使拳脚，颇有气力，有次给朋友送葬，回来时听说朋友的妻子被豪强抢走，立即赶去营救，结果连杀七人也未能如愿，因为朋友的妻子已刎颈而死。没办法，高瓒只好负案在逃，亡命江湖。高进之十三岁时，母亲去世。他安葬完毕便四处奔走寻找父亲，结果父亲没找到，却找到了长官。北府军将领刘牢之正在招兵买马。当时大帐里正举行宴会，高朋满座，觥筹交错。高进之进去二话不说，推开上宾就坐下来大吃大喝，四座皆惊。刘牢之见此奇人，不敢怠慢，便深施一礼，问他有何本事。高进之说："善以计数中密事。"这样的大话，刘牢之当然不信，于是考问自己军中铠甲、兵器、粮草的数量，高进之掐指一算，果然大差不差。刘牢之大为惊奇，便拜他为行军司马。可仅仅过了五天，高进之就萌生退意："刘公疑心重，性格不宽容，容易怨恨别人，而且不够专一，易生叛心。我若不离开，早晚会有灾祸。"旋即辞官而去。

高进之跟下沛人薛彤是好朋友。薛彤很了解檀道济，知道这人靠谱，便带着高进之追随檀道济，参与平定桓玄叛乱。

桓玄也出自名门望族。其父桓温刚刚出生时，名臣温峤说："此儿有奇骨，可试使啼。"听后赞叹道："真英物也！"于是家人便给他取名为"温"。温峤笑道："果尔，后将易吾姓也。"

温峤这话还真的不幸言中——桓温几乎篡夺了东晋。

桓温少年时，刘琨与陶侃的名气已很响亮，桓温是二人的粉丝。刘琨与祖逖齐名，一同创造出成语"闻鸡起舞"，也是"八王之乱"的参与者。他能诗善文，也曾在石崇的金谷园勾留，是"二十四友"之一，有诗文传世。不过其名气虽然响亮，少时便有"俊朗"美誉，但能力与功绩并不突出，远在名声之下；倒是陶渊明的曾祖父陶侃，不失为一代名将。

陶侃字士行，东晋庐江寻阳（今江西九江西南）人。他也是寒门出身，所幸母亲湛氏智慧异常，留下过"截发迎宾"的美谈。同郡人范逵被举为孝廉赴洛阳途中，在陶侃家投宿。当时大雪封门，陶侃家里一贫如洗，偏偏范逵又带着仆从车马。巧妇难为无米之炊，怎么办呢？这位聪明的母亲有一头拖地的秀发，她剪掉换来几斛米，又把每根柱子都砍下一半当柴烧，剁掉床下铺的草垫子作为马料。就这样，范逵享受到了精美的晚餐，仆从也没挨饿。范逵本来就很赞赏陶侃的才智，当下越发感动。次日一早，范逵辞行上路，陶侃送了一程又一程，

110

几乎要送出百里。范逵劝陶侃回去，陶侃不肯；范逵说："请你回去吧。等我到了京都，定会给你美言一番。"陶侃这才转头。后来的结果可以想象，范逵人还没到洛阳，陶侃的美名差不多已经先行抵达。

湛氏贤惠热情，但也不乏智谋。这是个聪明的投资，更是个漂亮的广告。问题是这位伟大的母亲，不光要儿子发达，更要儿子清白。陶侃"少为寻阳县吏，尝监鱼梁"，任职期间，他派人给母亲送去一坛腌鱼。湛氏断然拒绝了这份孝心，写信责备儿子说："尔为吏，以官物遗我，非惟不能益吾，乃以增吾忧矣。"

这种教育对陶侃想必影响巨大。他为官勤勉，兢兢业业，任职广州期间，一有空闲就在早上把一百块砖搬出书房，晚上再搬进去。别人问他何故，他说："吾方致力中原，过尔优逸，恐不堪事。"以这种方式自我磨砺，堪比刘备种菜。陶侃非常珍惜时间，经常这样教育属下："大禹圣者，乃惜寸阴，至于众人，当惜分阴，岂可逸游荒醉，生无益于时，死无闻于后，是自弃也。"一旦发现部下饮酒空谈、赌博误事，就将酒具、赌具扔进长江，并且鞭打当事人。当时社会清谈成风，讲究清静无为，反正大家都是既得利益者，如果普天之下全都清静无为，那么他们的财富地位既不会被皇帝与其他士族夺走，也不会被寒门子弟占有，岂不是太平盛世？士族们以清谈为荣，寒门子弟出身的陶侃当然不会赞同。他认为这种清谈的风气，是"乱头养望"——类似现在以留长发或者怪异发型的方式，来引人关注，博得名望，毫无益处。

陶侃还制造出一个成语——"木屑竹头"。他奉命造船时，留下了大量木屑和竹头。这些边角废料本来都是垃圾，他却下令一一造册登记，谁也不明白这位堂堂的荆州刺史犯了哪门子神经。到次年春节，谜底揭开：大年初一，同事们聚会团拜，当时雪尚未晴，地下泥泞不堪。陶侃下令用木屑铺地，诸位将佐官吏在江边行走——荆州刺史的基本职责，就是防御长江——这才得以不湿鞋；后来桓温又打造战船，陶侃留下的竹头全部被加工成竹钉，一一派上用场。

一代名将陶侃，细密大抵如此。表面上看跟其母截发留宾的风格全然相反，再往深里想，却是同样的逻辑。

桓温确实有点成绩，首先是灭了成汉，将四川、重庆等地重新"收归国有"。陶侃的竹头，大约就用在此次行动中。后来桓温又先后三次北伐。第一次已经打到霸上，离长安不过咫尺之遥，但他没有继续进兵，因为打下的江山不是自己的。本想收割春麦作为军粮，却被前秦军队抢了先，最终粮草不济，只得退兵；第二次北伐，洛阳得而复失；第三次北伐的对象是前燕，半路上看见从前种下的柔柳，都已长成参天大树，有的甚至粗达十围，不觉感慨万千："木犹如此，人何以堪！"于是"攀枝执条，泫然流涕"。进军到枋头（今河南浚县西东枋城、西枋城）后，军中绝粮，前秦又发来援兵，桓温赶紧烧船弃甲，登陆撤退。途中遭遇前燕骑兵伏击，损失三万余人，大败而归。

当时陶渊明的外祖父孟嘉和另外一位文学家孙盛都是桓温帐下的参军。这次失败，孙盛如实载入《晋阳秋》，桓温大怒。他举兵北伐无非要树立威望，怎么能做反面广告？于是便以杀身灭族威胁孙盛的儿子："枋头诚为失利，何至乃如尊君所说！若此史遂行，自是关君门户事。"但孙盛决不屈服，坚持不改。

桓温一心篡晋，曾经抚枕而叹："既不能流芳百世，亦不足复遗臭万载耶？"但在谢安等人的钳制下，他这个想法始终只能是想法。桓玄子承父业，也不过实现了几个月。

桓玄着手篡晋之初，刘牢之掌有重兵，但他想坐收渔人之利，就假意投降。然而桓玄更鬼，刘牢之一来就将其调出军队。如此一来，刘裕等人的位置又前进了数格。起初刘裕韬光养晦，假意支持，等桓玄失去人心、众叛亲离，刘裕便联络刘毅、何无忌等北府军青年将领，起兵讨伐。

此时檀道济以及其兄檀韶、檀祗，还有族叔檀凭之，都在给刘裕效力（这种现象很普遍，除了檀氏，还有朱龄石、朱超石兄弟，沈田子、沈林子兄弟等）。在此期间，曾经投身桓玄门下的陶渊明，乔装改扮来到军中，向刘裕报告桓玄的虚实，被任命为镇军参军。陶渊明带来的情报固然重要，也能反映出民心向背，但终究不能立竿见影。要想解决战场上的问题，还得依靠檀道济之辈。檀道济带领高进之和薛彤高歌猛进，一路奏捷。尤其是高进之，率先俘虏桓玄的大将王雅，在奔牛塘大败敌军，又斩敌将路雍岐，缴获了桓玄使用的天子旌节和乘船。这些功劳，他全部让与盟兄檀道济——当然这也正常，功劳总是主将的。

这些功劳便是檀道济事业的第一桶金。他被任命为辅国参军、南阳太守，封吴兴县五等侯。孙恩投水自杀，成为"水仙"之后，其妹夫卢循统领余部，先受朝廷招安，后来再度起事，一度兵临建康城下。这场兵戈，又为檀道济赢得了唐县男的爵位和四百户食邑。

北伐建功

刘裕灭掉桓玄，有再造晋室之功，被封为侍中、都督中外诸军事，牢牢控制政权。他志在取代晋室，为树立威望，决心北伐，首要目标便是南燕。

南燕最为强大时，据有河南一部及山东大部，都于广固（在今山东青州西北）。409年正月，南燕国主慕容超嫌宫廷乐师人少，演奏歌舞不够排场，决定派兵南下，向东晋"借"点吹鼓手。战争目的如此荒唐，其国家的结局可以想见。当年二月，慕容超妄启边衅，进兵东晋彭城郡之宿豫（今江苏宿迁东南），大掠而去。从俘虏中挑选二千五百人，交给太乐去教歌舞。这事点燃了刘裕北伐的激情。当年四月，他起兵十五万从建康出发，五月抵达下邳（今江苏睢宁北），然后留下战舰和辎重，全军弃舟登岸，从陆路取道琅邪北进。

檀道济和檀韶当时都在北伐军序列中。面对东晋的攻势，南燕将军公孙五楼提出三个策略：上策是集中兵力凭借大岘山（在今山东临朐县东南）之险，阻止晋军长驱直入，逼迫其作旷日持久之战，然后选出两千精锐骑兵，沿海向南行动，断绝晋军粮道，兖州兵东下抚晋军之侧背；中策是各地凭险固守，坚壁清野，饥疲晋军，等其撤退时再展开追击；下策是放弃大岘山之险，出城与晋军决战。

慕容超偏偏采纳了下策。他自弃险要，下令撤回莒县（今属山东）、梁父（今山东泰安市东南）的守军，放晋军越过大岘山。

对于刘裕而言，这可真是天大的好事。他做梦也没想到能不战而过大岘山天险。全军通过之后，他高兴地说："部队已过险要，士兵都有必死的决心；到处都是粮食，全军没有挨饿的危险，这一仗怎么可能不胜呢？"

当年六月，慕容超派公孙五楼带领步兵和骑兵五万人进驻临朐，自己率四万人继后，准备与刘裕决战。鲜卑骑兵向来厉害，刘裕不敢怠慢，将四千辆战车分为左右两翼，两辆车并排，用来对付骑兵的冲击；步兵置于战车中间，骑兵在最外侧担任警戒。

双方交手，各有胜负，局面陷入僵持。晋军劳师远征，拖不起时间，刘裕采纳参军胡藩的建议，派他带兵绕到燕军背后，同时声称有援兵从海路赶到。消息传出，南燕震动，因为这意味着东晋的水师，已有随时渡海的能力。刘裕趁机指挥大军展开猛攻，檀韶带领胡藩等人一举拿下临朐，然后乘胜追击，将慕容超死死包围在广固城中。

慕容超赶紧向后秦求救。当时后秦正在跟大夏作战，只能派出万人以为姿态，于是遣使过来虚张声势，声称已在洛阳集结十万雄师，随时可以切断晋军退路。这个伎俩当然没能骗住刘裕。后秦若果真有此决心，保密都来不及，怎么可能事先通报？由此可以看出，春秋战国时期的嘴皮子功夫，已经不合时宜。不是人们的口才退化，就是智力已经进化，分辨能力大幅度增强。

后秦的万人援兵没走多远，随即退回。倒霉的是，南燕派去求援的使者张纲半路上被晋军俘虏。刘裕下令将他押到广固城下，高声大喊："秦国无兵可派！秦国无兵可派！"燕军一看，士气更加低落。

晋军在城外修筑内外两层各三丈高的长堤，防止燕军突围。每当朝廷有使者或援兵过来，刘裕都连夜派出很多士兵迎接，天亮之后再敲锣打鼓地开到大营。这样的场面每经历一次，燕军的士气都会降低几个百分点。

被俘虏的张纲是个能工巧匠，他制作出精良的攻城器具飞楼和冲车，使用方便，刘裕加紧进攻，杀伤甚众。南燕尚书悦寿于是开城门放入晋军，广固才被攻下，南燕灭亡。

416年，早已离开刘裕的陶渊明大约五十二岁，当年作了《饮酒》诗二十首；法显和尚写成《佛国记》；秦州一带地震有声，这是有据可查的首次有地声的地震。

但更大的地震，还在后头。就在那一年，刘裕再度起兵北伐，前锋是冠军将军檀道济、龙骧将军王镇恶，战役目标则是灭后秦。

这是两国的战略决战，因此刘裕兵分五路，尽起全国精锐：檀道济、王镇恶率步兵沿淮河、淝水向许昌、洛阳进发；建武将军沈林子率水军自汴水溯黄河西进；冀州刺史王仲德都督前锋诸军，由彭城经泗水、巨野泽进入黄河；新野太守朱超石率军由襄阳进攻阳城（今河南登封东南）；振武将军沈田子、建威将军傅弘之由襄阳挺进武关，牵制关中。刘裕亲率水军劲旅驻扎彭城，等水路全部打通，便督军西进。

檀道济、王镇恶接到将令，随即带领本部人马，攻击前进。檀军进展神速，率先到达项城（今河南沈丘），后秦守将姚掌不战而降。檀道济继续西进，在新蔡（今属河南）遭遇后秦大将董遵的顽强抵抗，他指挥高进之、薛彤等人，猛烈进攻，最终破城，杀掉董遵，继而攻克许昌，俘虏后秦颍川太守姚垣及大将杨业。

檀道济所向披靡，一时间士气高涨，军威大振。他乘胜推进，拔阳城，克荥阳，直抵成皋（今河南荥阳汜水镇西）。荥阳、成皋一失，洛阳也就成了孤零零一颗熟透的桃子。镇守洛阳的后秦征南将军姚洸连连告急，向关中乞求援兵，姚泓随即派武卫将军姚益男领一万人马星夜兼程，赶赴救援。可援军尚未到达，姚洸无力承受猛烈的攻击，已经带领四千残兵，开城请降。

将军们都主张杀掉俘虏以壮军威，但檀道济不同意。他说："伐罪吊民，正在今日。"下令将俘虏全部释放，让他们回归乡里，同时严明军纪，保证进入洛阳后不扰民。此举让宋军深得人心，戎夷争相归附。自从桓温北伐以来，汉族居民还没见过晋军——这可是所谓的王师。檀道济既无暴虐之举，他们当然乐得支持。

洛阳是军事重镇，刘裕非常重视，事先特意告诫诸将："若克洛阳，须大军至，未可轻前。"但谁也没想到，洛阳不过是个纸糊的老虎，一戳就破。战机稍纵即逝。檀道济和王镇恶不等主力会合，便向纵深推进：王镇恶攻克渑池，准备进军潼关；檀道济和沈林子渡河北上，进攻蒲坂，打算绕过潼关，直插关中。然而蒲坂地势险要，城坚难下。檀道济审时度势，再度回军河南，会同王镇恶合攻潼关。后秦太宰姚绍率军五万援救，开关出战。檀道济和王镇恶指挥所部奋勇冲杀，杀伤秦军千余人。秦军受挫，退驻定城（今陕西华阴东），据险固守。

417年正月，刘裕率军从彭城出发，溯黄河而上。王仲德所部先向北进发，然后折向西进入黄河河道。北魏派出三万骑兵，在黄河北岸监视晋军动向。北魏也是鲜卑人的国家，他们的骑兵已经装备马鞍，战斗力非常强。晋军长途行军，侧翼完全暴露在北魏骑兵的马刀之下，这在战史上还从来没有过。然而刘裕不愧是员名将，善于指挥步兵、水军、骑兵、战车协同作战，发挥最大的战术效能。尽管右翼毫无保障，他依然胸有成竹，下令以战船和水军为依托，战车在河边摆成弧形，弓弩手、长矛手布置在战车中间，组成"却月阵"。北魏骑兵海浪一般冲来，效果却如同头撞南墙，最终只得眼睁睁地看着晋军西进，顺利抵达洛阳，完成集结。

后秦国主姚泓组织步骑数万，本打算正面迎击刘裕，忽然接到武关告急的文书，决心先解决侧翼，于是带领人马直下东南。推进到青泥（今陕西蓝田）时，正好跟沈田子不期而遇。沈田子所部只是疑兵，兵力不过千余人。突然遭遇强敌，情况十分危急。光脚的不怕穿鞋的，沈田子临危不惧，激励部下主动攻击，晋军个个拼死作战，给予秦军重大杀伤。正在此时，晋军后援赶到，姚泓无心再战，匆匆败退而去，关中郡县纷纷望风而降。

正面之敌据险死守，一时难下。王镇恶自告奋勇，带领艨艟小船，沿渭河直接突击长安。定城的秦军得到消息，赶紧后撤到郑城（今陕西渭南华州区）。敌退我进，刘裕也跟着进逼郑城。王镇恶进展顺利，很快就推进到了长安北部的渭桥。姚泓带领主力过来试图堵截，但他的阵势还没摆开，已被前方的溃兵冲散。八月二十四日，姚泓见大势已去，只得束手就擒，最终被押到建康斩首，后秦灭亡。

这是整个东晋南北朝期间，唯一一次成功的北伐。刘裕恢复了整个黄河南岸地区，使南朝疆域达到最大值，相当于三国时期吴蜀两国的总和再加上关中。北伐期间，大军中途变更方向（先向北后折向西）、侧敌行军（右翼完全暴露给北魏），都是战争史上的创举。然而刘裕的着眼点始终在国内，担心后方有变、大权旁落，不等关中形势稳定，便留下儿子桂阳公刘义真为安西将军、雍秦二州刺史,在王镇恶、沈田子、傅弘之等人辅佐下镇守关中，主力匆匆撤回，最终还是被别人摘走了成熟的桃子。

王镇恶是王猛的孙子，而王猛又是前秦苻坚的名将贤相，号称"关中良相惟王猛，天下苍生望谢安"。在他的辅佐下，苻坚的前秦政权实力大增。如果不是王猛已经去世，苻坚也许不会贸然发动淝水之战，前秦也不至于溃败。在同僚几乎全部是南方人的背景下，王镇恶的形象实在太过特殊，于是慢慢传出谣言，说他打算杀掉所有的南方将领，窃取关中自立。此前曾经有人告发他"有异志"，因他将姚泓使用的辇据为己有。刘裕派人调查，得知王镇恶只想要辇上的珠宝，也就没有追究。反正谁都知道他素来贪财。此时谣言四起，军心不稳,刘裕又远在建康,鞭长莫及。最后青泥大捷的功臣、中军参军沈田子设计杀掉王镇恶，没过多久，他自己又被长史王修收杀，王修再被刘义真处死。诸位将军内讧，关中实力大为削弱，很快就被大夏吞并。

顾命大臣

刘裕东归后，声望日隆，晋封宋王。檀道济则被提拔为征虏将军、琅邪内史。420年，刘裕正式踢开晋室，自立为帝，国号为"宋"，檀道济因佐命有功，改任丹阳尹、护军将军,封永修县公，食邑两千户。两年之后，又奉命出任镇北将军、南兖州刺史，镇守广陵，监淮南诸军。422年五月，刘裕旧病复发，他将太子刘义符叫到病榻跟前安排后事，指出："檀道济虽有干略，而无远志，非如兄韶有难御之气也。徐羡之、傅亮，当无异图。谢晦数从征伐，颇识机变，若有同异，必此人也。"就这样，檀道济等四人被安排为顾命大臣。

423年，北魏乘刘裕新丧，兵分多路，大举南进。很快，鲜卑骑兵的马蹄就在司州（治虎牢，今河南荥阳西北汜水镇）全部及青州（治东阳，今山东青州境内）、兖州（治廪丘，今山东郓城西北）、豫州（治寿阳，今安徽寿县）大部分地区，践踏起滚滚烟尘。

关于地名，得多说两句。南渡之初，王导实行"侨寄法"，在南方士族比较薄弱的地区设立侨州、侨郡和侨县，以安置北方难民，先设司、豫、兖、青、徐、并等六个侨州。后来刘裕北伐，夺回一些地盘，于是就出现了南徐州、南豫州这样的地名。这就是《三国演义》中甘露寺那一节在南徐上演的原因。南徐州实际就是今天的江苏镇江。上述受袭地区，基本都是刘裕北伐的战果，现在北魏准备再夺回去。

军情紧急，檀道济立即和王仲德一起，率军北上救援。大军开进到彭城时，司、青二州同时告急。檀道济兵力单薄，无法兼顾，考虑到青州距离较近，情况更加危急，决定救援青州，随即星夜兼程北上。魏将叔孙建得到消息，立即烧毁营帐和攻城器具，不战而退。檀道济本欲追击，但是大军乏粮，城内也无现成的余粮，只得打开地窖调取库存。地窖很深，等取出稻谷打成米，已经过了一夜，耽误了宝贵的时间，已经无法追上。

424年，徐羡之等人见宋少帝游戏无度，荒废朝政，打算将其废掉，随即召檀道济密谋。这事非同儿戏，檀道济先征求高进之的意见。高进之说："您打算效仿霍光，还是效仿曹操？如果效仿霍光，就废掉皇帝；如果效仿曹操，就不要废。"随即进一步解释道："您如果忠于武帝（刘裕），那么少帝不废、宜都王（刘义隆）不立，武帝的天下就难以安稳；如果您想当皇帝，就该让政治混乱，皇帝昏庸，您好趁机修德布恩，招罗人才，争取民心，那就不能废掉少帝。"

尽管是结义兄弟，但这事实在太过重大，所以高进之目光冷峻、手握腰刀，死死盯住檀道济，一言不合就准备拔刀。檀道济走下台阶，扑通一声跪倒在地，叩头祷告："武皇帝在上，我檀道济若有二心，天地不容！"随即与高进之说定，对废立之事既不出头推动，亦不阻挠反对，小车不倒只管推。檀道济赶到京师建康的当晚，与谢晦同宿领军府。谢晦的家眷已经事先迁出，府内是临时军营。谢晦心怀恐惧，辗转反侧，夜不能寐，而檀道济上了床便鼾声如雷。谢晦一见，不得不佩服檀道济的镇静与胆量。次日一早，四位顾命大臣入殿假传太后诏令，废掉少帝，迎宜都王刘义隆入承大统，是为宋文帝。

在此之前，徐羡之等人已经先行将刘裕次子庐陵王刘义真贬为庶人。因刘义真年长，有优先继承权。最终刘义真和刘义符都被杀掉。著名诗人谢灵运、颜延之和慧琳都是刘义真的座上客，号为"三友"。他们经常在一起饮酒赋诗，畅谈文学。酒酣耳热之际，刘义真就说大话，声称自己一旦得意，便让谢灵运、颜延之为相，慧琳做西豫州刺史。如今大树已倒，大家自然都不会有好果子吃：谢灵运被贬为永嘉（今浙江温州）太守，颜延之出任始安（今广西桂林）太守。

颜延之赴任途中，在寻阳盘桓多日，跟陶渊明对饮，临走时又给他留下了两万钱。这些钱陶渊明分文未取，全部送到酒家，预存为酒资。如此名士风范，千百年传为美谈，但无人知道诗人的妻儿作何感想。

顾命大臣废旧立新发生在 424 年。为了永葆富贵，他们派谢晦领护南蛮校尉、荆州刺史，加都督。南朝防御的关键在于长江，最重要的节点首推荆州。敌军一旦占领这个上游渡口，便可顺流直下。其次则是广陵，它位于长江下游，紧靠都城建康。中间的江州（治柴桑，今江西九江西南）算是缓冲。如今谢晦、檀道济外占要地，徐羡之、傅亮内控朝局，正好彼此呼应，全局皆活。谢晦获得要职，不免喜形于色。他向从叔谢澹告别时，谢澹很看不惯"贤侄"的得意忘形，便不动声色地问谢晦的年龄，谢晦答道："三十五。"谢澹微微一笑说："昔荀中郎年二十九为北府都督，卿比之已为老矣。"谢晦闻听，不觉面有愧色。

顾命大臣们的措施，并不能保证他们的安全。

我在另一本书中说到"周勃安刘"时，对周勃的过激反应以及由此导致的下狱，做了合理推测，估计会有很多人反对。这也正常。然而在这里，徐羡之等人的命运，依然可以作为周勃的旁证。尽管有两百年的时间间隔。

徐羡之等人说起来是废暗立明、有利于江山社稷，而且刘义隆又是直接受益者，似乎应该对他们恩赏优渥、宠信有加，但其实正好相反。几个大臣联手就能擅杀旧主，内震朝堂，外据重镇，这还了得？因此刘义隆对他们是外松内紧，表面大加封赏，比如檀道济进号征北将军、加散骑常侍、给鼓吹一部，加封武陵郡公，食邑四千户，檀道济辞谢公爵，宋文帝又让他加督五郡诸军事；暗地里呢，宋文帝悄悄培植心腹班底"五臣"，只等瓜熟蒂落。

元嘉三年（426）正月，宋文帝秋后算账。他先以伐魏为借口召回檀道济，随即下令追究弑主之责。本打算将徐羡之和傅亮招来就地处置，但傅亮得到线报，以嫂子病重为借口，请求暂且回家，同时派人飞报徐羡之。傅亮先乘车出了郭门，然后骑马——士族子弟的风范是只能乘车，不允许骑马——直奔兄长傅迪墓而去，最终被屯骑校尉郭泓抓住，交给廷尉斩首。徐羡之接到报告，乘车出了外城，自杀身亡。谢晦的长子一并伏诛，谢晦的弟弟、侄子被捕。

消息传出，谢晦只有起兵反抗。他下令江陵（荆州州治）将士给徐羡之、傅亮举哀，并为兄弟子侄治丧，然后起三万精兵，准备"清君侧"。临行之前，他想请司马庚登之留守江陵："今当自下，欲屈卿以三千人守城，备御刘粹。"司马本来就是军职，论说是义不容辞，但庾登之没兴趣："下官亲老在都，又素无部众，情计二三，不敢受此旨。"谢晦以为兵力不够，就询问幕僚："战士三千足守城否？"南蛮司马周超对曰："非徒守城而已，若有外寇，可以立功。"口气颇类魏延守汉中。谢晦大喜，立即任命周超为司马、南义阳太守，留守江陵；改任庾登之为长史。

　　谢晦要防备的刘粹，是雍州（治襄阳，今属湖北）刺史。刘粹是刘毅的族弟，但刘裕讨伐刘毅时，刘粹立场坚定，所以事后不断晋升，以都督身份任雍州刺史，正好在荆州北方，恰似谢晦头上的达摩克利斯之剑。巧的是，刘粹的儿子刘旷之正跟着谢晦干，在其帐下任参军。宋文帝对此甚是疑虑，然而刘粹立场坚定，完全不顾及其子的安危；谢晦呢，也不害刘旷之，将他放掉。刘粹的运气比名将乐羊好，不必品尝儿子的肉羹。

　　对于谢晦的反叛，宋文帝早有心理准备。他先派中领军到彦之率兵两万抵挡，同时动员檀道济参战："废立之事，你未参与谋划，我不加追究。现在谢晦盘踞荆州，抗表犯上，不知你有何良策？"檀道济纵然是根棒槌，也明白该怎么说，因此态度非常坚定："臣昔与晦同从北征，入关十策，晦有其九，才略明练，殆为少敌。然未尝孤军决胜，戎事恐非其长。臣悉晦智，晦悉臣勇。今奉王命以讨之，可未陈（阵）而擒也。"

　　文帝要的就是这个态度。于是派檀道济和到彦之为先锋，调集各路人马征讨。豪言壮语，好说难做，谢晦的三万精兵，也不是好对付的。怎么办呢？高进之有个好主意：他模仿檀道济的笔迹给谢晦写信，表示愿意里应外合。谢晦如同捞到救命稻草，立即抓住不肯松手。他派弟弟谢遁留守荆州，同时向周超许诺，如能击破南下的刘粹，就封周超为龙骧将军、雍州刺史。

安顿好一切，他率领两万主力，浩浩荡荡地沿江东下。

谢晦看来还真是不懂打仗，竟任命庾登之为长史，让他总领军事。这是他最大的失误：人家说得清清楚楚，不想搅和进来，就差直接摊牌，但谢晦愣是听不懂。就像马邑之谋时，汉武帝派反对出战的韩安国为统帅。这仗要是还能打赢，岂不奇怪？

当年二月，谢晦到达江口（今湖南岳阳北，洞庭湖入长江处），庾登之则进据巴陵（今湖南岳阳）。庾登之听说到彦之所部已经抵达彭城洲（今岳阳东北长江南岸之彭城矶）后，畏缩不前。适逢连日大雨，他不发一令，每天只呆坐于船中，完全是伸着脖子等待挨刀的姿态。道理很简单，一旦宋军后援赶来，破敌更无可能。谢晦催促进兵，庾登之就派人做出大布袋装满茅草，悬挂在船帆桅杆上，声称准备火攻，等待合适的气象条件。谢晦认为庾登之的意见正确，只好答应缓兵半月。半月后天已放晴，庾登之不得已派出中兵参军孔延秀进攻彭城洲，结果一战而胜，宋军弃洲而逃。初战不利，宋军将军纷纷主张退屯夏口（今湖北武昌），等待援军，到彦之唯恐刘义隆震怒降罪，步子不敢太大，只退到彭城洲东北的隐圻，同时派出使者，极力催促檀道济。

谢晦初战告捷，得意无比，赶紧上表宋文帝，提要求讲条件。可是使者刚走，他就遭遇当头一棒——檀道济大军赶到，宋军士气复振。当然还有更坏的消息，此时他尚不知道——高进之已经带领一支精兵，抄小路直奔江陵而去。高进之到了江陵便四处扬言：檀江州已带重兵在江中打败了谢晦，准备砍下他的脑袋，以谢天下！

消息传开，江陵顿时人心惶惶。

看到檀道济的旌旗，谢晦心里顿时噗噗狂跳。檀道济能征善战，且深通兵法。在一般人的印象中，三十六计是孙武或者至少是孙膑创造总结的，其实不是。其原始版权在檀道济手上，只是清代才整理成书。这样的人，谢晦自问不是对手。他赶紧登高远眺，见对面战舰不多，虽然约略放心，但没有胆量采取行动。夜里风起，檀道济随即指挥所部，大小战船扬帆起航，舰队首尾相接，摆成气势磅礴的阵势。

二月十九日，檀道济的攻击正式开始。

宋军泰山压顶，叛军哪里还有半点勇气。不等接战，便纷纷败逃。谢晦见势不好，只得趁着夜幕掩护，乘小船逃回江陵。周超倒还真有点本事，刘粹万余人马来攻，被他一顿暴揍，打了回去。谢晦此时再见周超，雍州刺史不必再提，只有愧谢。识时务者为俊杰，周超看情形不对，立即抛弃军队，单帆赶往到彦之军中请降，争取宽大处理。谢晦呢，带着兄弟侄子等七人，打马奔逃。谢遁身体肥胖，无法骑马，拖累了行军速度。一行人逃到安陆郡延头（今湖北大悟东南）时被抓住，押到建康，咔嚓一刀。

谢家子弟集中问斩，一时间看客云集。谢晦的一个女儿是彭城王刘义康的妃子，她不顾丈夫阻拦，散发赤脚，号啕大哭，跪在父亲跟前说："阿父，大丈夫当横尸战场，奈何狼籍都市。"

自杀也好，战死也好，斩首也好，望族谢氏终究难逃枝头零落的命运。

四位顾命大臣解决掉三个，刘义隆不觉长舒一口气。檀道济平叛有功，迁都督江州荆州之江夏、豫州之西阳新蔡晋熙四郡诸军事，征南大将军，开府仪同三司，江州刺史，持节、常侍如故，增封千户。职衔虽然很长，但实惠只有千户之益，驻地由广陵改到江州。前面说过，南朝最重要的地区是一荆二扬，即江陵与广陵；将檀道济从广陵迁到江州，可见宋文帝的戒备之心并未消除。这给檀道济最终的命运，作出了预示。

檀道济到任后，立即登门看望慰问名士陶渊明。当时诗人病饿数日，已经无法起床。檀道济既不忍又不解，劝他道："贤者处世，天下无道则隐，有道则至。今子生文明之世，奈何自苦如此？"贫穷与饥饿并未能抽去诗人的脊梁骨，面对新任刺史，他不卑不亢地说："潜也何敢望贤，志不及也。"檀道济馈以粮肉，诗人全部麾而去之。

不要！

唱筹量沙

刘义隆统治三十年，还是做过一些事情的，比如觉得《三国志》过于简略，便诏令裴松之作注等。其间社会相对安定，史称"元嘉之治"。

局势安定，皇位坐稳，他的目光也随即转向江北。430年正月，刘义隆决议北伐。作战指导方针是：若北国兵动，先其未至，径前入河；若其不动，留彭城勿进。意在凭借淮、泗、河、济之间的水道，利用舟师机动，相继进取河南，但不与北魏决战。

当年三月，宋文帝正式下令出征。兵力部署是：右将军到彦之率军五万，同时指挥安北将军王仲德、兖州刺史竺灵秀入黄河进攻碻磝（今山东茌平西南古黄河东岸）、滑台（今河南滑县东南城关镇），作为主力；骁骑将军段宏率八千精骑、豫州刺史刘德武统步兵一万后继，直指虎牢；长沙王刘义欣带兵三万控制彭城，监督各路形势，作为北伐统帅。

北魏太武帝拓跋焘也是一代雄主。他最终统一北方，功业比刘裕还要高。听说宋军即将北上，他立即召集部下商议。南线将领都主张先发制人。其中不乏这样荒唐的建议："悉诛河北流民在境上者以绝其乡导。"司徒崔浩是南北朝时期一流的谋略家，他说："南方下湿，入夏之后，水潦方降，草木蒙密……不可行师。""彼若果能北来，宜待其劳倦，秋凉马肥，因敌取食，徐往击之，此万全之计也。"拓跋焘从谏如流，决定后发制人。

到彦之出征之前，先给檀道济提了个条件，借个人用用。谁呢？就是檀道济的结拜兄弟高进之。檀道济只能答应，高进之却直皱眉头："到公此次出征定会失败。我若直说难免扰乱军心，但不推辞又会跟着受害。"折中一下，他请求担任护粮官，最终得到首肯。

当年四月，到彦之统率人马，由淮河进入泗水。因泗水枯竭，每天行军不过十多里，七月才抵达须昌（今山东东平西北），然后溯河而上。拓跋焘闻听立即下令，河南四镇（碻磝、滑台、虎牢、金墉）全部收兵北渡。宋军因此顺利收复司州、兖州，随即转入战略防御。到彦之沿黄河布防，西起潼关，东至碻磝，长达两千里，主力驻扎于灵昌津（在今河南汲县东古黄河上）。

当时大夏国主赫连定尚在平凉负隅顽抗，八月还率领数万人马攻击北魏鄜城（今陕西洛川东南鄜城村）。他试图联络刘宋，"约合兵灭魏，遥分河北"。应该说这是个机会，然而很遗憾，刘义隆没有作出回应。

拓跋焘先对宋军采取守势，自己亲率主力，从统万城（今陕西靖边北白城子）袭击平凉，计划先解决大夏。到了十月，秋凉马肥，南线魏军按照既定方针，分两路南渡黄河，转入反攻。西路魏军很快击破宋军的一字长蛇阵，拿下金墉（今河南洛阳东汉魏洛阳故城西北角上一小城）、洛阳，继而占领虎牢，五千宋军或灭或逃；东路魏军集结于七女津（在今河南范县东古黄河西北岸），到彦之恐其南渡，令裨将王蟠龙溯河夺船，被斩。

局面已经不可收拾。高进之不在一线，因此躲过一劫，延长了几年寿命。刘义隆赶紧命令檀道济率军增援。然而援军尚未赶到，到彦之已经弃甲焚舟，经历城（今属山东济南）逃回彭城，前线宋军无奈，只得龟缩于滑台。

到彦之仓皇南逃，历城太守萧承元率数百人抵御魏军。危急时刻，他下令偃旗息鼓，大开城门，利用空城计忽悠走了魏军，这才保住一城军民。

魏军转兵南侵，正好跟檀道济碰头。翌年一月，檀道济大军开进到寿张（在山东西部、黄河北岸），两军随即展开激战，最终檀道济获胜，然后乘胜推进。此后的二十多天中，檀道济所部经历大小战事三十余起，胜多负少，直到顺利开进历城。

要命的是，魏将叔孙建派出轻骑绕到背后，焚毁了宋军的粮草。

缺粮的军队不再是军队，而是一群饥饿的流民。到了这个份上，仗肯定没法再打，只有撤退。可问题是有些士兵已经逃亡到魏营，缺粮的情报已经泄露。当然，即便没有降卒告密，叔孙建也能猜到，毕竟宋军粮草大部分被焚毁。如此天赐良机，谁也不会放过。他们立即集结人马，准备给檀道济最后一击。

内无粮草，外有强敌，军士们不免人心惶惶。然而危险总是良将的试金石。檀道济不慌不忙，镇定自若，下令扎营。白天宋营里竖起粮冢若干，露在外面的顶尖，都是白花花的大米。当然那不是真正的粮食，而是典型的"金玉其外，败絮其中"：白米覆盖之下，都是沙土堆，聊以充数。到了夜里，宋军大营里灯火通明，檀道济亲自组织士兵清点粮食。有人手持竹筹唱数——就像过去酒店里的店小二高声报菜名；有人用斗子量米。魏军探子偷偷张望，看见此情此景，赶紧回去报告：宋军根本不缺粮，先前的情报，一定是假的，要引诱咱们上当！魏将闻听大怒，下令斩掉降卒。

次日晨光熹微，宋军拔营撤退。将士们披挂整齐，檀道济却身着便服，也不骑马，而是大摇大摆地乘在车上，旅游一般向南而去。魏将安颉等人多次吃过檀道济的苦头，看到这副样子，吃不准他在哪里埋伏有多少人马，不敢贸然追击，只好目送宋军而去。

此次增援，檀道济虽然没有保住滑台，但是连战连捷，在不利局面下又能全师而退，委实难得，威名因此大振。魏军谈虎色变，甚至画下他的像用来驱鬼。宋文帝对此自然甚是欣慰，又给檀道济加封司空的尊号，依旧令他镇守江州，驻扎于寻阳。

这是 431 年的事情。那一年，大夏国主赫连定向西迁移途中，遭遇三万吐谷浑骑兵袭击，赫连定被擒，大夏国灭。这是匈奴在中国历史上留下的最后一个足迹。

"唱筹量沙"是檀道济创造的第一个成语。但这样的故事我们似曾相识——据说廉颇也曾用过。这很正常，历史上常常有惊人相似之事，比如李广和萧承元先后都摆过空城计等。其实同样的例子到处都是，但成绩不同，差别就在于各人的将略，或曰领会能力。檀道济唱筹量沙的地方，在今天济南东郊的王舍人庄，确切区划为济南市历城区王舍人街道梁王庄。一条河从梁王庄中间穿过，将其分为东、西两村。檀道济当时修的粮冢，后来都沦为土堆。据记载，崇祯六年（1633）粮冢尚有七十二座，后来仅存的几座，也在后来的大规模建设中荡然无存，不过村民们都还记得具体位置。过去那里还建有檀公祠，如今檀公祠的位置上立着一座普通民居。梁王庄的"梁"字，便是由谐音"粮"而来。

自毁长城

檀道济位高权重，手握重兵，几个儿子颇有才名，心腹高进之、薛彤也都是百战之将。木秀于林，风必摧之。那种感觉不待人说，檀道济自己也清楚。其妻曾经向高进之问计，高进之说："道家戒盈满，祸或不免，然司空功名盖世，如死得所，亦不相负。"就是说道家主张低调，功名太盛，灾祸可能难免，好在檀道济功名盖世，如果死得其所，倒也值得。当妻子流着眼泪把这话转达到檀道济耳边，他也不觉心中一凛。

惦记檀道济的，主要是执掌朝政的彭城王刘义康，以及领军将军、权臣刘湛。当时文帝身体不好，动不动就报病危，他们俩担心文帝一旦晏驾，檀道济会变得难以驾驭，决心先下手为强，将其灭掉。

　　元嘉十三年（436），他们召檀道济进京，准备动手。接到诏令，檀道济的妻子很是忧虑地说："高世之勋，自古所忌。今无事相召，祸其至矣。"檀道济认为他率师抵御外寇，镇守边境，不负国家，国家没有理由辜负他，于是坦然来朝。说来也巧，他到达建康，正赶上文帝病情好转，于是在卧榻上召见大将，询问边策，檀道济对答如流。文帝暂时收起杀心，对他多加慰勉鼓励，让他重回防地，安心守备。然而檀道济刚要启程，《宋书·檀道济传》上的说法是"已下船矣，会上疾动，召入祖道，收付廷尉"。就是说他刚刚下船，刘义隆又病势发作，于是又把他召回，以祭祀路神为他设宴送行之名，趁机将他逮捕；他的所有儿子以及薛彤、高进之等大将，也先后被害。

　　临刑之前，名将檀道济顺手创造了两个成语。他投帻于地，目光如炬，愤怒地喊道："乃复坏汝万里之长城！"薛彤则说："身经百战，死非意外事。"高进之的表现更有魏晋风度，他掀髯笑曰："累世农夫，父以义死友，子以忠死君，此大宋之光。"坐地就刑，神色不变。

　　中国文化史以一颗名将人头的惨痛代价，换来这两个成语："目光如炬""自毁长城"。消息传到北魏国都平城（今山西大同东北），魏将纷纷弹冠相庆："道济已死，吴子辈不足复惮！"

檀道济到底是功勋大将、朝廷重臣，突然将他杀掉，总得有点说头，总不能搞政治暗杀。他们都有些什么理由？我们不妨看看当时的诏书，《宋书》里记载有全文：

> 檀道济阶缘时幸，荷恩在昔，宠灵优渥，莫与为比。曾不感佩殊遇，思答万分，乃空怀疑贰，履霜日久。元嘉以来，猜阻滋结，不义不昵之心，附下罔上之事，固已暴之民听，彰于退迹。谢灵运志凶辞丑，不臣显著，纳受邪说，每相容隐。又潜散金货，招诱剽猾，逋逃必至，实繁弥广，日夜伺隙，希冀非望。镇军将军仲德往年入朝，屡陈此迹。朕以其位居台铉，豫班河岳，弥缝容养，庶或能革。而长恶不悛，凶慝遂遘，因朕寝疾，规肆祸心。前南蛮行参军庞延祖具悉奸状，密以启闻。夫君亲无将，刑兹罔赦。况罪衅深重，若斯之甚。便可收付廷尉，肃正刑书。事止元恶，余无所问。

比较长，不太好懂，因为都是模棱两可的结论，没有半点实据，所谓"空怀疑贰""潜散金货，招诱剽猾""日夜伺隙，希冀非望"云云。似乎其手下、行参军庞延祖和镇军将军王仲德揭发过他。

对于檀道济，刘裕的临终所托已经定性："檀道济虽有干略，而无远志，非如兄韶有难御之气也。"现在看来，刘裕到底雄才大略，有识人慧眼。这一点，宋文帝也明白。当初诛灭顾命三大臣，留下檀道济统兵征讨谢晦，刘义隆的心腹班底，"五臣"之一的王华曾经表示反对。但宋文帝说："道济止于胁从，本非创谋，杀害之事，又所不关。吾抚而使之，必将无虑。"也就是说，当时刘义隆就很清楚，废立之事，檀道济并非主谋，顶多只能算是从犯；妄杀刘义真、刘义符兄弟，他更沾不上边儿。所以最终将他一锅端掉，完全是欲加之罪，何患无辞。不怕别的，就怕他的出众将略和麾下雄师，对皇权不利。魏晋以来，大将反叛是常事，司马昭、王敦、祖约、苏峻、桓温父子、司马休之，直到刘裕，莫不如此，他们也真是害怕。所以不管有无反叛之实，不妨先抓后查，先杀后判。尽管刘义隆有过"事止元恶，余无所问"的表态，声称主犯严惩、从犯不究，但最终还是将檀道济的所有儿子、两员部将一同收斩。幸亏檀道济的两个哥哥早已死去，否则弄不好也得挨一刀。

有意思的是，论檀道济死罪的唯一一点实据，竟然与一位著名诗人有关："谢灵运志凶辞丑，不臣显著，纳受邪说，每相容隐。"意思是檀道济明明知道谢灵运有不臣之心，却纵容包庇，甚至帮他蒙混过关。

有这事吗？

既然提到谢灵运，那我们就要看看，这位诗人到底有何罪恶。

谢灵运是谢玄的孙子。淝水之战后,谢玄被封为康乐(今江西万载东北)公,食邑两千户。二十岁那年,谢灵运继承了这个爵位。他从小就表现出过人的聪明,祖父谢玄非常自豪,常说:"我乃生瑍,瑍那得生灵运!"因为谢灵运的父亲谢瑍才能平平。当然,"我乃生瑍"对于谢玄也是自豪的自谦,谢玄其实也是自幼聪慧。谢安曾经考问子侄:"子弟亦何豫人事,而正欲使其佳?"大家都答不上来,最后是谢玄脱颖而出:"譬如芝兰玉树,欲使其生于庭阶耳。"才能与谢道韫略可比拟,谢安很是欣慰。

谢玄笃信道教,也就是五斗米教。谢灵运幼时就被送到钱塘学道。因为这段经历,他小名"客儿",经常自称"越客",世人也称他"谢客"。

刘裕代晋后,谢灵运收到的第一份"礼物",就是降爵:除了跟刘裕"豫同艰难"打天下的功臣,"独置始兴、庐陵、始安、长沙、康乐五公,降爵为县公及县侯,以奉王导、谢安、温峤、陶侃、谢玄之祀"。谢灵运的食邑也削减为五百户。这当然不是令人振奋的好消息。问题在于,他在斗争的一开始就站错了队。平定孙恩之乱,北府军将领刘毅跟刘裕功绩相当,但封赏远不及刘裕。刘毅心怀不满,最终被刘裕灭掉,偏偏谢灵运就是刘毅的记室参军;刘毅虽然也出身寒门,但有文采,愿意跟世家子弟交往,谢灵运对他颇有好感,却完全看不上刘裕。义熙十四年(418),刘裕从关中得胜归来,谢灵运奉命到彭城慰劳，作《撰征赋》。这样的命题作文，主题明确，就是要给刘裕歌功颂德，可谢灵运虽然文笔飘洒俊逸，却总是追忆东晋历史，刘裕的事迹形同点缀。

还好，当时谢灵运尚未入刘裕的法眼，两人之间没什么过节。可谢灵运接着投奔的又是一个错误的主人——庐陵王刘义真。刘裕打下关中时，刘义真刚刚十岁，就奉命留下镇守三秦。最终诸将内讧，河朔再度易色。当然，这一切不能让未成年人负责。谢灵运过来追随时，刘义真依旧不大，尚未加冠，跟谢灵运、颜延之、慧琳置酒高会，喝多了就乱发豪言壮语，引起忌惮，先被赶出京城，出任豫州刺史，最终被废杀；而谢灵运则被贬为永嘉太守，罪名是"构扇异同，非毁执政"。

永初三年（422）七月，谢灵运心怀惆怅地写下一首《永初三年七月十六日之郡初发都》，随即上路。经过会稽郡始宁（今浙江上虞）老宅，又留诗《过始宁墅》，最后四句是：

> 挥手告乡曲，三载期归旋。
> 且为树枌槚，无令孤愿言。

叮嘱家人为他种上白榆树和楸树，三年任期一满，他就回家归隐，直到老死。到达永嘉不久，大约因为心情郁闷，他卧病不起，直到第二年春天才好。大病初愈，他登楼远眺，写下了著名的《登池上楼》，其中"池塘生春草，园柳变鸣禽"

两句，已经流传千古。

这是诗人的作品；太守的作品呢？大约是个空白。谢灵运除了吟诗作赋，便是寄情山水，游踪遍及整个永嘉。最终任期未满，就辞官回了始宁老宅。

谢灵运到底才名昭著，后来刘义隆又将他召回，"赏遇甚厚"，称他的诗和字为"二宝"。但谢灵运并不满足于文学侍臣的地位。他自许甚高，想参政议政，当然没有机会。于是他"多称疾不朝直。……出郭游行，或一日百六七十里，经旬不归，既无表闻，又不请急"。一句话，经常不假外出，无故旷工。宋文帝无奈，只得暗示其辞职，于是谢灵运再度回乡。

这一回，他闹得动静更大。

谢家世代为官，"生业甚厚。奴僮既众，义故门生数百"。谢灵运经常在他们的簇拥下游历名山大川。他真是个天才，不但能写诗作文，还能搞实用发明，谢公屐的专利权，就在他手上。这种木屐专门用来登山，"上山则去前齿，下山去其后齿"，非常方便。木屐做好，就呼朋引伴，游山玩水，不分昼夜；夜里突然有几百人打着火把，遥遥出现在山上，临海太守王琇大惊，还以为是山贼来犯。

会稽太守孟颛是寒门新贵，与谢灵运背景迥异。此人精诚事佛，不喜游览，谢灵运一直看他不起——当然谢灵运看得起的人也不多——直接这么讽刺打击父母官："得道应须慧业文人，生天当在灵运前，成佛必在灵运后。"

得道成佛主要靠聪明智慧。将来你肯定比我早死，但晚成佛。别瞎忙活，洗洗睡吧。

这样的话，有谁爱听？

谢灵运向宋文帝请求，要会稽城东的回踵湖，放掉水以为良田，刘义隆首肯，但孟太守坚决不给，理由是此湖离城很近，"水物所出，百姓惜之"。谢灵运要另外一个湖，孟太守还是不给。谢灵运于是攻击孟颛，说他不是爱惜百姓，而是因为自己信佛，不愿伤害湖中水族生命；孟颛发动反击："因灵运横恣，百姓惊扰，乃表其异志，发兵自防。"谢灵运赶紧跑到京城，向皇帝申辩。

刘义隆当然不相信谢灵运会造反，但也没让他回去，而是任命他为临川（今属江西）内史，加秩中二千石。谢灵运再度失去自由身，无比悲哀，笔下都是这样的句子："明月照积雪，朔风劲且哀。"于是变本加厉，"在郡游放，不异永嘉"，结果又被有司所纠，要逮捕他。他一时兴起，竟暴力抗法，扣留前来收捕的官员，打算作逆。

秀才造反，三年不成。如此以卵击石，结果可想而知。

宋文帝到底爱才，想给谢灵运留条命，然而掌握权柄的彭城王刘义康坚决不干。宋文帝于是下诏："灵运罪衅累仍，诚合尽法。但谢玄勋参微管，宜宥及后嗣，可降死一等，徙付广州。"433年，四十九岁的谢灵运到底还是被杀于广州。

谢灵运是个伟大的诗人，也是含冤而死，但说心里话，我喜欢他的有些诗句，却不喜欢这个人。倒不是因为这等狂傲："天下才共一石，曹子建（即曹植）独得八斗，我得一斗，自古及今共用一斗。"这都是文人的习性或曰毛病，不算什么。从其传记中看，他说到底还是个世家子弟，尽管文采斐然。从强要回踵湖一事来看，只怕百姓对他也不会有好印象。功臣子弟所得已多，很少有人能清净自守，谢灵运更不会，优越感一直强烈地盘旋于他的心头。家资巨万，竟然还要夺百姓活命的口食，于心何忍？孟颢说他造反固然是污蔑陷害，但"灵运横恣，百姓惊扰"的说法，肯定没有夸大。退一步说，孟颢的诬陷也是对谢灵运的反拨：谢本身也是佛道双修，精于佛法。身为佛弟子，攻击别人不为怜惜百姓，而是不想杀生，厚道吗？

进一步说，谢灵运其实很虚伪。貌似洁身自好、蔑视权贵，其实心里很想当官儿，只不过想一步登天，直接当大官儿，小官儿他确实看不上眼。永嘉太守这个级别他便认为不够；永嘉属于东扬州，东扬州刺史，他可能还嫌小。他的胃口大约跟李白一样，只有当上宰相才能感到满足。反正皇帝得对他言听计从。

其实想当官不算毛病，《孟子》有云："士之仕也，犹农夫之耕也。"又说："士之失位也，犹诸侯之失国家也。"明明想当官，却做出不想当的姿态，就难免令人恶心。

谢灵运毫无疑问应该受到惩罚，但不至于杀头。这样的才俊之士尽管有毛病，但一个健康的社会还是应该给予容忍。回到檀道济身上，说他包庇谢灵运，纯粹是胡扯。陶渊明都不给檀道济面子，谢康乐眼里怎么会有他？要知道陶渊明虽有文名，却也不过一介寒儒，算上陶侃也是寒门出身，这个因素我们不会在意，但谢诗人不会彻底忘怀。而说到檀道济，他更是寒门新贵，在谢灵运眼里，恐怕跟孟太守的分量差不多。朝廷之所以要把他们俩扯到一起，无非是因为三年前谢灵运刚刚被杀，而且罪行确凿，确实有谋逆之举。虽有被迫的因素，但当局忽略不计。

檀道济死后，刘宋与北魏虽然没有爆发全面战争，但边衅不断，446 年尤为血雨腥风：拓跋焘下达《灭佛法诏》，京师及各个州郡共杀死和尚万人以上，佛教史称"太武法难"；同时北魏入侵济南郡，掠走百姓六千户。

国难思良将，刘义隆有次询问殷景仁："谁可继道济？"殷景仁回答："道济以累有战功，故致威名，余但未任耳。"他认为檀道济的名声来自累积：参战多，故而军功多，别人没机会上战场而已。这当然是典型的办公室痴话，想当然。刘义隆的见识还是比他强点："不然，昔李广在朝，匈奴不敢南望，后继者复有几人？"

然而刘义隆痛惜檀道济的时候，还在后面。

450 年，拓跋焘诛杀崔浩，实力有所削弱，刘义隆决心趁机北伐。而北魏进一步安顿北方，也有南下之意。拓跋焘写信这样挑逗刘义隆："彼年已五十，未尝出户，虽自力而来，如三岁婴儿，与我鲜卑生长马上者果如何哉！"刘义隆被激怒，决心举兵北上。他号召王公大臣以及富民捐献金币杂物，以助国用；江南兵力不足，下令从青、冀等六州征兵，三丁抽一，五丁抽二，十日内束装完毕；富民与僧尼将财产的四分之一借给军用，战后偿还；百官减俸三分之一。

宋军总体部署如下：宁朔将军王玄谟率太子步兵校尉沈庆之、镇军谘议参军申坦领水军进入黄河，由青、冀二州刺史萧斌都统。太子左卫率臧质、骁骑将军王方回直趋许昌、洛阳。徐、兖二州刺史刘骏、豫州刺史刘铄各自带领所部，东西齐头并进。梁、南北秦三州刺史刘秀之横扫汧、陇。江夏王刘义恭坐镇彭城，节度诸军。

拓跋焘的策略还是后发制人。

当年七月，王玄谟大军猛攻碻磝，魏军弃城而逃。王玄谟随即指挥百艘战船为先锋，进攻滑台。滑台城中多是茅屋，有人建议发射火箭，王玄谟却说："彼，吾财也，何遽烧之！"贪心到这个程度，也不容易。当地百姓竞出租谷，自带兵器投奔宋军，每日千数，王玄谟不用这些人原来的首领统率，而是将他们分配给亲信，结果众心失望，小小的滑台居然两月未下。

当年九月，即将秋凉，利于骑兵行动。拓跋焘兑现"来秋当往取扬州"的诺言，尽起主力，号称百万，挥师南下。大军进至枋头，鼓号之声震天动地，王玄谟大为惊惧，来不及通知水军，便仓皇而退。魏军将缴获的战船连以三道铁锁，布置在河面，想封锁黄河，阻断宋军水师退路。宋军乘黄河涨水，顺流而下，用巨斧劈开铁链，这才得以保全。

枋头这个地方，真是南朝的伤心之地。桓温损兵于前，玄谟折将于后，最终都是局面不可收拾。拓跋焘不顾彭城、盱眙、山阳（今江苏淮安）等战略要地还在宋军手中，就多路突破淮河，继续向纵深穿插，目标直指长江。十二月十五日，各路魏军全部到达长江北岸，随即大肆破坏民房，割芦苇制作筏子，扬言渡江。

焦头烂额的刘义隆登上石头城，遥望远处，面带忧色，哀叹道："檀道济若在，岂使胡马至此！"可惜此时檀道济已经屈死十四年，尸骨已朽。

怎么办呢？刘义隆紧急征发王公以下子弟从军，派禁军把守渡口，命水军沿江巡逻。魏军骑兵虽猛，但战马终究不会游泳，最终只得掳掠居民，于451年正月回军。大军撤退至盱眙时，魏军想破城夺粮，结果攻城三十日，肉搏登城，死伤万人，尸与城平，还是没能拿下。后来春雨降临，士卒疫病流行，不得不匆匆走人。

刘义隆想经略中原，拓跋焘要饮马长江，这其实是双方的战略遭遇战。由于缺乏良将，刘宋大败，"自是邑里萧条，元嘉之政衰矣"。大敌当前强兵压境时，刘义隆想起过檀道济，然而为时已晚。

这是451年的事情。那一年裴松之故去，匈奴大帝阿提拉在匈牙利平原集结主力，出征高卢，最终在奥尔良战役中失利。这场战役挽救了欧洲。阿提拉且战且退，又在沙隆战役中失败，随即转头南下意大利。

几百年后，一位原本可以成为名将但朝廷始终不给机会的军事家，如此浩叹此次北伐：

　　　　元嘉草草，封狼居胥，赢得仓皇北顾。四十三年，望中犹记，烽火扬州路。可堪回首，佛狸祠下，一片神鸦社鼓。凭谁问，廉颇老矣，尚能饭否。

　　这位军事家也是著名词人，名叫辛弃疾。他是北方投诚分子，又与朝廷大政不合，几乎终身不遇，垂垂老矣又被起用，因而对于这次草率的北伐，感慨万千。王玄谟事先向刘义隆陈述用兵方略，说得头头是道，刘义隆高兴地说："闻玄谟陈说，使人有封狼居胥意。"谁知道王玄谟不比唱筹量沙的檀道济，只能纸上谈兵呢？词中的"元嘉"是以年号代替人物宋文帝，"佛狸"则是拓跋焘的小名。他追击王玄谟直到瓜步山（今江苏南京市六合区东南），在山上修建了一座行宫，后人称为"佛狸祠"。

　　再说句题外话，杀害檀道济的主谋刘湛和刘义康，都未得善终。

　　元嘉十七年（440）十月，宋文帝收捕刘湛，罪名非常搞笑："谢晦之难，潜使密告。"谁都知道，当时他是文帝倚重的"五臣"之一。逮捕刘湛的当夜，宋文帝召名将沈庆之，沈庆之一身戎装匆匆赶来。文帝见他穿军装进宫，惊问："卿何意乃尔急装？"沈庆之答道："夜半唤队主，不容缓服。"

这份职业敏感和责任心让文帝非常满意，就派他收捕刘湛的同党和族人、吴郡太守刘斌。刘湛一心想当宰相，生下女儿就杀死，结果几个儿子一同伏诛。

元嘉十六年（439）起，刘义隆、刘义康哥儿俩的矛盾就不断加深。次年灭掉刘湛后，宋文帝将刘义康贬出京城，担任檀道济曾任的江州刺史。元嘉二十二年（445）十一月，太子詹事范晔、孔熙先等人密谋拥立义康，被告发，历史学家、《后汉书》的作者范晔因此被斩，刘义康及其子女被废为庶人。元嘉二十八年（451），北魏大兵压境，文帝担心有人奉义康作乱，派人送去毒药，将刘义康赐死。刘义康不肯自杀："佛教自杀不复得人身，便随宜见处分。"最后被人用被子活活闷死。

出来混，总是要还的。王朝政治之险恶，无非如此。

高敖曹：一代猛将亡于内斗

导读：众所周知，南北朝时期个性张扬，翻翻《世说新语》便可略见端倪，只是大家熟悉的都是南朝，而北朝的风姿并不亚于南朝。高敖曹身为大将，行事却颇有侠客之风，他的兄弟也是如此。宇文泰策划的沙苑之战，被作为经典战例，收录进后代注解《孙子兵法》的规范文本。名将陈庆之千里奔袭建功，让毛泽东为之动容，批注道："再读此传，为之神往……"

谁都有过荒唐的少年时代，所以当一阵子问题少年并不难，难的是要当一辈子，哪怕他已经统领千军万马，成为一方统帅，并且建功立业、青史留名。从这个意义上讲，南北朝时期，北朝东魏的名将高敖曹是典型的稀缺资源。

　　高敖曹可谓真正的猛将，遗憾的是毫无知名度。其名其事之所以被历史长河的泡沫淹没，很大程度上是因为他服务于鲜卑之国，不入华夏正统，难免遭遇文化歧视。而实际上其传奇之精彩，超乎想象，既让人想起金庸笔下的侠客，又让人联想到司马迁笔下的项羽——猛将的开山鼻祖。

　　高敖曹的事迹，我想先从一个虚构的名将罗成开始。

　　罗成这个名字，国人大概都不会陌生。提起他，人们难免会联想到吕布。此二人确实有相似之处：都很勇猛，武艺高强；都很漂亮，面容俊朗。当然，下场也都不怎么好。吕布被曹操斩首，罗成则死于"自己人"——齐王李元吉之黑手。

　　然而历史上并无罗成此人，他完全来自于小说家的虚构。

清代褚人获的《隋唐演义》和如莲居士的《说唐》中，罗成都是重要人物——幽州（今北京西南）燕山王罗艺之子、秦琼的表弟，第七条好汉。罗艺与秦琼都确有其人，但罗成之名并不见于史书。人们普遍认为，其原型是罗士信，因为两人年龄、性格相同，勇敢能战；履历相同，都曾是瓦岗军一员，后转投王世充，再投李世民；武德五年（622），罗士信率军数百驻守洺水（今河北曲周东南），被刘黑闼围困八天，城破被俘，不屈而死，而演义中的罗成也死于讨刘黑闼之役，被乱箭射死于淤泥河，因此两人可以说死于同一战役、同一时间、同一对手。所以京剧《罗成叫关》中有这样一句唱词："黑夜里闷坏了罗士信。"直接将其指为罗士信，意为姓罗名成，字士信。

然而从具体死法上看，罗成的原型，其实应该是本文的传主高敖曹。

罗成的死法，《罗成叫关》里说——其实是唱——得清清楚楚：

> 三王元吉掌帅印，
> 命俺罗成做先行。
> 黄道日不叫臣出马，
> 黑煞之日出了兵。
> 从辰时杀到午时正，
> 午时又杀近黄昏。

连杀四门我的力已尽……

这是出经典的叶派小生戏。戏中的罗成被逼出战，又无接应，最终全军覆没，他仅以身免；想退回城中，但每座城门李元吉都不让打开；他力杀四门精疲力竭，含恨战死。

高敖曹也是这样，死在己方的城门之前，战友的目光之下。李元吉陷害罗成，是因为罗成是秦王李世民的人，是政敌；友军对高敖曹见死不救，又是什么缘故？

英雄起兵

与南朝对立的北方，先是有十六个主要国家，后来这些政权相继被灭，北魏太武帝拓跋焘将辽阔的北方纳为一统。那时的北魏，国势鼎盛，然而一百四十年后，终于盛极而衰。

北魏衰亡的历史地标，是北方的六镇起事。

为防备柔然，北魏重新修缮连接长城，东起赤城（今属河北），西至五原，长两千余里；长城修好，又在沿线设置六座城池，作为防御节点，分别是沃野（今内蒙古五原东北）、怀朔（今内蒙古固阳西南）、武川（今内蒙古武川西东土城）、抚冥（今内蒙古四子王旗东南土城子）、柔玄（今内蒙古兴和台基庙东北）、怀荒（今河北张北），所谓六镇。六镇将领本来都是鲜卑贵族或中原强宗，地位很高，号称"国之肺腑"，然而随着孝文帝拓跋宏的南迁，这一切悄然改变。

孝文帝以类似欺骗的方式，裹挟着鲜卑贵族南迁到洛阳后，随即全面推行汉化：说汉语，正式场合禁用鲜卑话；易汉服，改穿中原汉族服装；用汉姓，所有鲜卑贵族一律改用汉姓，他自己先改"拓跋"为"元"；葬汉地，鲜卑贵族去世，不得归葬平城。

以洛阳为中心的鲜卑贵族逐渐汉化。他们越进步，六镇就越落后。政治经济中心大幅度南移的影响，在遥远的北方六镇身上表现格外明显：将士地位逐渐下降，贵族子弟受到歧视，进仕艰难。派往北镇防戍的士兵，也多为流犯或死囚，称为"府户""兵户"，与六镇将士统称为"镇户"，世袭当兵，不准迁移；镇将贪赃营私，士卒苦不堪言。

523年，柔然南侵，怀荒镇兵民无粮可食，请求开仓放粮，但镇将不许，被饥民杀死；次年，沃野镇的匈奴人破六韩拔陵揭竿而起，席卷边城。北魏联合柔然，好不容易才扑灭战火，将二十多万镇民、流民发送到冀州（今河北冀州）、定州（今河北定州）、瀛州（今河北河间）就食，但没过多久，混乱再起。高敖曹兄弟几个也趁乱起兵，混入其中。

高昂，字敖曹，以字行，渤海蓚县（今河北景县）人。《北齐书》称他"幼稚时，便有壮气"，长大后更是胆力过人，生就"龙眉豹颈，姿体雄异"。高敖曹出身于名门望族，父亲高翼曾经官居刺史。六镇事变后，"朝廷以翼山东豪右，即家拜渤海太守"。然而高翼刚刚到任，乱兵便蜂拥而至，局面无法收拾，只得带领十多万户百姓，迁居黄河与济水之间；朝廷因地制宜，设置东冀州，以高翼为刺史，加镇东将军、乐城县侯。

此等人家，岂能忽视子女教育。高翼为高敖曹请来严师，打算锤炼成好钢，但高敖曹这小子生来就是匹不肯戴缰绳的野马，根本坐不住，不喜欢读书，只喜欢骑马射箭、纵横驰骋，从来不把老师的话当回事，受到训斥还振振有词："男儿当横行天下，自取富贵，谁能端坐读书，作老博士也。"

"男儿本自重横行，天子非常赐颜色。"不知唐朝诗人名将高适写下这两句诗时，眼前可曾浮现出高敖曹的身影？

高敖曹的大哥高乾，字乾邕；二哥高慎，字仲密；弟弟高季式，字子通。弟兄四人，同时在正史列传，可见不同寻常。高敖曹年轻时经常跟随高乾四处劫掠，"州县莫能穷治"；他们还"招聚剑客，家资倾尽，乡闾畏之，无敢违迕"。

一句话：一对豪情兄弟，两个问题少年。

儿子耍赖，父亲无奈。高翼只能这样自我解嘲："此儿不灭我族，当大吾门，不直为州豪也。"这个浑小子，要么带来灭门之灾，要么就是光宗耀祖，不会只是个在家门口逞强耍泼的青皮无赖！

拿太平时期的观点看，高乾和高敖曹简直就是流氓，属于地方官员打击的对象。《北史》记载有他们干过的一桩坏事：高乾向博陵人崔圣念之女求婚，遭到拒绝，这哥儿俩便将此女劫走。到了村外，高敖曹对高乾说："何不行礼？"高乾便与此女"野合而归"。所谓"野合"，当然是史家夫子的说法，法律上的说法应该叫强奸。儿子到处干坏事，老子只好忙着擦屁股。高翼受到牵连，成为监狱常客，很为后事担忧："吾四子皆五眼，我死后岂有人与我一锹土邪？"

且慢，五眼是什么意思？可不是今天众所周知的五眼联盟。这个五眼，来源跟乌眼鸡密切相关。五眼应当是"乌眼"的讹音。公鸡性好斗，戴上黑色眼罩，看不见对手，便老老实实，也不鸣叫。故而乌眼鸡也就是"不叫鸡"。这里的五眼，不外乎两种含义：一是说他们的四个儿子都是斗鸡一样的家伙，整天惹事；二是民间有个说法，乌眼即贼相，他的四个儿子都是天生的黑眼圈，更兼平时便横行不法，所以他担心他们最终做贼。

无论哪个说法，高敖曹都不肯服气。父丧之后，他像韩信葬母那样修起高大的坟墓，还跟父亲较劲："老公！子生平畏不得一锹土，今被压，竟知为人不？"

原来"老公"并非仅指太监，也能当老爸讲。至于今天解释为合法或不合法的丈夫，那就只能令人呵呵。

高乾轻财任侠，还是结交了很多朋友。孝庄帝未登大宝之前，高乾就跟他有联系，"潜相托附"。

前面说过，镇民与流民到了河北，再度燃起烽火。葛荣收拢各部，雄踞一方，号称百万。只可惜他虽然声势浩大，但并无逐鹿天下的心胸志向。范文澜先生认为："他们是变兵，是寻求生存的流亡者，是根本不知生产为何事的破坏者。"沧州城破，居民死难者十之八九。这样的人、这样的部队，不可能得到天下。"起义"二字用在他们身上，不知是不是对文字的污辱。

此时别说高敖曹，就是后来东魏的奠基者高欢，也还是小喽啰。天下可称为豪杰的，除了葛荣，就是尔朱荣。严格说起来，是葛荣等人，成就了尔朱荣的事业。

六镇附近生活着许多少数民族。他们有的属于镇户，承担兵役责任，有的不在此列。这部分人，朝廷委任领民酋长管理。尔朱荣就出身于这样的领民酋长之家，属于安置于北秀容川（今山西朔州北部）的契胡族。边镇一乱，尔朱荣便散尽家财，"招合义勇，给其衣马"，组成四千骑兵，成为朝廷打手，官也越做越大，直至大都督、车骑将军，统领并、肆、汾、广、恒、云六州诸军事。他也确实能打，后来的枭雄高欢和宇文泰，都在乱军之中当过他的俘虏。

高欢的祖籍跟高敖曹一样，但他的家族世代居住在怀朔镇，已经完全鲜卑化，因此高欢有鲜卑名字，叫贺六浑。他家庭贫穷，结婚后靠老婆嫁妆中的一匹马，这才得以出任队主。胡三省在《资治通鉴》中注释说："江南军制，呼长帅为队主、军主。队主者，主一队之称；军主者，主一军之称。"可见队主不是什么大官儿。

528年二月，胡太后毒死孝明帝元诩，将刚出生一个多月的皇女（元姑娘）冒充皇子，立以为帝，几天后又另立三岁的元钊为帝。尔朱荣立即以为皇帝报仇的名义挥师南下，兵锋直指洛阳。四月，他在河阴县（今河南孟津东北）立元子攸为帝，是为孝庄帝，尔朱荣自封侍中、都督中外诸军事。同日，洛阳东北门户河桥（即富平津。在今河南孟津东、孟州西南）守将望风而降，洛阳无险可守，将士四散，胡太后被迫削发为尼。十二日，文武百官到河桥迎接圣驾，尔朱荣大摇大摆地进入政权核心。

尔朱荣终究出身草莽，声望太低，难以服众。怎么办呢？他的办法很简单——屠杀。还没进洛阳，他就对亲信慕容绍宗说："洛中人士繁盛，骄侈成俗，不加芟翦，终难制驭。"打算像割韭菜那样，尽杀百官。慕容绍宗劝道："今无故歼夷多士，不分忠佞，恐大失天下之望，非长策也。"可尔朱荣杀心已起，哪里肯听，次日便将胡太后和元钊扔进滔滔黄河，然后以祭天为名，召集百官，宣称天下大乱、皇帝被害，原因完全在于官员贪婪残暴、辅佐不力，随即下令刀砍箭射，将两千多朝臣全部杀害。

这就是所谓的河阴之变，情节令人发指。

此时高乾正在洛阳，他见势不好，赶紧逃回河北，接受葛荣的官职，"屡败齐州士马"，乘乱而起。

当年八月，葛荣南下围攻重镇邺城，尔朱荣赶紧调集人马抵挡。他以上党王元天穆为前军，司徒杨椿为右军，司空穆绍为后军，自己亲率七千精锐骑兵为左军，配备副马，以狡黠善战的羯族人侯景为前锋，从晋阳出击，倍道兼行，东出滏口（今河北邯郸市西南石鼓山），越过太行山脉进入河北平原。葛荣闻听尔朱荣只有区区七千人马，不觉哑然失笑，立即在邺城以北列阵数十里，下令军士准备长绳，待尔朱荣"至则缚取"。

葛荣给尔朱荣准备了绳子，尔朱荣则为葛荣准备了棍子。

混战之中，刀不如棍效果直接，因此尔朱荣命令全军每人准备一根棍子，置于马侧；为避免大家争相砍头冲散军阵，规定不以斩级论功；将部分兵力藏入山谷作为奇兵，每三名军官组成一个作战集团，带领一两百骑兵，到处扬尘鼓噪，虚张声势。

此时高欢已经在尔朱荣帐前效力。这家伙履历丰富，也端过葛荣的饭碗，到处都是熟人。他在阵前招降故旧，结果招来一万多人，还有七个所谓的王爷。在瓦解葛荣的同时，尔朱荣亲率主力身先士卒，攻破葛荣军阵，然后再回头冲击；埋伏在山谷中的奇兵也趁机加入战斗，葛荣的百万大军随即被打得落花流水，他自己也于阵前被擒，押赴洛阳问斩。

大战结束，尔朱荣已经打扫完战场，上党王元天穆所部才进抵朝歌（今河南淇县）以南，勉强算是进入战场；而穆绍、杨椿两人更加稳重，军队竟然尚未出发。葛荣名不副实，可见一斑。

此时另外一位枭雄，鲜卑人宇文泰也一同被俘。宇文泰字黑獭，其父与贺拔岳之父都是六镇下级军官，乱兵起事后，他们杀掉组织起事的将军，重新归附政府。流民到了河北变故又生，宇文泰一家全部参与其中。此时其父和两个哥哥已经战死，被俘的他与三哥宇文洛生便通过故旧贺拔岳投降了尔朱荣，从此就在贺拔岳麾下效力。然而尔朱荣对宇文泰兄弟并不放心，找个借口杀了宇文洛生，宇文泰慷慨陈词，这才得保小命。

高欢和宇文泰都有了着落，高乾兄弟怎么办呢？幸好他们没在邺城前线，没被尔朱荣连锅端。孝庄帝派人招抚三齐，他们哥儿几个借坡下驴、望风归降，高乾受封为给事黄门侍郎，高敖曹除通直散骑侍郎，封武城县伯，食邑五百户。可掌控朝政的尔朱荣认为高敖曹等人先叛后降，不应出任要职，这哥儿几个也识相，便主动辞职归乡，"招纳骁勇，以射猎自娱"。消息传来，尔朱荣很是忌惮，密令刺史元仲宗诱捕高敖曹，送到晋阳。后来尔朱荣南下洛阳，也带着高敖曹，将他囚禁于驼牛署。驼牛署是太仆寺的下属单位，掌管饲养驼骡牛驴。

飞鸟的翅膀还没张开，便遇到罗网；英雄初起，大难已至，他要如何挣脱束缚，成就大业？

乱世枭雄

葛荣军败后，邢杲又在北海（今山东昌乐东南）起事，旬日之间，便聚集部众十多万户，一度攻占光州（今山东莱州）等地。尔朱兆和元天穆只得继续北上灭火。

这种形势成就了另外一位名将，南朝的陈庆之。

陈庆之字子云，义兴国山（今江苏宜兴西南）人。因出

157

身寒门，长年不得重用，四十一岁才开始独立领兵。他身体文弱，"射不穿札，马非所便"，不善骑射，却富有韬略，善抚士卒。领兵之前，他一直侍从宫廷，陪梁武帝萧衍下了二十多年棋："高祖性好棋，每从夜达旦不辍，等辈皆倦寐，惟庆之不寝，闻呼即至，甚见亲赏。"

北朝手忙脚乱，南朝便想插一竿子，于是派陈庆之带领七千骑兵，护送叛逃南来的北魏北海王元颢，赶回洛阳争夺王位。区区七千骑兵，竟然势如破竹，最终拿下洛阳。这种孤军深入的远征，深深折服了一位后世伟人——毛泽东。毛泽东一生喜欢读史，多次阅读陈庆之传记，并做了这样的批注："再读此传，为之神往。"众所周知，毛泽东一生用兵如神，能入其法眼的将军，当非等闲之辈。

那么我们就要看看，陈庆之到底有何能耐。

面对陈庆之的攻势，北魏内部曾有争论。多数人认为："杲众强盛，宜以为先。"于是决定派元天穆等人先定齐地，回头再收拾元颢。如此一来，中原空虚，元颢与陈庆之正好得便。他们先拔荥城（今河南商丘东），进逼梁国（今河南商丘）。魏将丘大千带领七万部众——其中包括从事后勤保障的平民，分筑九城抵挡。陈庆之挥师进攻，一天之内攻克三座堡垒，丘大千开城请降，元颢便在那里宣布即帝位。北魏济阴王元晖业率领两万羽林军进驻考城（今河南民权县东北）遏制。考城四面环水，易守难攻，陈庆之"浮水筑垒"，攻破城池，生擒元晖业，"获租车七千八百辆"。

此时，北魏派东南道大都督杨昱镇荥阳，尚书仆射尔朱世隆镇虎牢，侍中尔朱世承镇嵩崿（今河南登封东南），陈庆之面前障碍重重，首先要解决的就是荥阳，那里面驻扎有七万人马。魏军兵锋甚锐，更兼荥阳城固，南军久攻不克，偏偏上党王元天穆已经平定邢杲，大军即将南下，不日可至，已经先遣尔朱吐没儿率五千胡骑、鲁安率九千夏州步骑，前来增援。

也就是说，三十万魏军即将对陈庆之展开合围。

内有坚城，外有重围。如果不赶紧拿下荥阳，必将全军覆没。危急时刻，陈庆之这样做战前动员："吾至此以来，屠城略地，实为不少；君等杀人父兄、掠人子女，亦无算矣；天穆之众，皆是仇雠。我辈众才七千，虏众三十余万，今日之事，唯有必死乃可得生耳。虏骑多，不可与之野战，当及其未尽至，急攻取其城而据之。诸君勿或狐疑，自取屠脍！"将士们受此激励，人人皆有必死之心；陈庆之亲自擂鼓指挥攻城，最终在敌军合围之前拿下荥阳，将杨昱手下的三十七员部将，全部"刳其心而食之"。

战场形势顿时为之一变。陈庆之以荥阳为立足点，击败北魏援军，鲁安在阵前投降，元天穆和尔朱吐没儿只身逃窜。消息传出，尔朱世隆弃城而逃，陈庆之兵不血刃便进据虎牢。相形之下，占领洛阳更是轻松——守将元延明等人，直接开城请降。

至此预定战役目标已经全部达成。在此期间，陈庆之"凡取三十二城，四十七战，所向皆克"，完成了神话般的远征。他和部下都穿白袍，洛阳城中随即流传起这样的童谣："名师大将莫自牢，千兵万马避白袍。"

元颢占据洛阳，很多人前来归附。此时他们跟陈庆之之间的关系，便发生了微妙的变化。说到底，陈庆之只是个工具。当然，元颢也是工具。此时如果梁朝继续发兵增援，历史也许就会改写，但元颢不愿意。他得琢磨琢磨，打下来的江山归谁。陈庆之建议调集精兵，继续平定州郡，但元延明提醒元颢："庆之兵不出数千，已自难制；今更增其众，宁肯复为人用乎！大权一去，动息由人，魏之宗庙，于斯坠矣。"元颢闻听，不仅拒绝陈庆之所请，还派使者告诉梁武帝萧衍："今河北、河南一时克定，唯尔朱荣尚敢跋扈，臣与庆之自能擒讨。州郡新服，正须绥抚，不宜更复加兵，摇动百姓。"制止了后续援兵。

这是尔朱荣欢迎的消息。他从容组织部队，南下围攻。陈庆之说到底只有区区七千人，而且又是长期远离后方作战，最终"庆之军士死散略尽，乃削须发为沙门，间行出汝阴，还建康"。但无论如何，他已经创造了战争史上的伟大奇迹。南朝史书多有夸大溢美，对北魏兵力或有夸张，可即便如此，他以七千人横扫中原，攻下的城池都摆在那里，行军道路也摆在那里。可以说，他完成了一个根本不可能完成的任务，否则以毛泽东之将略见识，又怎会"为之神往"？

赶走了陈庆之，尔朱荣对朝政的控制越发有力。普天之下，谁都得看他的脸色。这等权臣都想当皇帝，登上宝座也不是什么难事，那么这个尔朱屠夫，会成功吗？

答案当然是否定的。

其实河阴之变早已注定了尔朱荣的败亡。此等屠夫若能赢得四海人心，岂非咄咄怪事？董卓虽然号称残暴，也不曾制造如此规模的集体屠杀。究其原因，尔朱荣内心深处一定有强烈的文化自卑感。北方六镇长期遭受文化歧视，对他的心理想必有强烈冲击。那种自卑，经常以过分自傲的方式表达出来，直至高举屠刀；对他而言，屠杀一定能产生强大的快感。

尔朱荣不是没想过篡权，但他先后四次铸自己的铜像，用这种传统的方式向上天请命，结果都没铸成，这说明他不能得天下——当然，科学的解释是当时的铸造工艺还不过关；找来最信任的人占卜，结果是"天时人事未可"。尔朱荣大受打击，甚至"精神恍惚，不自支持"，只好作罢。

尔朱荣在北方发家，一直把北方视为当然的老窝。当时他是所谓的太原王、大丞相、天柱大将军，如果老老实实地待在太原当土皇帝，也许还能多活两年，偏偏他不肯，非要申请入朝；如果他拥立的孝庄帝甘心充当傀儡，二人也许还能相安无事，就像汉献帝与曹操——当然这有点贬低曹阿瞒——偏偏孝庄帝也不肯。孝庄帝"勤于政事，朝夕不倦"，一心图谋复兴。

如此一来，矛盾必将激化。

孝庄帝决心除掉尔朱荣，于是召集心腹密谋商议。保密工作其实大有疏漏，风声四起，但尔朱荣怎么着也不肯相信，孝庄帝会有这等胆量。这个双手沾满鲜血、浑身尸臭的屠夫，从来没把那个玩偶皇帝放在眼里。如今官场小说中经常有这样的情节，某某自我检举，自写匿名信，这个创意的灵感，应当来自尔朱荣的同党尔朱世隆。他派人在自家门口写个匿名帖子，声称皇帝正与朝臣密谋，要杀掉尔朱荣，然后装作毫不知情的样子，揭下帖子呈给尔朱荣。

　　尔朱荣一笑置之，南下决心不变。

　　当时的随行人员，就有高敖曹，不过其身份特殊，没有人身自由。

　　孝庄帝先发制人，质问尔朱荣道："外面都在议论，说您要杀我，可有此事？"尔朱荣无言以对，只好收敛姿态，以后入朝觐见，卫士不过几十人，也不带兵器。530年九月，孝庄帝设好埋伏，同时遣使飞报尔朱荣，假称其女儿尔朱皇后刚刚生下太子。文武百官不知内情，纷纷赶往尔朱荣府上道贺，尔朱荣很高兴，立即入宫。见到孝庄帝，还没来得及开口道喜，忽见有人提刀跑进殿内。刀锋的寒光惊醒了屠夫。尔朱荣一跃而起，直奔御座，想挟持孝庄帝，然而孝庄帝膝上早已备好一口宝刀，尔朱荣扑向刀锋，血溅满地，被蜂拥而上的侍卫，当成烂白菜一顿猛砍。其亲信元天穆和十四岁的儿子尔朱菩提也一同丧命。

　　如此政治资源重新洗牌，很多人从中受益，高敖曹也获得了自由。高乾则在第一时间赶往洛阳。尔朱荣虽然一命呜呼，但其同党林立，尔朱世隆首先发难，进逼宫阙。形势危急，孝庄帝以天子之尊，亲临大夏门坐镇指挥。此时高敖曹终于有了用武之地，他顶盔罩甲，手持长矛，带领侄子高长命，奋勇拼杀，所向披靡，击退叛军，围观者无不动容。

危难只是缓解而非消解。孝庄帝随即委任高乾为河北大使，高敖曹为直阁将军，赐帛千匹，令他们回乡招兵买马，以为外援。他亲自将高氏兄弟送到黄河边，饯别时举酒指水说："卿兄弟冀部豪杰，能令士卒致死，京城傥有变，可为朕河上一扬尘。"孝庄帝可不是要制造粉尘污染，他希望关键时刻，黄河边上能飘扬起高乾哥儿俩的军旗。高乾与天子有旧，于是垂泪受诏，高敖曹也持剑起舞，誓以必死。

高氏兄弟回了信都（今河北冀州），宇文泰与高欢又何在呢？

时值匈奴人万俟丑奴纵横关中，朝野震动。当年春天，尔朱荣派尔朱天光为主帅，贺拔岳和侯莫陈悦为副帅，率兵前往镇压。尔朱天光深通将略，小胜之后便停兵不前，声言："今时将热，非可征讨，待至秋凉，别量进止。"万俟丑奴派来的谍报人员落网后，尔朱天光和颜悦色地询问一番，全部放还，一个不杀。于是那些话接二连三地传到了万俟丑奴耳边。谎言多次重复，万俟丑奴信以为真，便分散军队，据险立栅，且耕且守。尔朱天光闻听敌军兵力分散，趁势发动进攻，关中一举平定。

在此期间，宇文泰一直以步兵校尉的身份跟随贺拔岳作战。山高皇帝远，他已经摆脱尔朱荣，但高欢还在尔朱荣手下。尔朱荣并非简单的笨蛋，他对宇文泰和高欢都早有警觉，曾经询问左右："一日无我，谁可主军？"大家异口同声地说："尔朱兆！"尔朱荣不以为然地摇摇头："兆虽勇于战斗，然所将不过三千骑，多则乱矣。堪代我者，唯贺六浑耳。"

此时尔朱兆已经攻入洛阳，杀掉孝庄帝。他试图继承尔朱荣的全部政治遗产，包括高欢。高欢做梦都想放单飞，苦于没有机会；最后是那些屡屡制造麻烦的六镇降兵给了他借口。

六镇降兵以鲜卑族为主，杂以汉、匈奴、高车、氐和羌人。尽管已经放下武器，他们还是经常受到尔朱氏契胡兵士的欺凌，因此屡屡造反，前后共有二十六次之多。杀掉一半降兵，局势依旧不稳。尔朱兆非常头痛，问计于高欢。高欢说："大王应该选择心腹之人统领他们。再有反叛，就责问将领，不能每次都杀掉大批士兵，那样解决不了问题。"尔朱兆觉得很有道理，便问派谁统领合适，此时贺拔允插话建议把任务派给高欢。"老鼠掉进面缸里——哪儿找的好事！"高欢却佯装发怒，一拳打得贺拔允满嘴流血，牙齿也脱落一颗，骂道："太原王在世，他说了算；如今太原王不在，还有尔朱兆王爷。你是什么东西，敢随便插话！"这个马屁正好挠到痒处，尔朱兆立即下令，派高欢统率六镇降兵。高欢心中暗喜，表面依旧不动声色。等酒宴一散，他便迫不及待地宣布命令："我受命统管镇兵，镇兵全部到汾东集合！"随即驰奔阳曲川（今山西太原东北），建立大营。六镇降兵乐得摆脱尔朱氏契胡兵，蜂拥投奔，高欢很快就组建起了部队。

虽然有了枪杆子，但不能自由行动，也是白搭。怎么办呢？高欢上书尔朱兆，说山西霜旱灾多，军粮不够，请求移师山东就食。并州刺史慕容绍宗见了这道公文便表示反对，担心纵虎归山，可尔朱兆不信，说跟高欢拜过把子。慕容绍宗说："天下大乱，亲兄弟尚不可信，何况把兄弟！"尔朱兆的左右早已被高欢买通，个个都替他美言，说慕容绍宗跟高欢有私怨，要公报私仇。尔朱兆信以为真，便将慕容绍宗下狱，同意高欢所请。

说走咱就走，高欢立即离开牢笼晋阳。半路上碰见刚成为寡妇的尔朱荣的老婆，带着大量的金银细软从洛阳回来，车驾排出好几里远，还有良马三百匹。财物高欢没放在眼里，但这三百匹马让他动了心，全部扣留。尔朱兆听到姊姊的哭诉，极度恼怒，立即放出慕容绍宗询问对策，慕容绍宗说："没事，他还跑不远。"尔朱兆便亲率大军追赶。追至襄垣，虽能遥遥看见高欢的旌旗，但漳水暴涨，大军难以渡河。高欢隔河谢罪道："我借公主的马，目的是抵御山东盗贼。您若相信公主的一面之词，那我情愿过河受死。只怕您杀掉我后，这些人马又会叛逃而去。"

如此关键时刻，尔朱兆还在玩哥们儿义气。他策马过河进入高欢大营，抽出佩刀递给他，让他砍自己的脖子，不像千军万马的统帅，倒像街头的混混。高欢跪下大哭，诉说尔朱家族的恩惠，以及自己的耿耿忠心；尔朱兆把他拉起来，两人杀白马盟誓。夜里，部属尉景找来壮士打算动手，但被高欢制止。不是念及结盟情深，主要是自己羽翼未丰。尔朱家族势力太大，杀了尔朱兆，他的党羽必然聚集起来，麻烦。

次日一早，尔朱兆回到大营，想考验考验把兄弟，便召高欢过营。高欢本想壮胆过去，但部将孙腾拉住他的衣袖，竭力劝止。尔朱兆大怒，隔着河水跳脚大骂，但是骂归骂，大军急切之间无法渡河，只得退兵晋阳。

辅佐大业

高敖曹等人虽然已回河北，但尔朱兆心里还惦记着。531年二月，尔朱兆派一个监军前往冀州，借口征收民间马匹，想等高乾兄弟前来送马时，将人马一并拿下。高乾听说是尔朱兆派来的监军，明白他们不怀好意，便找河内太守封隆之商议，因为封隆之也跟尔朱氏有杀父之仇。二人计议已定，便派遣壮士夜袭信都，将监军射死。高乾本想拥戴父亲主持大计，但高翼说："和集乡里，我不如皮（封隆之名皮）。"于是便推举封隆之为大都督，主持州事。封隆之不敢坐这个宝座，想要逃走，此时高敖曹拔出佩刀，寒光四射，封隆之这才应允。

这倒是有点像辛亥革命武昌起义时的黎元洪。黎元洪出任湖北都督，也是被逼无奈。起义他并未参与，但这个官职为他捞足了政治资本。

还说高敖曹兄弟。他们占据信都，屁股还没暖热，当月殷州（今河北隆尧东）刺史尔朱羽生便率军五千前来袭击。敌军来得突然，等守军发现，他们已到城下。高敖曹来不及披挂，便带领身边的几十名骑兵出城迎敌。高乾恐兄弟有失，又不敢打开城门，便用绳索悬下五百人助战。此时高敖曹已经跟敌军展开厮杀。他手持长槊，纵横驰骋，势不可当；将士们受主将感染，个个奋勇向前，以一当十；等那五百援兵下来，尔朱羽生已经败退而去。军民士气大振，都将高敖曹视为西楚霸王项羽。

高敖曹兄弟闹得正欢，高欢已经翻越太行山。他军纪严明，对百姓秋毫无犯，每当经过麦地，都下马亲自拉住缰绳。这个举动很像曹阿瞒。因为实力不够，尚不能跟尔朱氏公开决裂，他还打着征讨河北的旗号，冀州不免人心惶惶。高乾知道高欢素有异图，便带着封隆之的儿子封子绘前往迎接。高欢正愁没有落脚点，当下大喜，留宿高乾，与之同寝，并且称他为叔父。

此时高敖曹正在外面掠地，听说此事很不高兴，便送高乾一条布裙，以羞辱其软弱。高欢赶紧派儿子高澄前来，以子孙之礼拜见高敖曹，这才满足猛将的虚荣心，以及问题少年的哥们儿义气，彼此握手言欢。

为策动部下追随自己与尔朱氏决裂，高欢伪造了尔朱兆的军令，假称必须带领六镇降兵回师山西，作为契胡军人的部曲，前去攻打稽胡。尔朱氏契胡兵的嘴脸，六镇降兵早有领教，跟随他们打仗，岂非羊入虎口？消息传开，人人自危。高欢假戏真做，先选出万余兵士，下令即刻出发。孙腾和尉景假意为士兵请命，高欢这才同意宽限五日；等士兵们在惊惧中挨过这短暂的五天，他再度宽限五日，然后下令先头部队誓师出征；仪式上他落泪如雨，不像誓师，倒像遗体告别；士兵们不明内情，哭号震天，高欢见到了火候，这才摊牌："我和你们都是镇户出身，义同一家。现在西去打仗，肯定得死；行军误期，到了也得死；发配给契胡人当部曲，还得死！总之都是死路一条。该怎么办呢？"降兵们别的不会，造反溜熟，于是异口同声："造反！"高欢说："造反是万不得已的事情，谁能领头？"将士们自然共推高欢。高欢做出不得已的样子，略一踌躇，便给大家讲条件："都是乡里乡亲的，很难驾驭。葛荣有百万之众，但没有军规战纪，散漫自由，最终难逃败亡。如果你们推我为领军，就得改改老毛病，不能随意欺负汉人，不能违犯军令，不然，我可不愿蹚这浑水！"将士们当然只有答应。于是高欢杀牛宰羊，犒赏士兵，焚香盟誓，准备动手。

此时离信都最近的敌人，是殷州刺史尔朱羽生。高欢悄悄派李元忠带领一哨人马前往攻击，又令高乾带领部众假作援助。到了殷州，高乾单身进城，以劳军为名，将尔朱羽生骗出城外，彭乐手起刀落，将他斩于马下。等见到尔朱羽生的首级，高欢随即任命李元忠为殷州刺史，正式在信都起兵，号令天下共同讨伐尔朱氏。

168

这对盟兄弟，终于翻脸。

两军交战，高欢胜多负少。先是尔朱兆攻破殷州，高欢接着又在广阿还以颜色，俘虏尔朱兆五千多人。只身对抗中央显然不行，高欢便立渤海太守元朗为帝，是为废帝。当年十一月，他挥师南下，进攻邺城，筑土山，挖地道，用柱子撑住，等地道挖通，再放火烧掉柱子，轰隆声中，城陷入地。532年正月，高欢的帅旗终于插上邺城，随即被废帝封为丞相、太师、柱国大将军。

尔朱兆赶紧调兵围剿。尔朱天光身负将略，已经平定关中，本不想搅和进来，但尔朱兆派斛斯椿苦苦哀求："非王无以能定，岂可坐看宗家之灭也？"尔朱天光无奈，这才挥师东下。

攻克邺城后，高敖曹又进军黎阳（今河南浚县东），闰三月带领乡人部曲三千多人，与高欢会合。当时大兵压境，尔朱兆、尔朱天光、尔朱度律和尔朱仲远四路大军号称二十万，已经兵临城下。尔朱兆先派三千骑兵突袭西门，没能得手，便沿着洹水（今河南北境安阳河）列阵，准备一口吞掉高欢。此刻见到援军，高欢非常高兴，不过还是有点担心，因为高敖曹部下全是汉人。于是他说："高都督纯将汉儿，恐不济事，今当割鲜卑兵千余人共相参杂，于意如何？"高敖曹说："敖曹所将部曲，练习已久，前后战斗，不减鲜卑。今若杂之，情不相合，胜则争功，退则推罪，愿自领汉军，不烦更配。"

高敖曹心里憋有一股气，他就是不信这个邪，不信汉人的战斗力不如鲜卑兵，因此拒绝了主帅的好意。不要忽视高欢的担心，也不要忽视高敖曹的拒绝，这其中其实都蕴含着高敖曹的死因。此为后话，暂且放下。

却说高欢，吩咐封隆之留守邺城，自己亲率主力屯兵紫陌，准备接战。说是主力，其实可怜得很，战马不满两千，士兵不过三万。敌众我寡，高欢的办法简直匪夷所思：他把无数牛驴系在一起，堵住本军退路，在韩陵（今河南安阳东北）一带摆成圆阵迎敌。

这是韩信背水一战的翻版，但到底能不能行，只怕高欢自己心里也在打鼓。

尔朱兆立马阵前，高声责骂高欢背叛自己。这个高欢不怕，他有现成的武器："本来我们一同辅佐王室，现在孝庄帝何在？"尔朱兆狡辩道："他枉杀天柱（指尔朱荣），我杀他是为了报仇！"高欢怒声呵斥："我过去亲耳听见天柱策划，你就在门前站着，难道能说不谋反吗？况且君主杀臣子，有什么可报仇的，今天我们之间的情义已尽。"

骂不解恨，也不解决问题，还是得打。两军分别敲响战鼓，开始交战。高欢自领中军向前突击，高敖曹指挥左军，高岳带领右军。高欢中军遭遇顽强阻击，被迫后退。尔朱兆随即全军压上。高岳赶紧率五百骑兵加入战斗，斛律敦也收拢散兵，重整旗鼓，杀向尔朱兆背后；正在相持，又一支生力军从天而降：高敖曹指挥一千多骑兵，突然从栗园中驰出，横向冲击,对尔朱兆的军阵拦腰一刀。尔朱兆阵势被冲散,大败,无奈之下,只好带领身边的亲信匆匆逃走。临走前,他对慕容绍宗捶胸大叫:"不用公言,以至于此!"慕容绍宗倒是不乏大将风度,挥动令旗吹响号角,收拢败兵,从容西撤。

高敖曹勇猛,其弟季式也不甘示弱,见尔朱兆逃走,立即带领七个骑兵紧追不舍,翻过野马岗,与尔朱兆相遇。尔朱兆脑子不好,但矫捷过人,是有名的勇士。高敖曹眼看不见高季式的踪影,大哭道:"丧吾弟矣!"夜深人静时分,高季式这才回来,人还活着,但"血满袖"。

尔朱兆一跑,尔朱家族随即作鸟兽散。墙倒众人推,尔朱家族残暴不仁,早已引起公愤。大都督斛斯椿等人抢先一步回到洛阳,将尔朱氏党羽全部剪除。尔朱世隆、尔朱度律、尔朱天光相继被拿住斩杀。尔朱兆劫掠并州后,退回老窝秀容川。大势已去,尔朱氏立的节闵帝派人慰劳高欢,以为试探。萝卜快了不洗泥,此时高欢才觉得,当初匆忙间扶持起来的元朗与皇室血缘太远,不足以号令天下,就派人前去"面试"节闵帝。面试结果是节闵帝神采高明,但结论又是不宜拥立——太有本事,便难以控制。高乾也认为节闵帝是尔朱氏所立,其名不正。高欢于是将其幽禁于寺庙,然后挑来拣去,选中了平阳王元修。元修跟散骑常侍王思政关系不错,正躲在他家中;见王思政带着士兵前来,元修以为末日来临,吓得面无人色:"您出卖我了吗?"答案当然是否定的;元修心里燃起一丝希望,又问:"那能保我平安吗?"王思政实话实说："世事难料，我确实没把握。"

王思政肯定无法预料元修的结局，谁也无法预料。

四百骑兵簇拥着元修来到高欢军中。高欢下拜陈述衷曲，泪下沾襟，元修回拜表示不敢。就这样，元修摇身一变，成为北魏孝武帝。

当年五月，三十五岁的节闵帝被毒杀，随后，曾经为帝的安定王元朗、东海王元晔也相继被杀。孝武帝纳高欢之女为皇后，高欢晋升国丈。

此时尔朱兆还在秀容川苟延残喘，他分兵据守险要，一时难下。这个钉子高欢当然要拔，他多次声言征讨，但连续四次都没有出兵，尔朱兆的神经逐渐放松。春节期间少不了大摆筵席，高欢便掐着点儿派窦泰率领精兵，强行军一日一夜赶路三百里，他自带主力跟进。533年正月，窦泰杀入尔朱兆的老窝。当时士兵刚散宴休息，部队无法召集，尔朱兆只得逃跑。窦泰紧追不舍，追到赤洪岭，尔朱兆见大势已去，便杀掉战马，用一根绳子自悬于树，伸腿儿见了上帝。此时高欢忽然想起他们是把兄弟，下令厚葬。慕容绍宗带领尔朱荣的妻小以及余部投降，高欢也没有为难。

当然，这绝非因为他还记着那笔旧账——三百匹战马。

北方分裂

北魏分裂的缘由在于天子西奔，天子西奔的缘由在于高欢与孝武帝交恶，高欢与孝武帝交恶的导火索则是高乾之死。

灭掉尔朱氏之后，高欢在晋阳建立大丞相府，独柄国政，引起了曾擒杀多个尔朱氏成员的斛斯椿的不满。斛斯椿随即与南阳王元宝炬、武卫将军元毗以及王思政合谋，劝孝武帝除掉高欢。斛斯椿劝孝武帝重新安排宫内都督人选，增加侍卫数量，精选数百骁勇武士宿卫宫中；孝武帝也多次以出猎为名，与斛斯椿演兵布阵，并联络拥兵在外的贺拔岳、贺拔胜兄弟，准备内外响应。高欢的心腹孙腾本来与斛斯椿同在门下省供职，见此情形担心受害，立即驰奔晋阳。

父亲高翼去世时，军国草创，天下未定，高乾就没有为父亲守孝。孝武帝新立，天下初定，他便上表请求解职，守制三年。本来只是做个姿态，没想到还真被批准，高乾被免除侍中职务，依旧带司空名号，封长乐郡公。名位虽在，但已无法参与朝政，心里未免郁闷，这就给了孝武帝可乘之机。有天在华林园宴会，结束后孝武帝单独留下高乾，要跟他结拜兄弟。事出突然，高乾无法拒绝，只好说："臣以身许国，何敢有二？"

高乾当时并不知道孝武帝的图谋，也就没告诉高欢。孝武帝呢，也以为真正结了个腹心。后来高乾有所察觉，立即密告高欢，劝他夺取帝位。高欢何等聪明，虽然早有异志，但时机尚未成熟，对谁也不表露，于是以衣袖遮住高乾的嘴："勿复言。今启叔复为侍中，门下之事，一以仰委。"

高欢虽然多次上表为高乾求官，但孝武帝就是不予答复。

他的人,高欢要拉回去,怎么能行!高乾夹在中间,非常难受,担心惹祸,于是又请求外放,结果被高欢保举为开府仪同三司、徐州刺史。

孝武帝得知高乾与高欢的密谋,既怒且惊。为了争取主动,他派人告诉高欢,高乾已与自己结盟,但反复无常。这个消息太突然,高欢无法接受,便把高乾所有的信件全部交给孝武帝;孝武帝当着高欢使者的面,召来高乾质问究竟。

毫无疑问,高乾只有死路一条。

高欢与孝庄帝要想摆出无辜的姿态,都必须力主处死高乾。孝武帝杀掉高乾,又派人前去杀高敖曹。这哥儿俩的结局,倒有点像伍尚跟伍子胥。高敖曹当然不会束手就擒。他设下埋伏拿获使者,从其衣襟中搜到诛杀自己的密诏,便带十几个人杀奔晋阳。高欢见了高敖曹,与他抱头痛哭,摆出完全无辜的样子,大叫:"天子枉害司空。"

图穷匕见,只能大干一场。534年,孝武帝以南伐梁国为名,下诏戒严,征发河南诸州兵马在洛阳郊外阅兵;同时密诏高欢,托词要攻打宇文泰和贺拔胜。

随着尔朱天光的离开,关中呈现两雄并立格局,侯莫陈悦与贺拔岳都拥兵自重。尔朱氏覆灭后,宇文泰曾受贺拔岳之托,前去晋阳谒见高欢,探听虚实。高欢跟宇文泰说起来同根同源,都起自六镇。他见宇文泰身高八尺,虎背熊腰,双手过膝——这说明宇文泰跟刘备一样,都是上身长而下身短——甚是器重,想留在手下任事,但宇文泰婉拒不从,告辞而去。宇文泰走后,高欢很是后悔:这样的人只有两条路,要么为我所用,要么被我所杀。可派人追赶,宇文泰已经远走高飞。

后来高欢支使侯莫陈悦杀掉贺拔岳,再派侯景过去摘桃子,结果在宇文泰跟前碰了钉子:"贺拔公虽死,宇文泰尚存,卿何为者!"好汉不吃眼前亏,侯景赶紧自找台阶:"我犹箭耳,唯人所射。"说完便灰溜溜地回了关东。从此宇文泰统领贺拔岳余部,打败侯莫陈悦,平定秦陇,成为事实上的关中王。至于贺拔胜,在南方任荆州刺史,是孝武帝刚刚培植起来的外援。

高欢当然明白孝武帝的言外之意,立即上表,声称属下五路兵马二十四万大军已经出发,要帮助皇帝征讨不臣,并清除奸佞;孝武帝更明白高欢的弦外之音,赶紧令中书舍人温子昇以自己的名义,给高欢写信。温子昇本是东晋名将温峤之后,与邢邵、魏收并称"北地三才",文笔了得,因此这封信写得非常好,在文学史上很有名气。然而文章再美,终究难当刀兵。所以三十年前,丘迟凭借一封文辞俱佳的书信成功招降陈伯之,能成为千古美谈。高欢当然不是陈伯之,他令高敖曹带领五百骑兵为先锋,星夜南下,步伐不止,其间不断上表陈述斛斯椿等人的罪恶。中军将军王思政是孝武帝亲信,他建议避高欢兵锋,前往关中依附宇文泰。东郡(今河南滑县)太守裴侠比王思政看得更透彻:"宇文泰为三军信服,位处关中险要之地,已握权柄,怎会轻易让权于人?

匆促前去投靠，岂非避汤而入火？"王思政反问该怎么办，裴侠说："与高欢交战有眼前之忧，西奔关中有将来之虑。可先往关右一带，暂且观察观察再做决定。"

孝武帝立即下诏，封宇文泰为关西大行台、尚书左仆射，赐以公主为妻。宇文泰随即传檄各地，历数高欢罪恶，并且从高平（今宁夏固原）进军至恒农（今河南灵宝北）；贺拔胜则屯军汝水。两人都静观待变。

当年七月初九，孝武帝统兵十余万进驻河桥，以斛斯椿为先锋，在邙山以北列阵。邙山北临黄河，南依洛阳，据称风水很好。生于苏杭、葬于北邙，是很多达官贵人的梦想。不过当时高欢和孝武帝可都不想在此葬身，都想把这个机会让给对方。

斛斯椿请求带领两千兵马夜渡黄河，趁高欢立脚未稳发起袭击。单纯从军事角度而言，这是个好计策，宇文泰也认为："高欢数日行八九百里，此兵家所忌，当乘便击之。而主上以万乘之重，不能渡河决战，方缘津据守。且长河万里，捍御为难，若一处得渡，大事去矣。"孝武帝本想答应，但黄门侍郎杨宽心眼太多，结果聪明反被聪明误："高欢以臣伐君，何所不至！今假兵于人，恐生他变。椿若渡河，万一有功，是灭一高欢，生一高欢矣。"孝武帝如梦方醒，立即下令斛斯椿取消计划。

局势就此无法挽回：

二十六日，高欢大军开始渡河，孝武帝问计于群臣，众说纷纭，莫衷一是。

二十七日，孝武帝遣使召还斛斯椿，并且率南阳王元宝炬、清河王元亶和广阳王元湛，带领五千骑兵宿于瀍水（源出洛阳西北，向东南汇入洛水）以西。是夜将士大半逃亡，元亶、元湛亦逃回洛阳，只有武卫将军独孤信单骑追随孝武帝。

二十八日，孝武帝西行，遇见宇文泰的使者李贤，自崤山前来迎接。

二十九日，高欢进入洛阳，居永宁寺，派领军娄昭及高敖曹等追赶孝武帝。高敖曹急于为兄报仇，快马加鞭；孝武帝急于脱离虎口，星夜兼程。粮断水绝，那两三天里，孝武帝虽为天子之尊，却也只能以山涧水解渴。好容易跟宇文泰接上头，随即加封他为大将军、雍州刺史，兼尚书令，军国大事，全部委于他决断。

名将风范

自晋阳发兵以来，高欢连续给孝武帝上表四十道，请他不要走，请他还驾，但孝武帝概不答复。丝毫不能怀疑高欢态度的诚恳，他确实不希望孝武帝离开。当然，是否要孝武帝的命，是另外一回事。

眼见得鸟已高飞入林，遥不可及，只得另外想辙。此时高欢依然没跟高敖曹露底，还在继续演戏。他对高敖曹叹道："若早用司空策，岂有今日之举？"看到这里，我眼前不觉浮现出一个名字——曹操。没错，高欢跟曹操一样，也是一世枭雄。

清河王元亶已经做好心理准备，要坐宝座——尽管那个座位上的人，多数没有好下场。这回高欢充分吸取孝武帝的教训，没立元亶，立了他十一岁的世子元善见。因为孩子好控制。同时下令迁都邺城，洛阳周围的四十万户百姓一同迁去，准备时间是三天，移民补助是一百三十万斛粮食。

孝武帝果然是才出狼窝，又入虎穴。鲜卑族终归没有汉族那么多礼制讲究，不那么重视伦理——当然，乱伦在南朝皇室也不鲜见，大约是时代的血腥，扭曲了人的灵魂——孝武帝封三个堂妹为公主，霸占于宫中，尤其宠爱平原公主元明月。宇文泰觉得碍眼，便怂恿元姓诸王抢出平原公主杀掉。如此虎口夺食，孝武帝岂能甘心。他经常在宫中弯弓搭箭，或刀劈桌案，愤恨之情，溢于言表。

这很简单，宇文泰有办法：派人把毒药放进孝武帝的酒杯，然后再扶持起平原公主的亲哥哥元宝炬。

孝武帝死于 534 年十二月十五日，此时离他匆匆奔逃关中，只有四个半月。

享国一百四十八年、共历十四帝的北魏就此灭亡，中国重新回到"后三国"时代：南有梁，北有东魏、西魏。

本来仇恨集中于南北，所谓华夷之辨；如今情势大变，东西魏兄弟相煎。东魏实力雄厚，人口超过两千万，随时可以将二十万人马拉上战场；西魏人口不过六百万，宇文泰能

178

出动的部队最初不过三万，因此战略上处于守势。

然而最终胜出的，却还是宇文泰及其子孙。当然，这不是历史同情弱者的结果，内中自有其道理。

536年十二月，高欢调动十万大军进攻西魏。他计划兵分三路：高敖曹从武关向上洛（今陕西商州）推进，攻击长安侧背；窦泰进攻潼关，威胁长安正面；高欢从蒲坂渡黄河，目标直指渭北。三个红色的箭头，正好将长安包围。

次年正月，高欢大张旗鼓地在蒲坂修好三座浮桥，作出随时准备渡河的姿态，掩护窦泰行动。宇文泰在广阳（今陕西西安临潼区）一带仔细观察敌军动向，判断高欢所部乃是疑兵，于是将计就计，声言退兵陇右，暂避锋芒，随即赶赴长安觐见皇帝，做出准备撤退的假象；与此同时，悄悄集结主力，经华山北麓的马牧泽（河南灵宝西）秘密东出潼关南侧的小关，集中兵力猛攻窦泰。

窦泰虽然勇猛，但毕竟猝不及防，又遭遇两面夹攻，很快就溃不成军。他赶紧收拢部队仓促渡河，准备向高欢靠拢；窦泰乱军抢渡，宇文泰发起猛攻，东魏军大败。大势已去，无力回天，窦泰自杀。当时黄河冰薄，人马辎重无法过河，高欢赶紧下令拆掉浮桥，匆匆撤军。这么好的机会，宇文泰当然不会放过，渡河继续追击。这次战斗非常惨烈，奉命殿后的东魏将军薛孤延"一日斫折刀十五口"，用坏十五口刀。主将尚且如此，局面不难想象。

两路皆败，高敖曹又怎么样？接到命令，他立即向上洛进发。大军渡河时，照惯例要先祭祀河伯。这位仁兄的祭词，可谓振聋发聩："河伯，水中之神；高敖曹，地上之虎。行经君所，故相决醉。"祭祀河伯无非要求其保佑行方便，可高敖曹的口气丝毫不像祈求，倒像是问题少年的最后通牒，要跟人家比画比画；看到这里你才明白，高敖曹虽然不喜欢读书，却并非粗鲁武夫，其实甚有品位；必胜之信心，顽强之意志，更是溢于言表。

这一仗，高敖曹也确实打得漂亮。

去上洛路远道险，崎岖难行。赶到城下，西魏洛州刺史泉企又据险死守，其子泉元礼、泉仲遵也亲临一线督军力战，战况异常激烈。高敖曹奋不顾身，冲锋在前，被流矢击中，多处负伤，其中有三处贯穿伤。他从昏迷中一苏醒，便跳上战马巡视部队，以振奋士气。十多天后，泉仲遵眼睛受伤，无法指挥作战，高敖曹终于攻陷上洛，将他们俘虏。这位泉企老兄也不乏铮铮铁骨，依旧不服气，对高敖曹说："泉企力屈，志不服也。"

高敖曹本想乘胜进击蓝田，忽然接到高欢的退兵命令："今窦泰军在小关覆没，人心恐惧，宜速还，路险敌众，可脱身归来。"

高敖曹是什么人，怎会随便抛弃部队；他率军且战且走，全师而退。

高敖曹伤重时，大约是感觉不久于人世，便替弟弟求官："吾以身许国，死无恨矣，所可叹息者，不见季式作刺史耳。"

高欢闻听，立即封高季式为济州（今山东茌平西南）刺史。等高敖曹回来，依然任用他为军司、大都督，统辖七十六都督，令他与侯景、刘贵、郑严祖等人驻军虎牢，操练兵马。

需要说明的是，当时的都督仅为队官，大都督本部人马也不过数千，真正值钱的大都督是三国名将陆逊，这个官职本身并不能为高敖曹赢得气势。当然他也不需要以官职傲人。他营造气势的方式极其独特，也与其最终的屈死密切相关。

537年八月，关中饥馑，宇文泰只得带领人马出关，到河南就食，连克盘豆（今河南灵宝西北）、恒农，俘东魏军八千人。高欢本来就想报上回的一箭之仇，立即于闰九月发兵二十万，大举进攻。他派高敖曹率军三万，从河南牵制潼关，主力从壶口（今山西黎城县东北太行山口）进军蒲津（今陕西大荔东），打算强渡洛水，从渭河以北进攻长安。宇文泰闻听，立即退兵回到渭南。

宇文泰攻打恒农，主要目标是城内的粮仓。因为行动仓促，粮食来不及运走，如今恒农已经被高敖曹团团包围。大家都劝高欢不要急战："连年饥荒，贼兵缺粮，所以冒险进兵陕州抢粮。如今恒农粮仓已被包围，粮食运不出去。我们最好分兵镇守各路，不与敌兵接战，等到麦秋时分，敌方军民饿死大半，宇文泰不死也得投降，何必着急渡河决战呢？"大将侯景说："几十万士兵同时行动，万一不胜，一时难以整顿队形。不如一分为二，相继而进。前军若胜，后军跟进；

前军若败，后军接应，如此可保万无一失！"

但这些建议，都没被采纳。

征召的各州兵马，迟迟未能抵达，宇文泰的兵力不足万人。有人建议等部队会齐再行动，但他没有听从。他知道无论如何也不能放高欢进长安，否则人心士气都将遭受摧残，大势将去。于是下令全军携带三天口粮，渡过渭河，在离高欢大军六十里处扎营。等大军安顿下来，他又派达奚武前去刺探敌情。达奚武带领三名随从，换上东魏军服，日暮时分摸到高欢大营外，偷听到口令，然后大摇大摆地进去，将各营全部巡视一遍，然后回来缴令。

尽管已知敌军虚实，可说到底还是敌强我弱，怎么办呢？宇文泰召集部下商议。大将李弼说："彼众我寡，不可平地置陈（阵）。此东十里有渭曲，可先据以待之。"

渭曲就在今天的陕西大荔南部，可以想象，是渭河的河谷地带。一千五百多年前，那片湿地生态条件良好，大片大片的芦苇随风飘荡，是天然的伏击场。宇文泰从善如流，移营过去，背靠渭河，列了东西两个方阵，分别由李弼和赵贵指挥，并在芦苇中设下埋伏，规定听鼓声而起。

大军推进到渭曲时，都督斛律羌举劝高欢说："黑獭举国而来，欲一死决，譬如猏狗，或能噬人；且渭曲苇深土泞，无所用力，不如缓与相持，密分精锐径掩长安，巢穴既倾，则黑獭不战成擒矣。"高欢有点犹豫："纵火焚之，何如？"如果烧掉芦苇，那么肯定不只是生态灾难，可侯景大约还没忘受过宇文泰的气，就此烧死未免便宜他，得当面骂回来，于是谏阻，理由是烧焦了宇文泰的尸体，关中百姓难以辨认，不肯相信。大将彭乐的态度更加激进："我众贼寡，百人擒一，何忧不克！"高欢想想确实有道理，于是决心泰山压顶。

两军逐渐接近，东魏军搭眼一瞧，敌军左右两个方阵人都不多，可怜兮兮的，唯恐落后耽误立功，不等摆好阵势，便乱哄哄地发起攻击，各自为战。

机不可失，宇文泰立即下令击鼓，战鼓声中，芦苇中的伏兵从天而降，饿虎扑食般杀向敌军。东魏军遭遇突然打击，待要后退，西魏的方阵又是拦腰一击。

咚咚战鼓声完全被兵器的撞击声淹没，战况空前惨烈。李弼的弟弟李檦个子矮小，但勇气过人，他隐伏于马背之上，左劈右砍，锐不可当，东魏兵纷纷惊呼："避此小儿！"宇文泰远远看见，叹道："胆决如此，何必八尺之躯！"征虏将军耿令贵每次入阵出来，铠甲战袍便是一片血红，宇文泰说："观其甲裳，足知令贵之勇，何必数级！"西魏勇猛，东魏也不差：大将彭乐乘醉突阵，被长矛刺伤，肠子都流了出来，他把肠子填回腹内，勇气不减，持枪再战。

然而勇猛无法挽回决策上的重大失误，东魏军支持不住，阵势大乱，溃兵潮水一般冲击，将后面的阵势也彻底冲散，局面逐渐失去控制。高欢还想再战，派人持名册到各营点兵，但无人回应。阜城侯斛律金说："众心离散，不可复用，宜急向河东。"高欢依旧不甘心，停在马上不动弹；斛律金挥鞭猛抽高欢的战马，高欢这才疾驰而去。赶到河边已经入夜，船离岸甚远，高欢跨上骆驼凫水就船，这才得脱。

这一仗东魏损失惨重：甲士阵亡六千，被俘七万，军械丢弃十八万件，国中精锐折损过半。当时高敖曹正在围攻恒农，闻听主力战败，随即退守洛阳。

这两次战役，奠定了宇文泰成为名将的基础。单纯从军事的角度讲，潼关会战中他创造了经典的内线机动作战范例，渭曲之战更是被写进军事教科书。讲解《孙子兵法》的现代读本，基本都会收录这个战例。宇文泰自己也很得意，下令全军将士，每人都在战场上种植柳树一株，以夸战功。

名将末路

沙苑之战宇文泰大获全胜，便想趁热打铁扩大战果，兵分三路东进：行台、冯翊王元季海与独孤信率军两万，接连攻克洛阳、颍州（今安徽阜阳）、梁州（今河南开封）、荥阳、广州（今河南襄城）；贺拔胜、李弼攻占蒲坂；洛州刺史李显率军攻打三荆，猛攻两百多天不克。三荆在哪里呢？胡三省注《资治通鉴》时说，魏置荆州于穰城（今河南邓州），置南荆州于安昌（今湖北枣阳东），置东荆州于比阳（今河南泌阳），谓之"三荆"。

高欢以河桥和虎牢为依托，展开反击。他令大行台侯景出虎牢向东南攻击前进，收复广州后北上，与高敖曹会攻洛阳，他自率主力跟进。538 年七月，侯景与高敖曹猛攻金墉，守将独孤信支持不住，向关中紧急求援，宇文泰随即率主力出关。侯景下令火攻金墉，城中建筑七成被焚毁。宇文泰主力推进到瀍水东岸，迫使侯景趁夜撤围，在邙山、河桥间布下阵势。宇文泰率领轻骑紧追不舍，等追上侯景，两军交战，宇文泰的战马中箭受惊，一路狂奔，将他摔倒在地。侯景随即绝地反击，西魏军大溃，宇文泰的侍卫全部逃走，眼看他就要落入敌手。关键时刻，都督李穆赶紧下马，拿马鞭敲宇文泰的后背，假装骂道："笼东军士！尔曹王何在，而独留此？"这个姿态在混乱中骗过了追兵。反正双方都是鲜卑人，他们首先想不到李穆不是自己人，其次想不到地上那个狼狈鬼就是大名鼎鼎的宇文泰，赶紧超越追击，好立功受奖，宇文泰这才侥幸得脱。

这个故事很有点意思，让人想起《三国演义》中的曹操与马超。不同的是，曹操自己掩护自己，割掉胡子、扔掉斗篷，宇文泰则有李穆掩护。而且如此精彩的细节，《三国志》的《马超传》《武帝纪》以及裴松之的注引，都没有只字片语提及，当是小说家言。我怀疑罗贯中看过李穆和宇文泰的故事，从中受到启发。

话题还回到战场上，高敖曹已经危在旦夕：宇文泰脱险之后，主力相继开到，军势复振，宇文泰重整旗鼓，击退侯景，使高敖曹成为孤军。

高敖曹似乎早有预感。出兵之初，这个几乎从不动笔的猛将，居然写了一首诗送给高欢的心腹孙腾。内容如下：

> 卷甲长驱不可息，六日六夜三度食。
>
> 初时言作虎牢停，更被处置河桥北。
>
> 回首绝望便萧条，悲来雪涕还自抑。
>
> ——《从军与相州刺史孙腾作行路难》

在七言诗尚不成熟的当时，以文学性苛责此诗，既无道理，也无意义。此诗最大的价值是丰富了高敖曹的形象，也补充了历史细节。从诗中可以看出，当时军情格外紧急，高敖曹率部卷甲长驱（亦即轻装前进，强行军），六天六夜只吃了三顿饭。本来叫他开到虎牢关，最终却要赶到河桥以北。

最后两句尤其值得注意，如此豪放不羁的率性男儿，在那个时刻，终于有了几丝柔软，产生了绝望和悲愤的情绪。然而猛将就是猛将，虽然悲愤落泪，但还是要"自抑"。尽管侯景败退，他依然大张旗鼓，挑起自己的帅旗，打着全副仪仗，跟宇文泰单打独斗。

高敖曹勇敢善战，宇文泰韬略过人，两军交战，比的是综合实力，而非主帅的个人武力。宇文泰调集全部精锐，猛攻高敖曹孤军，最终将其全歼。高敖曹无奈，带领侍卫逃向河阳南城。不巧或者正巧，守将是北豫州刺史高永乐，跟他有点过节——具体原因，且容后叙——借口敌军在后，不肯开门；高敖曹请求放下绳子拉他们进去，也遭拒绝。

情急之下，求生的本能让猛将高敖曹再也顾不得体面，他拔出佩刀，猛砍城门，想劈个洞逃进去。厚重的城门发出沉闷的声音，一刀下去一道黑印，连半点木屑都砍不出来。身经百战的他当然知道那是徒劳，所有人都知道那是徒劳，然而这些常识已无意义。千百年后再读史书，我依然能听到城门莫测高深的回响，能看到虎落平阳、英雄走投无路时的惊恐与凄惶。那一刻他一定想到了很多人，包括那些死在他刀下的鬼魂；那一刻他才明白，再猛的将军面对死神的黑色披风，也不过渺如尘埃。

追兵马蹄嗒嗒，荡起烟尘阵阵，高敖曹试图藏身桥下，追兵见侍卫手持金带，便追问主将下落。事到如今，高敖曹已经清醒过来，回归本性，便像项羽那样主动赴死。他挺胸抬头迎向追兵，喝道："来！与汝开国公。"

砍下高敖曹人头的西魏军士虽然没能受封开国公，却获得了万匹绢的赏赐，逐年定量下发，这个数量如此巨大，以至于直到西魏被篡灭，赏赐还没发完。高欢听到噩耗如丧肝胆，下令重责高永乐两百军棍，并且隆重追赠高敖曹。

那么高永乐跟高敖曹究竟有什么样的深仇大恨，以至于见死不救？个中原因，请看下文。

对于宇文泰而言，此次邙山会战即便算胜利，也是皮洛士式的胜利，他们也付出了惨重的代价："是日，东、西魏置陈（阵）既大，首尾悬远，从旦至未，战数十合，氛雾四塞，莫能相知。"因为军阵太长，首尾无法协调，又赶上大雾天气，能见度差，西魏独孤信、赵贵等人交战受挫，混乱中又得不到主帅消息，便率先撤退，其他将领也闻风而逃。宇文泰无奈，只得烧营遁走。王思政下马步行，手持长矛左挑右刺，连杀数人，由于陷阵太深，随从全部战死，他也因伤重而昏迷。王思政每次上战场都穿破衣烂甲，敌军难以认出他的身份，更兼天黑雾大，所以才没被割掉脑袋，最终被其下属在乱尸堆中找到，救回大营。局势不利，平东将军蔡佑（蔡佑虽然跟宇文泰年龄相仿，却被宇文泰收为义子，两人感情深厚）下马步战，左右劝他乘马，以免为敌军所乘，他大怒道："丞相爱我如子，怎能怕死！"带领仅存的十几个士兵齐声大呼，一同进击，杀伤甚众。东魏士兵将他们团团包围十余重，但都不敢近前。蔡佑弯弓持满，四面瞄准，此时一名身穿重甲的东魏士兵冲来，距三十步时左右劝蔡佑放箭，蔡佑说："我们的性命，全都在此一箭，怎能虚发！"等敌兵冲到十步远，他松开手指，敌兵应声而倒，剩余的东魏兵一见，随即哗啦一下散开，蔡佑这才得以平安而归。

蔡佑退到恒农时，夜晚与宇文泰会师。宇文泰非常高兴："承先（蔡佑字承先），尔来，吾无忧矣。"此次战况之惨烈，让久经战阵的宇文泰都为之心惊，夜里难以入睡，最终枕在蔡佑的大腿上，这才安心入眠。

第一次邙山会战基本是个消耗战，双方损失都很惨重，东魏失去高敖曹，损失犹大。综合起来，西魏小胜。传主高敖曹已死，此后进行的第二次邙山会战似乎可以略去，但它跟高敖曹多少还有点联系，不妨在此说说。

这事发生在543年。这一年里，后来的北周武帝宇文邕出生；南朝的顾野王奉命编写《说文解字》后另外一部重要字书《玉篇》。然而南方忙着弄文，北方却着急动武，那就是第二次邙山会战。

这次战役的导火索，是高敖曹的兄长，镇守虎牢的北豫州刺史高仲密，暗中向西魏输诚。好端端的，高仲密为什么要背叛东魏？理由非常搞笑，因为女人。

高仲密本来在东魏任御史中尉，娶吏部郎崔暹的妹妹为妻，没过多久又将她抛弃，从此就跟崔暹结了梁子。高仲密选用御史多为其亲戚乡党，高欢的长子高澄很不高兴，下令改选。这本是正常现象，但因为高澄宠信崔暹，高仲密便怀疑是崔暹利用吏部职权和对高澄的影响，打击报复。高仲密娶的后妻李氏非常漂亮，偏偏高澄又是个色鬼，连父亲的墙角都敢挖——高澄十四岁时，便与高欢的宠妾私通——何况高仲密的老婆！高澄首次见到李氏便试图强奸，李氏的衣都被撕破，高仲密闻听此事，恨之入骨。不久，高仲密出任北豫州刺史，高欢对他有所警觉，又派奚寿兴掌军事，让高仲密只管民务，将其兵权剥夺掉。高仲密摆下鸿门宴，拿下奚寿兴，于543年二月十二日占据虎牢，正式背叛东魏。

天上掉馅饼，宇文泰赶紧出兵策应，第二次邙山会战随即拉开大幕。宇文泰还在全力围攻河桥南城，高欢的十万大军已开到河北，鼓角可闻。宇文泰赶紧退兵瀍水以西，同时点燃几条船顺流而下，想烧掉河桥，阻止敌军。东魏士兵用长索拖开火船，河桥得保，高欢随即渡河，背靠邙山在瀍水以东扎营。宇文泰将辎重留在瀍水以西，主力夜登邙山，准备突袭，结果被东魏的骑兵侦察发现，高欢随即严阵以待，突袭只能变为强攻。

两军交战，彭乐带领精兵猛攻西魏中军，一直深入其大营。他动作实在太快，一度被高欢误解为叛逃。没过多久，西北方向尘土飞扬，彭乐遣使报捷，已经俘虏西魏临洮王元柬等五王及四十八将。高欢闻听，精神振奋，吩咐擂鼓进击，全军大举压上，经过苦战，斩首三万余级。

高欢令彭乐追击宇文泰，彭乐紧追不舍，眼看就要得手。宇文泰无奈，只好像流氓刘邦那样说软话。他说："汝非彭乐邪？痴男子！今日无我，明日岂有汝邪！何不急还营，收汝金宝！"

这话还真忽悠住了彭乐，他随即放过宇文泰，到宇文泰大营里掳掠金宝，然后回营报捷："黑獭漏刃，破胆矣！"高欢闻听，恨得牙根儿直痒，他令彭乐趴到地上，揪住他的脑袋，朝地上连撞好几次，并且拔出佩刀，三次举起，又三次放下。大家赶紧求情，彭乐也连连告饶："乞五千骑，复为王取之。"高欢说："汝纵之何意，而言复取邪？"看看实在没法，这才暂时制住怒气，下令取来三千匹绢，压在彭乐背上，算是赏赐。

三千匹绢压在背上，滋味想必不会好受，但终归比刀锋要舒服些。

从此高欢便对彭乐产生了警觉，暗自嘱咐高澄多加提防。

次日两军再战。宇文泰卷土重来，咬牙切齿要挽回面子，猛攻东魏中军。蔡佑身穿明光铁铠，奋勇当先，所向披靡，东魏军士抵挡不住，于是互相告诫："此是铁猛兽也！"碰到他便纷纷躲开，唯恐丢掉小命。一战下来，高欢大败，步兵全被俘虏，他的坐骑也被射死。情况危急，赫连阳顺赶紧让出战马，带领七个人护卫高欢逃跑。此时追兵杀近，都督尉兴庆说："请大王赶紧离开，我腰中尚有百箭，足以射杀百人，掩护您撤退！"高欢非常感动，立即封官许愿："假若我们都能生还，我定封你为怀州刺史。假如你不幸战死，那就让你儿子做刺史！"尉兴庆说："儿子太小，还是让我哥哥做刺史吧。"高欢点头答应。尉兴庆一人殿后，最终矢尽，死于乱刀之下。

宇文泰闻听高欢逃走，立即组织三千敢死队，全部手持短刀，由大都督贺拔胜统领追击。贺拔胜字破胡，与贺拔允、贺拔岳是兄弟，勇猛非凡，箭法出众。贺拔允、贺拔岳先后死于高欢之手，贺拔胜内心有滔天仇恨，因此打马狂奔，很快就追上了高欢。此时大部队已经落后，贺拔胜身边只有十三人，他挥舞长槊，槊尖几乎要刺到高欢的屁股，一边追一边高喊："贺六浑，贺拔破胡必杀汝也！"高欢惊恐万状，几乎跌落马下。河州刺史刘洪徽赶紧放箭，射翻两名追兵，段韶又将贺拔胜的战马射死。等副马赶到，高欢已经溜之乎也。贺拔胜不由得仰天长叹："今日之事，吾不执弓矢者，天也！"今天竟然忘记带上弓箭，真是天意！

高欢受惊太大，因此战后回到邺城，把贺拔胜留在东魏的几个儿子满门抄斩，贺拔胜听说后气急生疾，最终死去。

战场形势瞬息万变，高欢输了一阵，但未输全局。由于西魏赵贵等五个将领接战不利，擅自退却，东魏重新集结军队，又夺取了战场主动。宇文泰挥师出击，也被击退，只得率军逃跑。幸亏独孤信等人收集散兵，从背后袭扰追兵，宇文泰才得以逃脱，引兵退居渭水之上。

宇文泰主力一退，虎牢就成了汪洋中的孤岛。好不容易得到这个战略要点，当然不能轻易放弃，宇文泰赶紧派出间谍，给镇守虎牢的将军魏光传信，令他固守。可巧，这个间谍被侯景抓住，侯景也挺有幽默感，命人修改书信，将固守改成"宜速去！"魏光接到信，正好借坡下驴，当夜便撤兵而去，让侯景捡了个"皮夹子"。

高仲密虽然已经逃到西魏，但其家属未能走脱。此时高澄打扮得漂漂亮亮的，"盛服见之"，李氏无奈，只得委身顺从。

一场开始于女人的战争，也以女人而结束。

战将余绪

高敖曹跟李广一样，没有留下一个像样的、可以写入教科书的战例。比起李广，他更是籍籍无名。然而名声并不等同于实际价值，就像股市上的许多垃圾股，价格全部炒翻天。

客观地说，写到现在，最打动我的将军既非白起、李牧，也非韩信、李广，而是籍籍无名的高敖曹。打动我的不是其兵韬将略，而是其鲜明的性格：所有这些名将中，他身上的侠客色彩最为浓厚。

如果没有刀砍城门和桥下藏身的无奈情节，那么他不够可爱，因为不真实。

如果仅有这样的情节而不敢主动赴死，那么他还是不够可爱，因为太普通。

他两者占全，所以我喜欢，或曰敬仰。套用毛泽东的话，叫"为之神往"。我甚至这样想，所有的读者都应该感谢高敖曹，他以生命的代价，为我们书写了神奇的历史故事。

《太平广记》中载有高敖曹的三首诗（前文所引即三首之一），其中《征行诗》是这样写的："垄种千口牛，泉连百壶酒。朝朝围山猎，夜夜迎新妇。"放荡不羁，豪情满纸。此诗近乎口水诗或者打油诗，是否确实出自高敖曹手笔可能还有争议，但我倾向于赞同，因为豪情不低，文采不高，口吻语气跟那个问题少年非常贴谱。

高敖曹年轻时的偷鸡摸狗、惹是生非，当然不值得提倡，不过这都是现在的观点，并不适用于当时。生逢乱世，会哭的孩子多吃奶，会闹的孩子应该也能多吃奶。高敖曹的性格，应该是当时的刀光剑影、血雨腥风所浸染而成。

不妨这么说，这是魏晋风度的流风余绪。

况且，谁又没有过青涩的少年时代、荒唐的青春期呢？

当时鲜卑人普遍轻视汉人，汉人当然也不喜欢鲜卑人，排外情绪很重。高欢军中也是如此，故而起兵之前，他先以此约束部众。不过那种情绪氛围，一纸命令岂能消解？可以这么说，命令越严厉，问题就越严重。而就在那样的环境下，高敖曹赢得了各族人民的普遍尊重。确切地说，是人人都敬畏。你可以不喜欢他，但绝对不敢藐视他。主帅高欢已经全然鲜卑化，在军中传令都说鲜卑语，可只要高敖曹在场，高欢就自动改说汉语。

一句话，高敖曹为整个汉族赢得了尊重。

高敖曹在虎牢练兵期间，曾经跟北豫州刺史郑严祖握槊——一种失传的游戏，估计类似飞行棋。正玩得兴起，御史中尉刘贵召郑严祖商议军情，但高敖曹怎么说也不放对手走。不放就不放吧，还把使者用木枷枷于一旁，暂且扣留。那使者是鲜卑人，向来骄横，更兼占理，便不住嘟囔："枷则易，脱则难。"意思很明白，擒虎容易纵虎难，我看你最后怎么收场。高敖曹闻听火起，随手抄起一把刀，往使者脖子上一抹，喝道："又何难！"话音未落，人头已经滚落于地。刘贵得到消息，也不敢怎么样。

次日他们俩同坐议事，正巧有人报告治河工程出现安全事故，淹死了许多民工。刘贵说："一钱汉，随之死！"意思是汉人的性命一钱不值，淹死就淹死，有什么大不了的？这话可能带点情绪，不管怎么说，你平白无故杀掉人家的使者，人家面子何在？但高敖曹可不管这一切，拔刀就砍，刘贵躲闪过去，奔逃回营，高敖曹不依不饶，又下令击鼓，准备召集人马攻击。侯景等人苦劝多时，高敖曹这才罢休。还有一次，他去相府拜见高欢，门卫因故不肯放行，他怒不可遏，弯弓搭箭就朝门卫射去——丞相门房七品官，这可不是刘贵的使者——然而高欢也并不怪罪。

高敖曹此举，是否过分？我的答案是不，一点都不。个体尊严已不容侵犯，更何况还牵扯到民族尊严。事关大体，绝对不能含糊。破坏民族团结，不论现在还是过去，都必须受到惩罚。

看到这里，高永乐不放高敖曹进城的原因，想必你已经猜到。这一点，史书并无明确记载，但可以肯定，与他这种绝不低头的秉性脾气有关。这在汉人看来是英雄气概，在鲜卑人眼里恐怕就是妄自尊大，总想找个机会挫挫其锐气。他的死对于高欢来说，恐怕跟刘邦得知韩信死讯时的感觉相同——且喜且怜之。那种桀骜不驯，要说高欢完全不在意，肯定也是瞎话。否则人命关天，高欢为何只打高永乐两百军棍了事？

高敖曹的弟弟高季式，不知是否受兄长影响，也是豪武过人。他养有私兵——所谓部曲——千余人，战马八百匹，全副武装，境内有贼寇便主动征讨。濮阳（今山东鄄城北）杜灵椿、阳平（今河北馆陶）路叔文作乱，高季式不等诏令，便将其剿灭。这两个地方离邺都不远，私家武装擅自出动，胜则遭嫉，败则生罪，部下都劝他别这样，他说："我与国家同安危，岂有见贼不讨之理？若以此获罪，吾亦无恨。"

高季式豪迈善饮，曾经会同左仆射司马子如，将高欢器重的主簿——贴身秘书——喝死。司马子如磕头请罪，推荐魏收继任，高欢不满意，又让高季式推荐；高季式推荐的陈元康后来深受重用，这才了结。

高季式与光州刺史李元忠是酒友。有天夜里，他在高敖曹替他讨来的济州刺史任上喝酒，喝着喝着忽然想起李元忠，便打开城门，令左右乘驿马持酒一壶送到光州。喝酒没事，乘驿马送酒有事，夜开城门尤其犯忌，但朝廷并未降罪。黄门郎司马消难的父亲是司马子如，岳父是高欢，势盛当时。他有天找高季式玩，被"酣歌留宿"。次日早晨，高家重门紧锁，还不放司马消难上朝。司马消难说皇帝还有这事那事，高季式说你少来这套，我是怕死的人吗？不一会儿，左右送来酒，司马消难不肯喝，高季式便让人拿来车轮，先套在司马消难脖子上，又给自己套上，然后再劝酒。司马消难"不得已，欣笑而从之"。高季式这才下令拿掉车轮，又留了他一宿。当时色鬼高澄辅政，把这事告诉皇帝，皇帝便赐司马消难美酒数石，珍馐十舆，同时下令，朝臣中谁跟高季式对脾气，一同过去欢歌达旦，纵情畅饮。

高翼说他的"四子皆五眼"，还真没说错。但这才是真正的男子汉。人可以不要功名，但不能不要性情；你可以不当侠客，但不能缺乏侠情。这一点，高敖曹可谓千古榜样。

高颎：『真宰相』偏遇真小人

导读：平陈名将韩擒虎与贺若弼为争夺功劳，险些动刀；名将史万岁阵前与突厥勇士单挑，一招制敌；杨素指挥作战，上阵先杀自己人；饥民遍地，杨广为何非要大摆阔气，不计成本地招待外国使节？杨广活在虚假的数字繁荣之中，而合力营造这虚假繁荣的，就有被冤杀的名将高颎，以及弄虚作假的统计部门……

早些年，曾经有是人民创造历史，还是英雄创造历史的争论。在我看来，创造历史的是两种人：好人与坏蛋；奸臣与忠良；聪明练达之辈与白痴昏庸之徒。

可问题在于，经常有人身兼两样，具有两面性。这充分说明了历史的复杂性，也说明了人性的复杂性。

很多冤死的名将固然有大功大才，但也有不足之处，如同美人脸上的青春痘，虽是年轻与活力的证明，但终究有碍观瞻。韩信也好，李广也罢，莫不如此。而今天的主角高颎则类似蒙恬与李牧，几乎无懈可击，你找不到他的任何把柄。蒙恬和李牧年代久远，资料匮乏，如果嬴政和项羽不烧书，不知道会不会流传下关于蒙恬和李牧的负面信息；高颎生活在隋朝，绝大多数史籍都保存至今，可鸡蛋里还是挑不出骨头。

这足以证明，此人确实是君子。真君子，绝非伪君子。

可祸害高颎的人，又都不是简单的坏蛋，都有两面性。

严格说起来，高颎不是将军，而是元帅。他虽然多次带兵，但很少直接上阵冲杀，估计也很少穿铠甲。不过中国古代文武区分并不严格，鸿沟是后来形成的。许多战功赫赫的将帅，都是文人雅士。明代开国后，有人奏请太祖朱元璋开武学，朱元璋却反对"析文武为二途"。朱元璋虽然没文化，却也明白这个道理：就本质而言，文武一途，不分彼此。

从上古的封建时代开始，当兵打仗都是贵族的专利。他们要同时学习"六艺"，目的就是成为复合型人才，能够"上马击狂胡，下马草军书"，内柄朝政，外掌兵戎。晋楚争霸、战于城濮之前，晋文公要挑选元帅，赵衰推荐郤縠，理由是他能"说礼乐而敦诗书"，最终获得首肯。西晋灭吴的名将杜预，给《春秋》作注，被列入《五经正义》和《十三经注疏》，而且类似陈庆之，骑术弱，箭法差，张弓不能中的，拿现代军人的话说，叫"吃烧饼"，会惹得哄堂大笑，可依然不耽误建功立业。

高颎就是这样一个大约不穿军装的军师，他的功业主要是辅佐隋文帝，取代北周，建立隋朝，最终一统山河。

主角登台

北魏分裂之初，宇文泰在关中改革军队统辖系统，采取鲜卑的八部之制，设立八柱国。他自己任柱国大将军、都督中外诸军事，作为实际统帅，西魏宗室广陵王元欣也为柱国大将军，但仅挂虚名，并无实权；另外任命赵贵、李虎、李弼、于谨、独孤信、侯莫陈崇等六人为柱国大将军，实际统率六军。每位柱国下辖两个大将军、四个开府、八个仪同，统兵八千。这四万八千人左右的军队，便是所谓的府兵；这八个柱国，则形成了关陇军事集团，史书所谓"当时荣盛，莫与为比。故今之称门阀者，咸推八柱国家云"。其中李虎是李渊的祖父，李弼是李密的曾祖父，独孤信是杨坚的岳父、李渊的外祖父。

杨坚利用这种复杂的人际网络关系，逐渐掌控了北周政权，前提则是北周宣帝的昏庸。

历史上有个有趣的现象：能人之子，往往平庸乃至白痴，依旧能力出众者比例甚低。像刘禅之于刘备，司马衷之于司马炎，高洋等辈之于高欢，不胜枚举。周宣帝宇文赟也是如此。周武帝宇文邕文治武功可谓盛大，且一生节俭，司马光在《资治通鉴》中不止一次地提到这个优点，赞道："周高祖可谓善处胜矣！他人胜则益奢，高祖胜而愈俭。"但就是此等人物，却生出了不堪造就的宇文赟。

宇文邕对长子要求很高，派人监视其行动，稍有过错便大加斥责。全面推行棍棒教育的结果，便是宇文赟藏头缩尾、不露真心，隐忍不发。宇文邕一死，宇文赟长期的压抑瞬间爆发，缺点和毛病强烈反弹：宇文赟对着棺材大叫，嫌父亲死得太晚，并且立即检阅后宫，将稍有姿色者全部占有。上台之后，便要杀有大功的叔父齐王宇文宪，且手法近乎暗杀——单独召见宇文宪，等他一进来，立即关闭殿门，就地拿下。宇文宪没做亏心事，神色不变，力陈清白，可录口供的文吏说了实话："以大王您眼前的情势，还用得着说这么多吗？"

宇文赟等于在为杨坚篡位铺平道路，帮助杨坚剪除异己。所幸这个昏君不长命，580年便病逝。杨坚于是联络内臣，矫诏辅政，自封大丞相、总知中外兵马事，辅佐宇文赟八岁的儿子宇文阐，所谓周静帝。

自此杨坚总揽朝政，权倾朝野，本文的传主高颎也随即走上前台。

高颎，字昭玄，又名敏。自称渤海蓚县人，那就跟高敖曹、高欢等人同乡，或许还是同宗。据《隋书·高颎传》记载，高颎"少明敏，有器局，略涉书史，尤善词令"。据说他家门前有棵柳树，亭亭如盖，高达百尺。闾中父老都说："此家当出贵人。"

这个故事类似刘备，真伪莫辨，暂且放下。

高颎之父高宾曾是独孤信的幕僚，被赐姓独孤氏，因此他跟独孤信的女婿杨坚早就熟悉。杨坚掌控朝政之初，他在国子学的同学元谐说："公无党，譬如水间一堵墙，大危矣。公其勉之！"

杨坚当然很清楚这一点，于是广泛收罗党羽，高颎也是目标之一。因为高颎十七岁就被后来冤死的齐王宇文宪聘为记室，参加平齐战争，立有战功，被拜为开府，才干突出，更兼背景特殊。当有人找到高颎时，尽管当时杨坚事业草创，顶多是只潜力股，不确定性很强，高颎却对自己的眼力表现出了极度的自信。他这样表态："愿受驱驰。纵令公事不成，颎亦不辞灭族。"这个态度让杨坚很是满意，于是任命他为相府司录，级别不高，但执掌机要，属于重用。

当时杨坚虽然已经控制朝局，但北周宗室拥兵在外，是个威胁。于是他便以千金公主即将远嫁突厥为借口，诏令赵、陈、越、代、滕五王入朝；相州（今河北临漳西南）总管尉迟迥是周文帝宇文恭的外甥，声望高，权力大，且手握重兵，杨坚对他也不放心，便以会葬宣帝为名，派其子尉迟惇作为使者，诏令尉迟迥入朝，同时派韦孝宽接任相州总管。

杨坚打的什么主意，尉迟迥心里当然清楚，当年六月，便公开竖起旗帜反对杨坚。七月，其侄青州总管尉迟勤也起兵，荥州（治成皋）刺史宇文胄、申州（治平阳，今河南信阳）刺史李惠、徐州总管司录席毗罗等，纷纷据州响应。太行山以东，除沂州（治即丘，今山东临沂西）外，几乎全都飘扬着叛旗。尉迟迥还分兵多路进攻，连下钜鹿（今河北平乡西南）、建州（治高都，今山西晋城东北）、潞州（治襄垣，今山西襄垣北）、东郡（治滑台，今河南滑县东旧城）、曹州（治左城，今山东曹县西北）、亳州（治小黄，今安徽亳州）、永州（治楚城，今河南信阳长台关西）等地；同时将儿子送到陈朝以为质子，请求结盟；又派人出使并州，欲招降上柱国、总管李穆。

翻开《中国历史地图集》，你就会明白当时的局势是何等严峻。全国九州，敌对势力占据其三，并且拥有六成的人口，差不多就是过去的整个北齐。现在我们早已知道结果，但在当时，鹿死谁手确实是个巨大的悬念。

这样的挑战，最终却成了高颎的机遇。

当年七月十日，杨坚调发关中军队，令韦孝宽为行军元帅，梁士彦、元谐、宇文忻、宇文述、崔弘度、杨素、李询等皆为总管，正式出兵讨伐尉迟迥。

七月末，韦孝宽大军自洛阳进驻河阳（今河南孟州西）。尉迟迥所部正在围攻怀州（治野王，今河南沁阳），被宇文述击破，韦孝宽随即引军进屯武陟（今属河南）。尉迟迥派其子尉迟惇率军十万进抵武德（治州县，今河南沁阳东南），在沁水东岸布阵二十余里。适值沁水暴涨，两军隔河对峙。

局势悬而未决，杨坚很不放心，正在此时，前方又传来密报："大将梁士彦、宇文忻、崔弘度都受了尉迟迥贿赂，军中骚动，人心不安。"怎么办？有人主张走马换将，另派三人过去，但李德林不同意，他对杨坚说："您与诸将地位相当，只是借助天子的威名才能指挥他们。即使撤换，怎能保证后续之将必定效忠？而且受贿之事，一时也难以查清。不如派一个有智谋且为诸将信服的心腹，速去前线，以辨真伪，相机行事。"

看来只能如此。然而第一人选崔仲方以父在山东为由婉拒使命，杨坚无奈，只得打刘昉和郑译的主意。此二人是杨坚矫诏辅政的直接推动者，史称"刘昉牵前，郑译推后"。

刘昉甚至直接这样对杨坚说："公若为，当速为之；如不为，昉自为也。"但杨坚成功后，他们俩的个人目的都没达到：郑译想当大司马，结果当了相府长史；刘昉想当小冢宰，结果当了相府司马。大约是积极性受了影响，他们俩也拒绝领命：刘昉推托没有带兵经验，郑译借口家有老母不便远行。高颎见此情势，自告奋勇，主动请命。他多次随军作战，经验丰富，杨坚欣然同意。

情况紧急，高颎无法当面向母亲辞行，只得派人辞别母亲，随即衔命出发，"歔欷就路"。

八月十七日，高颎到达前线，便命令在沁水架桥，准备进攻。尉迟惇派人从上游放下火筏，企图焚桥；高颎组织士卒构筑水中障碍，前尖后宽、前高后低，形状像坐着的狗，名曰"土狗"，阻止火筏接近。尉迟惇见状，便率军略微后退，想等韦孝宽大军渡河时，半渡而击；韦孝宽乘机擂鼓，大军很快就渡过沁水。此时高颎又下令焚桥，以激发将士们的死战决心。韦孝宽挥军奋力猛攻，大败敌军，尉迟惇单骑逃往邺城。

尉迟迥集中主力共计十三万，列阵于城南，准备决战。韦孝宽进攻受挫，被迫撤退。不读史书不知道，当时两军交战，周围竟然有许多百姓围观，仿佛那不是血腥的战争，而是电影。高颎根据这种形势，与宇文忻等人商议后决定，先向围观的人群射箭，造成混乱，然后乘势冲击。围观者突然遭遇箭射，惊慌失措，乱作一团，喊声震天。宇文忻等人趁机传呼："贼败矣！"士兵们信以为真，信心大振，回头趁乱攻击，最终取得大捷，尉迟迥自杀，山东平定。

这是 580 年的事情。在众多军士战死、百姓无辜中箭而亡的同时，名臣魏徵来到了这个世界。

尉迟迥奠定了高颎的事业基础。此后，高颎逐渐取代刘昉和郑译，成为杨坚的首席助手。

581 年二月，杨坚废周立隋。至此北周历经五帝二十五年后，正式灭亡。杨坚算是个好皇帝，但他做的有件事，还是不能忘记，这件事高颎也是推动者和赞成者：

杨坚的闺女杨丽华是周宣帝宇文赟的皇后。杨坚矫诏辅政，她尽管没有参与，但闻听后多少有点喜色，以为孤儿寡母有了依靠，谁知道姥爷杀起外孙来，丝毫不逊于高洋——不到两年，北周皇族四十三家，全部被灭。宇文阐禅位时不到九岁，另外两个弟弟更小，却依然性命不保。清朝史学家赵翼感叹道："古来得天下之易，未有如隋文帝者，以妇翁之亲，……安坐而攘帝位。……窃人之国，而戕其子孙至无遗类，此其残忍惨毒，岂复稍有人心。"

政权争夺、政治斗争历来无情，但依旧还有宋太祖赵匡胤对柴荣后代的刻意保护。与赵匡胤相比，杨坚实在是毒。此事高颎也是推动者，至少不曾反对，但当时的他肯定料不到，这跟自己的最终命运，其实息息相关。

这一年里，著名诗人庾信去世。庾信本是南朝使者，因为名气响亮，而被强留北朝，官封骠骑大将军、开府仪同三司，

205

史称"庾开府"。家国之仇、身世之痛，使得其诗风格大变，所谓"庾信文章老更成，凌云健笔意纵横"。

尽心辅政

杨坚即位的当月，便拜高颎为尚书左仆射，兼纳言，进封渤海郡公。论起君主信任，朝臣中无人能与高颎相比，杨坚"每呼为独孤而不名也"，就是这般亲切。位极人臣，只欠杀头。高颎担心嫉恨，便上表辞职，让位于苏威。杨坚本来准备同意，但几天后又改了主意："苏威高蹈前朝，颎能推举。吾闻进贤受上赏，宁可令去官！"又让高颎复职。此后将近二十年，高颎一直尽心竭力地辅佐杨坚，君臣联手，在满目疮痍的情况下致力于中兴。

宇文泰这人挺有意思，尽管是鲜卑族，却对中原古礼兴趣浓厚，仿照《周礼》的官制，在关中设立天、地、春、夏、秋、冬六官，天官大冢宰、地官大司徒、春官大宗伯、夏官大司马、秋官大司寇、冬官大司空，分掌朝政。高颎等人辅佐杨坚改革官制，六官逐渐演变成吏、户、礼、兵、刑、工六部尚书。除此之外，高颎的政绩主要集中于以下几点：

第一，修订法律，减少酷刑。与郑译、杨素等人合作修订刑律，"多采后齐之制，而颇有损益"，以此为基础制定新法，废除枭首、辕身及鞭刑，减轻徒刑，取消部分"楚毒备至"的酷刑。

第二，规划蓝图，建设新都。这一点现在极度时髦——建设新城区。自汉代以来，长安旧城屡经战乱，凋敝日久，杨坚决心另建新都。他委任高颎领新都大监，在旧城南部、龙首原以南，兴建新城，当时叫大兴城。唐时长安成为世界之都，都城形制甚至流传到了日本，但基础都是隋朝打下的，"制度多出于颎"。当然，具体的建筑设计则由营新都副监宇文恺完成："高颎虽总大纲，凡所规画，皆出于恺。"宇文恺出身武将世家，父兄皆以弓马显名，他独好学，擅长工艺，尤善建筑。幸亏有了这个爱好，他才得活性命：本来他也在杨坚诛杀宇文氏的黑名单上，因为级别影响不够，杨坚这才高抬贵手。

第三，输籍定样，增加收入。自北齐以来，"暴君慢吏，赋重役勤"，大量的贫苦百姓沦为豪强的荫户，而当时收税都以户为单位，因此严重影响国家的财政收入。高颎建议"输籍定样"，每到年初，县令亲自带领衙役上门巡查，根据实际情况登记户数，并降低税收，"定其名，轻其数，使人知为浮客，被强家收太半之赋，为编甿奉公上，蒙轻减之征"，使"奸庶怀惠，奸无所容"。杜佑在《通典》中指出，"设轻税之法，浮客悉自归于编户，隋代之盛，实由于斯"。

第四，计户征税，减轻负担。588年，高颎认为"诸州无课调处，及课州管户数少者，官人禄力，乘前已来，恒出随近之州"，很不合理，奏请"于所管户内，计户征税"。既减轻了百姓负担，也使这部分官吏的俸禄问题得到妥善解决。

这些事情不可避免地像工作总结，如果没有具体的数字，就会显得格外空洞。北朝是鲜卑人的政权，行政效率总体不如南朝高。北周率先改革，比北齐还要强些。北齐的行政效率低到什么程度呢？当时以户计税，有些户内人口居然高达八九百人；光棍的税率只有普通人家的半数，阳翟郡内便有大部分人登记为光棍。高颎辅佐杨坚要干的，简而言之，就是大索貌阅、输籍定样。大索可以理解为大搜捕式清查，强迫血缘关系远的堂兄弟分家，富豪之家下面寄托的百姓也得自立门户。貌阅就是现场验看人的年龄和健康状况，因为未成年人不纳税，残疾人如果完全免税，则百姓可能自残以避税，高颎便决定残疾程度较轻的也得纳税，但税负较低。这个要三头六面，现场验看。输籍定样就是将三百户或者五百户结为一团，确定户等上下，确定不同的税赋标准。

这两项制度的成绩格外显著。显著到什么程度呢？将农业税从北周的每户五石降到三石（唐代为二石），而且又取消了酒坊、免除盐井税，在这种情况下，隋朝居然很快便进入经济繁荣期。隋文帝自奉节俭，但赏赐与建设都有大手笔，花了很多钱，但各个府库依然满满当当，甚至不得不临时堆放到走廊上，只能开辟左藏院，加紧建立新库房，全国各地也纷纷建设大型仓库。因为仅清理山东（崤山以东）的原北齐统治区，就新增四十四万三千户、一百六十四万人。高颎将这个政策推广到全国，一套严苛的户籍制度随即建立起来，一年清理一次，正月初五各县都要开展人口普查。一方面，国家已大幅度减税，百姓寄托在大户之下不划算；另一方面，地方官也别想从中做手脚。不管是谁，都别想逃税。

从皇帝的角度看，高颎功莫大焉，但从江山社稷的角度出发，则未必。当然，这一点只能留待后面细说。为政勤勉的高颎卧榻之侧备有纸笔，每当想起什么，就随手记下，以便次日上朝处理。这是在家，到了"单位"，他经常坐在朝堂北侧的槐树下办公，这棵树大约是自然生长起来的，有司认为有碍观瞻，本想砍掉，但杨坚不同意，他要传示后人。

规划伐陈

这些都是所谓的民政，而我们感兴趣的，是高颎的名将身份。在这方面，平定尉迟迥叛乱时，他虽然已经"小猫掀窗帘——小露一手"，但更大的功绩还在后头——平陈。

稍有作为的皇帝，便有一统江山之志，杨坚也不例外。考虑到隋朝处于战略内线，他打算先易后难、循序渐进，捏掉南朝这颗软柿子，回过头来再解决北边的突厥骑兵。出征得有大将，派谁合适呢？高颎推荐贺若弼与韩擒虎，被杨坚采纳。581年三月，二人分别出任吴州和庐州总管，镇守广陵和庐江（今安徽合肥），准备灭陈。兵来将挡，水来土掩。陈朝派骠骑大将军萧摩诃率军抵御。九月，萧摩诃率军进攻江北，二十四日陈将周罗睺攻占隋之胡墅（今江苏南京长江北岸）。

先手被敌方占去，这还了得！二十六日，杨坚委任上柱国长孙览、元景山为行军元帅，由高颎节度诸军，大举伐陈。长孙览指挥八个总管，兵出寿阳（今安徽寿县），水陆俱进，进抵长江；元景山则率军出汉口（汉水与长江交汇处），进逼陈之汉阳（今湖北武汉西北）。

次年正月，隋军相继占领甑山（今湖北汉川东南）、涢口（涢水与汉水交汇处）等地。外遇强敌，家有内贼，陈朝可谓焦头烂额：正月四日，陈宣帝病重，始兴王陈叔陵与皇太子陈叔宝、长沙王陈叔坚一同入宫侍疾。陈叔陵是陈叔宝的异母弟，更是个盗墓贼："性苛刻狡险。……好发古冢。"他心怀异志，暗藏毒药利刃。十日，陈宣帝驾崩，陈叔陵即命左右从外面取剑，引起了陈叔坚的警觉。次日收殓宣帝尸体，太子陈叔宝正伏倒哀哭——尽管未必悲痛，但样子还是要做——陈叔陵突然抽刀砍去，陈叔宝随即闷绝于地；太子母柳后前来救应，也被砍倒；乳母吴氏从后面抱住陈叔陵的胳膊，陈叔宝这才乘机爬起，得活小命。陈叔坚一度抓住陈叔陵，但大约是长期坚持在盗墓一线练出了膂力，后者居然顺利挣脱逃出宫门，赦囚为兵，聚众叛乱。陈叔宝召萧摩诃率军包围东府，陈叔陵将其妃张氏以及宠妾七人沉入水井，自率步骑百人欲突围奔隋，被拿下斩首。

国主新丧又遭内乱，显然不是用兵时机。后主陈叔宝立即遣使求和，并归还胡墅。

对于隋军而言，诸军进展顺利，形势一片大好，正是乘

210

胜而进、直捣黄龙的大好时机，但高颎突然以"礼不伐丧"为由，奏请杨坚停止伐陈，全军回师，得到批准。大军劳师远征，高颎怎么会以如此巨大的代价，来维护古礼？很简单，因为突厥犯边：突厥联合原来的北齐营州（今辽宁朝阳）刺史高宝宁，攻陷临榆关（今山海关）。后方不宁，当然不能两线同时作战。

当时突厥实力强大，北方没有统一时，北齐与北周争相与之结好。"周人东虑，恐齐好之深；齐氏西虞，惧周交之厚"，突厥游走于两国之间，占尽便宜。他钵可汗甚至这样说过："但使我在南两个儿孝顺，何忧无物邪！"将北齐和北周视为子孙。隋朝建立后，杨坚依旧结好，突厥也依旧犯边。582年五月，突厥沙钵略可汗摄图嫌隋朝礼薄，借口为千金公主的北周皇室报仇，尽其本部以及阿波等四位可汗的兵马，共计四十万，突入长城。年底时，突厥大军分别进至武威、金城（今甘肃兰州）、天水、延安等地。突厥大军烧杀抢掠，所到地方，六畜咸尽。

583年三月，杨坚迁都大兴城；四月，杨坚派卫王杨爽为行军元帅，兵分八路反击突厥。高颎参与行动，兵出宁州（今甘肃宁县）道。

高颎这一路人马，战事较少。

杨爽督总管李充等四将出朔州道（今山西朔州），十一日与沙钵略可汗在长城以北的白道（今内蒙古呼和浩特西北）遭遇。杨爽采纳李充的建议，率五千精骑发起突袭，摄图连连获胜，气焰嚣张，毫无准备，大败，千余人被俘，摄图丢盔卸甲，潜入草丛逃命。败逃之中，军中无粮，死者甚众。

河间王杨弘出灵州（今甘肃灵武西南）道，击破突厥另外一部，歼敌数千；幽州总管阴寿领兵十万出卢龙塞（今河北迁西北喜峰口附近），击败高宝宁，高宝宁逃往契丹，被部下所杀，隋军随即占领和龙地区（今辽宁朝阳）；右仆射虞庆则出原州（今宁夏固原），指挥所部奋勇出击，其部将韩僧寿（名将韩擒虎的弟弟）在鸡头山（今宁夏隆德东）大败敌军，另外一部也在原州取得大捷。然而杀敌一千，自伤八百，虞庆则所部付出代价甚高，因冻伤"堕指者千余人"，部将达奚长儒指挥两千多骑兵，"死者十八九"。

四月二十二日，陈朝郢州（今湖北武昌）城主张子讥突然遣使请降。按照道理，这是占便宜的好时机，但杨坚没有接受。他要全力应付突厥。

五月，隋秦州总管窦荣定率领步骑三万出凉州（今甘肃武威），与突厥阿波可汗相遇。这一仗打出了名将史万岁。史万岁出身北周刺史家庭，自幼好习弓马，武艺高强，十五岁从军，屡立战功。平定尉迟迥时，他反败为胜，受封为上大将军。后来因为一桩谋反案的牵连，被削职为民，发配到敦煌当戍卒。他的顶头上司，也就是队长，骁勇异常，经常单骑深入敌境掠取牛羊，因此看不起初来乍到的史万岁，对他随意辱骂。史万岁没有发作，讨匹战马，带上弓箭兵刃，冲入突厥境内，也满载而归。队长此后将史万岁引为同道，惺惺相惜，经常结伴而行，驱驰数百里骚扰突厥，名震北方。

窦荣定大军到达时，史万岁前往大帐求见，请求录用。窦荣定素知史万岁大名，慨然应允。有了猛将以为爪牙，他便对阿波可汗说："士卒有何罪过，非要让他们厮杀搏命？不如各派一名壮士决斗。"阿波可汗不甘示弱，点头答应，指令勇士出战。此时史万岁纵马过去，手起刀落，便斩得突厥勇士首级，策马而回。情形不像历史事实，倒像《三国演义》中的"温酒斩华雄"。

史万岁这一刀砍去了阿波可汗的锐气。他们不敢再战，拥兵而去。不过事情并未就此结束，还有后文：十七年后的600年，突厥达头可汗再度犯边，史万岁奉命出塞抵挡。两军相遇时，达头可汗询问对方主将是谁，下面回答是史万岁。达头可汗赶紧追问："得非敦煌戍卒乎？"得到肯定答复后，他勇气顿失，不敢交战，立即下令撤退。

回过头来还说当前。长孙晟当时也在窦荣定军中，他设计离间阿波可汗与摄图的关系，劝阿波联合达头，共同抗拒摄图，阿波可汗遂遣使入朝。摄图得知后无比恼怒，带兵袭击阿波可汗的牙帐，将其母杀死，突厥正式分裂：达头可汗占据西部，号称西突厥；沙钵略可汗摄图生活在东方，是为东突厥。

阿波可汗联合达头可汗，与沙钵略可汗刀兵相向，双方都遣使到长安求援。杨坚乐得坐山观虎斗，一概不允。584年，杨坚派虞庆则出使东突厥，成功地说服沙钵略可汗向隋朝称臣，并于次年率部众内迁，寄居于白道。杨坚派兵击败阿波，但又保留其实力，以便牵制沙钵略可汗。

突厥问题解决，南下平陈便迫在眉睫。

中国统一

除了陈朝，南方的江陵，还保留着一个政令不出都门的西梁，这是过去西魏和北周扶持的小政权。587 年，杨坚兼并西梁，扫清南下障碍。此前的 554 年，西魏也曾兵进江陵，当时他们大肆掳掠，庾信就在那之后不久出使西魏，最终被扣留。当时的惨相深深地镌刻于诗人的脑海，是其诗风改变的重要原因。这一次，隋军要文明许多，高颎还奉命赴江陵安抚遗民，收罗人心。

当年十一月，高颎向杨坚献平陈方略："江北地寒，田收差晚，江南土热，水田早熟。量彼收获之际，微征士马，声言掩袭。彼必屯兵御守，足得废其农时。彼既聚兵，我便解甲，再三若此，贼以为常。后更集兵，彼必不信，犹豫之顷，我乃济师，登陆而战，兵气益倍。又江南土薄，舍多竹茅，所有储积，皆非地窖。密遣行人，因风纵火，待彼修立，复更烧之。不出数年，自可财力俱尽。"

该方略的核心思想，是长期引弓不发，疲惫陈军，削弱其力量。杨坚依计而行，逐一采纳，开始全面的战争准备：

任命杨素为信州（今重庆奉节）总管，打造战船。杨素制造的巨舰，上面起楼五层，高百余尺，前后左右有六个拍竿，高五十尺，可载战士八百，名叫"五牙"；较小的战船，也可容战士百名。造船留下的木屑竹头，东晋名将陶侃要一一造册入库，杨素却不。他反其道而行之，下令全部抛入长江，以打击陈朝军民的士气。

每到江南收获季节，隋军便调兵遣将，声言南下，等陈军集结部队做好准备，隋军又没了动静。一来二去，就耽误了南朝农时。南部边境的隋军每次换防，都大张旗鼓，沿江射猎，人马喧哗，惊扰陈军。等他们做好战备，隋军却已经悄然收兵。

隋军还经常派遣士卒，渡江过去搞破坏，煽风点火，消耗其物资。贺若弼故意将老马卖往江南，买回船只，同时将好船隐藏至内湾，将破旧船只陈列于江岸，故意示弱。

收集陈叔宝的二十条所谓罪状，抄发三十万张传单，散布于江南，以引导舆论。

588年十月，隋文帝在寿春（今安徽寿县）设淮南行台省，以晋王杨广为行台尚书令，主管灭陈作战。晋王杨广、秦王杨俊、清河公杨素为行军元帅，高颎为晋王元帅府长史，统兵五十一万八千，分八路南下：杨俊出襄阳，杨素出永安（今重庆奉节东），荆州刺史刘仁恩出江陵，此三路人马统由杨俊指挥，直指江夏（今湖北武昌），负责阻止上游陈军东援；杨广出六合，贺若弼出广陵，韩擒虎出庐江，蕲州刺史王世积出蕲春，青州总管燕荣出东海（今江苏连云港西南），由杨广统帅，直指陈朝都城建康。

当年十二月，各路大军集结于长江北岸，"东接沧海，西拒巴、蜀，旌旗舟楫，横亘数千里"，气势极度雄伟。杨广虽为主帅，但终究不谙军事，"三军谘禀，皆取断于颎"，由高颎实际负责。高颎"区处支度，无所凝滞"，颇有名将风范。

沿江守军不断告警，朝廷重臣惊慌失措，后主陈叔宝却泰然自若："王气在此，齐兵来过三次，周兵来过两次，哪次不是失败？隋军前来，又能怎样？"照旧将贵妃张丽华拥于膝头，纵酒赋诗，寻欢作乐。为了欢庆元会，也就是春节，竟然命令镇守江州（今江西九江）、京口（今江苏镇江）的两个儿子，率战舰赶回建康。

尽管做了精心准备，开战之前高颎内心依然绷着弦，于是便问行台吏部郎中薛道衡："今兹大举，江东必可克乎？"

薛道衡是唐代宰相薛元超的祖父。用当时的眼光看，他是当时有名的才子，跟李德林、卢思道齐名；用现在的标准衡量，他则是隋代成就最高的诗人。"暗牖悬蛛网，空梁落燕泥"一联是千古吟诵的绝唱；《人日思归》短小精悍，易于流传，最为有名：

入春才七日，离家已二年。
人归落雁后，思发在花前。

薛道衡对具体实务未必精通，但善于判断大势。薛道衡对战事信心十足："克之。尝闻郭璞有言：'江东分王三百年，复与中国合。'今此数将周，一也。主上恭俭勤劳，叔宝荒淫骄侈，二也。国之安危在所委任，彼以江总为相，唯事诗酒，拔小人施文庆，委以政事，萧摩诃、任蛮奴为大将，皆一夫之用耳，三也。我有道而大，彼无德而小，量其甲士不过十万，西自巫峡，东至沧海，分之则势悬而力弱，聚之则守此而失彼，四也。席卷之势，事在不疑。"

这话对于高颎而言想必是个不大不小的精神鼓舞。当然，他肯定不会表露出来。看起来高颎跟薛道衡有些惺惺相惜的意思，但不幸的是，这最终却成了薛道衡冤死的诱因。此为后话，暂且按下。

年底，杨俊首先发起进攻。他率水陆两军十万甲士进驻汉口，陈将周罗睺驻扎江夏，与之对峙。杨素舟师直出三峡，沿江而下，刘仁恩率军由江陵西进，东西夹击，攻陷狼尾滩（今湖北宜昌西长江中）、西陵峡口岐亭、延洲（湖北宜都附近长江中）等战略要点，然后顺流直下。陈荆州刺史陈慧纪见形势不利，打算率军从公安（今属湖北）东撤，被杨俊大军阻挡于汉口以西，无法前进。

正月初一，下游陈军依旧欢天喜地过大年。高颎随即督率各部，分路突击。贺若弼率军从广陵渡江，陈军竟然不曾发觉，其欢情之浓，难以想象；韩擒虎由横江（今安徽和县东南）夜渡，准备袭击战略要地采石（今安徽马鞍山西南），等摸过去一看，陈军个个酒气熏天，酣睡不起，因此兵不血刃，不战而定；杨广随即将指挥部由寿春前移至六合南面的桃叶山。

桃叶山下临桃叶渡。这个桃叶，应该就是"桃叶眉尖易觉愁"中的桃叶，根由是据传由王献之为其爱妾桃叶写成的四首《桃叶歌》，史籍中也称《桃叶词》。桃叶山此后被改名为晋王山。

桃叶山跟建康隔江相望。此时大年已过，陈叔宝大约从醉酒中醒来，发觉事态严重，立即命樊猛率舟师出白下（今江苏南京金川门外），皋文奏率军镇守南豫州（今安徽宣城），拱卫建康。

各路隋军渡江之后，加速推进：贺若弼于初六占据京口，以一部兵力进驻曲阿（今江苏丹阳），牵制吴州（今江苏苏州）陈军，亲率主力进据蒋山（即钟山，今江苏南京紫金山）；初七韩擒虎攻占姑孰（今安徽当涂），随即顺流直下，与总管杜彦合会，进占新林（今江苏南京西南）；行军总管宇文述率军三万渡江，占据石头（今江苏南京城西）。

建康随即陷入战略包围。

与此同时，在两翼担任牵制任务的隋军，也顺利达成预定战役目标：王世积在蕲口（今湖北蕲春西南）大败陈军；燕荣率军渡海南下，经松江进入太湖，威胁吴州。由此可见，隋军已有渡海作战的实力。这对于从鲜卑政权发展过来的北方国家而言，并非易事。

此时建康城中尚有甲士十万，附近有许多战略要点。然而陈叔宝既不据险死守，也不采纳将士建议，趁隋军立足未稳发起反击，日夜啼泣。正月二十日，他突然心血来潮，决心孤注一掷，下令诸将出击，在城南白土冈一带，摆成南北连亘二十多里的一字长蛇阵，但又不指定统帅，诸将互不统属，各自为战。

贺若弼急于立功，不等全军会齐，便率轻骑列阵，结果碰上了硬茬——鲁广达统率的陈军。鲁广达是扶风郿（今陕西眉县东北）人，隋军南下时，他的两个儿子在家乡起兵投奔韩擒虎，随后派人给父亲送信，约他一同弃暗投明。鲁广达接信后无比愤恨，立即回京请罪。陈叔宝此时倒还有点君主风范，既不加罪也不怀疑，厚赐金宝，当日就让他回到军中。

报效君王正当此时。鲁广达挥舞兵器身先士卒，奋勇攻击，贺若弼抵挡不住，连续四次后退。关键时刻，贺若弼不失大将风范，处置得当：释放烟幕，掩护部队后撤，整顿队形，趁机观察敌军虚实，攻其骄惰。经过观察判断，他选择实力较弱的孔范作为攻击目标，果然得手；而孔范一退，失败的情绪随即便迅速传播，陈军大溃，局面不可挽回。

与此同时，韩擒虎率领五百精骑，突入石子冈（今江苏南京雨花台）。他能征善战，威名远扬，在此之前，已有多人望风归顺。到了石子冈，守将任忠也放下武器，引导韩军直扑建康南门朱雀门。城内还有将军打算抵抗，任忠劝道："老夫尚降，诸君何事！"守军一听，全部束手。

此时陈叔宝又何在呢？他带着宠爱的妃子张丽华与孔贵

嫔，逃入了枯井。堂堂天子，竟然落魄如此。韩擒虎大军开到，陈叔宝还赖在井里，军士们以扔石头相威胁，三人才应声上来。

高颎先于杨广进入建康。张丽华名声在外，杨广仰慕已久，赶紧派高颎的儿子高德弘进城，请高颎刀下留人。高颎正色道："昔太公蒙面以斩妲己，今岂可留丽华！"说完，便将张丽华斩于青溪。

这话当然经不起推敲，就像因为有人用菜刀杀人，便下令全民禁用。还是那句话：陈朝速灭，根本原因在于陈叔宝，张丽华一个女人，哪有兴国亡国的巨大能量？

一般认为，此事为高颎的结局埋了祸根。杨广心痛不已，恼怒不已，脸色大变："昔人云，'无德不报'。我必有以报高公矣！"从此便对高颎印象深刻。

不过高颎来不及考虑这些。他与元帅府记室裴矩收图籍，封府库，等待朝廷处理，资财一无所取。统一国家，功莫大焉。为争夺这份荣耀，名将韩擒虎和贺若弼甚至不惜动刀。贺若弼见韩擒虎拔得头筹，大为光火，当时就争论起来，远在长安的杨坚不得不下诏同时抚慰二人："此二公者，深谋大略，东南遹寇，朕本委之，静地恤民，悉如朕意。九州不一，已数百年，以名臣之功，成太平之业，天下盛事，何用过此！闻以欣然，实深庆快。平定江表，二人之力也。"后来又下优诏于二人，声称："申国威于万里，宣朝化于一隅，使东南之民俱出汤火，数百年寇旬日廓清，专是公之功也。高名塞于宇宙，盛业光于天壤，遂听前古，罕闻其匹。班师凯入，诚知非远，相思之甚，寸阴若岁。"

虽有谆谆教诲，但回到长安后二人依旧争执不下。贺若弼说："臣在蒋山死战，破其锐卒，擒其骁将，震扬威武，遂平陈国。韩擒略不交阵，岂臣之比！"韩擒虎则针锋相对："……弼乃敢先期，逢贼遂战，致令将士伤死甚多。臣以轻骑五百，兵不血刃，直取金陵，降任蛮奴，执陈叔宝，据其府库，倾其巢穴。弼至夕，方扣北掖门，臣启关而纳之。斯乃救罪不暇，安得与臣相比！"贺若弼被揭短，大怒，拔剑便刺韩擒虎，幸被旁人劝开。

杨坚无奈，只得搞平均主义："二将俱合上勋！"

贺若弼委屈，韩擒虎更委屈，只有高颎不委屈。杨坚令他与贺若弼总结作战得失，他说："贺若弼先献十策，后于蒋山苦战破贼。臣文吏耳，焉敢与大将论功！"杨坚闻听大笑。韩擒虎与贺若弼都是猛将名将，然而在对待功劳的问题上，气量比起高颎，判若云泥。

除了杨广，高颎还辅佐过汉王杨谅。598年二月，高句丽国王高元率靺鞨（生活在东北地区的古老民族）骑兵万余进攻辽西，被营州总管韦冲击退。当时杨坚南征北战，无不成功，得到消息不觉雷霆震怒，立即决定出兵讨伐。高颎不赞同动武，但建议未被采纳。杨坚派杨谅、王世积为行军元帅，高颎为汉王长史，与周罗睺等将军一起，出动水陆大军三十万北征。然而出师不利，陆军到达临榆关时，一路阴雨，疫病流行，非战斗减员甚众；水军自东莱（今山东莱州）渡海，遭遇狂风恶浪，船只或被打翻，或被冲乱，损失巨大。正巧此时高元心生畏惧，遣使求和，杨坚不得不借坡下驴，就此罢兵。

然而谁也想不到，后来这事竟然也成了高颎的罪状。

入相出将

高颎虽然以"文吏"自谦，多数时候像军师那样调兵遣将，但并非不能领兵打仗。

已经分裂为东西两部的突厥实力犹存，还是隋朝的离间对象。离间突厥本没什么，却捎带着害了一个无辜的女人，不能不说。

这个女人便是北周的千金公主。

千金公主是赵王宇文招之女。宇文招喜欢诗文，经常与庾信唱和。这样的家世，将千金公主培养成了文学女青年。杨坚篡位之初，曾经以她远嫁为名，召回皇族诸王，一并处斩；最后这位远在异族的千金公主，依然难逃杨坚之毒手。当然，起初杨坚也曾施以恩惠，将她赐姓为杨，编入宗谱，改封为"大义公主"，希望她能继续交通友好。灭陈之后，杨坚将陈后主宫中的一架屏风赐给大义公主，以为恩赏，大义公主看到屏风上精美的绘画，由陈之灭亡联想到北周王朝以及个人命运，挥笔题诗一首：

盛衰等朝暮，世道若浮萍。

荣华实难守，池台终自平。

富贵今何在，空事写丹青。

杯酒恒无乐，弦歌讵有声。

余本皇家子，飘流入虏廷。

一朝睹成败，怀抱忽纵横。

古来共如此，非我独申名。

唯有明君曲，偏伤远嫁情。

　　杨坚的情报工作非常出色，很快就知道了这一切。"余本皇家子，飘流入虏廷"云云，刺激了他的神经。他认为虏廷指的并非突厥，而是自己一手创建——加上篡夺——的大隋；"一朝睹成败，怀抱忽纵横"，谁成谁败，你为谁感慨？"偏伤远嫁情"也很是刺眼。本来就是让你充当工具，你不安分职守，伤感个什么劲头？

　　杨坚杀心已起，必欲灭之而后快。

　　此时沙钵略可汗已经死去，都蓝可汗娶了自己的后母千金公主。其弟突利可汗居于北方，是东突厥的二号人物，他为了增添自身的砝码，向隋朝求亲，遭遇杨坚的先决条件：杀掉千金公主，便应允其请。

　　在杨坚遣使宣布废黜千金公主并令都蓝可汗杀掉她的同时，突利可汗也煽风点火、散布谗言，最终将千金公主害死。事后杨坚倒也不赖账，选个宗室女子，赐公主名号，送与突利可汗成亲，同时厚赠礼品，以离间他与都蓝的关系。都蓝果然上当，立即断绝朝贡，并且联合西突厥的达头可汗，准备对付突利。"孩子哭抱给他娘"，599年二月，突利可汗上奏隋朝，声称都蓝可汗正在制造攻城器械，准备攻击大同城（今内蒙古乌拉特前旗北）。杨坚立即决定发兵征讨。他以汉王杨谅为元帅，统帅三路大军攻击突厥：高颎出朔州，杨素出灵州，燕荣出幽州，分进合击。杨谅虽然号称统帅，但其实并未到达前线，三位将军都需临机处置。其中高颎为左仆射，杨素为右仆射，都是宰相级别，典型的入相出将。

消息传出，都蓝可汗联合达头可汗抢先动手，与突利可汗激战于长城之下。一场混战，突利大败，被隋朝使者长孙晟诱骗至伏远镇（今地不详）；都蓝杀尽突利子侄，然后率部入寇蔚州（今山西灵丘）。四月，高颎命上柱国赵仲卿率兵三千为前锋，进至族蠡山（今山西右玉北），与都蓝可汗所部相遇，连战七天，大破突厥，然后追击至乞伏泊（今内蒙古察哈尔右翼前旗东北的黄旗海），再次获胜，俘虏千余人。此时都蓝可汗亲率主力赶到，将隋军团团包围。赵仲卿将部队列成方阵，四面拒敌，再度大败敌军，都蓝可汗败逃，后被部下所杀。高颎指挥隋军穷追不舍，追过白道，越过秦山（今内蒙古黄河东北大青山）七百余里，方才凯旋班师。

高颎击败都蓝可汗的同时，杨素所部在灵州以北地区与达头可汗遭遇。在此以前，隋军对付突厥骑兵，都采用战车、骑兵和步兵相互交叉配合的阵法，阵外四周遍设鹿角、蒺藜，防止骑兵冲击。此次杨素果断抛弃防御姿态，下令各军的骑兵各自列阵。他之所以敢于这样，是因为部下都能死战。而部下之所以都能死战，是因为他军法严酷：有犯军令者，无论轻重，立即处斩；临阵必寻部下过失，多则百余人，少者十多人，全部斩首；对阵先令一两百人冲锋，不能克敌立即斩首，再用一两百人冲锋，不成再全部斩首。将士们惧怕杨素的军令，无不死战。

却说达头可汗，一见隋军这种阵势，自以为捡到了"皮夹子"，大喜，立即率领主力直扑过来。原来的南朝降将周罗睺此时正在杨素麾下效力，他见突厥各部急于求胜，阵势不整，便主动请缨，率领二十名精锐骑兵率先冲击，杨素指挥主力跟进，结果大败突厥，达头可汗身负重伤逃跑，余部死伤惨重。

当年十月，杨坚册封突利可汗为启民可汗，并令长孙晟率五万人在朔州西北筑大利城（今内蒙古和林格尔西北土城子），安置启民可汗所部，以便就近招抚其余部落。

这个手上沾有千金公主鲜血的启民可汗，后来也成为高颎获罪的诱因。

事出女人

高颎的母亲很有智慧，曾经提醒儿子："汝富贵已极，但有一斫头耳，尔宜慎之！"母亲这番话肯定会有影响，但决定性因素，还在于个人性格。高颎性格中既有洒脱的一面，也有坚持的一面：对于功劳和官位，他可以洒脱；而在责任与道义跟前，却只有坚持。

不争功不贪位，确实可以避祸。这一点，名将贺若弼可为例证。

隋初名将，首推韩擒虎与贺若弼。这也正常，攻陷敌国都城，拿住对方国主，比封狼居胥更加实惠，自然是不世之功。不过在我的脑海里，对韩擒虎印象最深的并非这个，而是他率军攻打南阳关，为难隋唐第五条好汉——南阳太守伍云召。当然，这是京剧《南阳关》里的故事，起源在于《隋唐演义》，此处按下不表。实际上韩擒虎是所有功臣中的幸运儿，落得善终，因为他首先未曾犯忌，其次死得时机恰当，没活那么长，也就免去了杨广的当头一刀。而与之功劳相当的贺若弼，则没有那么幸运。

贺若弼也出身于将军世家。父亲贺若敦"以武烈知名，仕周为金州总管"，后来因为口出怨言，引起权臣宇文护忌惮，被害死。临刑之前，他痛感祸从口出，便对儿子说："吾必欲平江南，然此心不果，汝当成吾志。且吾以舌死，汝不可不思。"拿锥子将儿子的舌头刺出血来，"诫以慎口"。

这一锥子开始确实有点作用，但也仅仅在开始时期。

周武帝宇文邕对太子宇文赟的要求处处严格，宇文赟则对父亲时时掩饰，以期瞒天过海。然而群众的眼睛是雪亮的，上柱国乌丸轨曾对贺若弼说："太子必不克负荷。"贺若弼

226

深以为然。后来乌丸轨寻机劝谏宇文邕："太子非帝王器，臣亦尝与贺若弼论之。"宇文邕赶紧召问贺若弼。关键时刻，贺若弼大约想起了父亲的锥子，见太子地位已不可动摇，便说："皇太子德业日新，未睹其阙。"事后乌丸轨指责贺若弼首鼠两端，出卖朋友，贺若弼对道："君不密则失臣，臣不密则失身，所以不敢轻议也。"后来宇文赟继位，乌丸轨果被诛杀。

然而父亲的苦心告诫，终究无法战胜性格，贺若弼最终还是在这上面栽了跟头。

立下大功后的贺若弼志得意满，生活奢侈，极度张扬。不仅如此，他自诩军功过人，常以宰辅自许。可后来杨素升任右仆射，梦圆出将入相，他却还是个将军。他愤愤不平，经常口出怨言，结果先遭罢官，后又下狱。杨坚责问道："我以高颎、杨素为宰相，汝每倡言，云此二人惟堪啖饭耳，是何意也？"贺若弼说："颎，臣之故人，素，臣之舅子，臣并知其为人，诚有此语。"意思是很清楚二人的底细，跟他贺若弼比起来，他们还真的就是饭桶。此时的贺若弼真是猪油蒙心，不明白此话表面上只损了高颎与杨素，暗地里却将皇帝的眼力也一并贬损，怎生了得？公卿大臣们都听出了弦外之音，于是以怨愤过重为由，奏请处死贺若弼。杨坚犹豫数日，惜其功劳，还是高抬贵手，只是将他削职为民；过了一年多，又恢复其爵位，经常请他吃个饭；到了这个份上，贺若弼依旧不知改悔，有回杨坚在仁寿宫赐宴群臣，席间令贺若弼赋诗，结果诗中依旧"词意愤怨"。

杨广还是太子时，曾问贺若弼："杨素、韩擒、史万岁三人，俱称良将，优劣如何？"贺若弼说："杨素是猛将，非谋将；韩擒是斗将，非领将；史万岁是骑将，非大将。"杨广接着问："然则大将谁也？"贺若弼说："唯殿下所择。"

言外之意，只有他贺若弼。

如此不知自敛，谁会喜欢？都说功高震主，这话有两层含义：首先是自恃响应云集，有不臣之心；其次便是躺在功劳簿上，整天摆老资格。贺若弼属于后者。其实他们没弄明白，功劳与赏赐是一次性交易：你立了功，我封了赏，钱货两讫，互不相欠。可问题是很多人卖了一次还不满足，还想整天都卖。

这完全违背市场经济的根本原则，怎么能行？

607年七月，隋炀帝杨广带领高颎、贺若弼等人，北巡至榆林（今内蒙古准格尔旗东北十二连城）。君王多数喜欢排场，杨广尤甚。他命令宇文恺制造可容纳数千人的大帐篷，招待启民可汗及其部众。当时启民可汗无法抵挡突厥攻势，已经迁至内蒙古河套以南。贺若弼以为此举太过奢侈——恐怕也是因为觉得启民可汗的功劳不能匹配如此厚待——与高颎、宇文㢸等人私下议论，被人揭发。杨广贵为天子，不想继续委屈自己的脾性——也许，他觉得已经容忍够了——便将之定性为诽谤朝政，当月二十九将他与高颎、宇文㢸等人，一同押赴刑场，就地正法。

可以这么说，贺若弼死在嘴上，但高颎不同，其实他是死于女人——主要是独孤皇后，但又不仅仅是独孤皇后。

杨坚的独孤皇后就是当初单骑追随皇帝的独孤信的七女，十四岁嫁给杨坚。她的姐姐是周明帝的皇后，女儿是周宣帝的皇后，贵不可言，但为人谦恭自守，深受宠爱；人虽然年轻，但见识并不弱；杨坚矫诏篡政之初，她积极支持夫君，对他说："大事已然，骑兽之势，必不得下，勉之！"

杨坚篡夺外孙政权后，独孤皇后匡政辅弼，直言得失，在历史上享有美名，与杨坚并称"二圣"。每当杨坚上朝，她都陪伴丈夫同辇而进，到宫殿门前再下来；等丈夫退朝，又接他一起回宫，同吃同寝，相顾欣然。当时与突厥贸易，市场上出现明珠一盒，价值八百万，幽州总管请示为她买下，她说："非我所须也。当今戎狄屡寇，将士罢劳，未若以八百万分赏有功者。"消息传出，百官称颂。大都督崔长仁是皇后表兄，触犯王法，按律当斩，杨坚有意法外开恩，她却劝道："国家之事，焉可顾私！"

独孤皇后既劝皇帝杀人，也劝皇帝留人。其异母兄弟独孤陀酒后逞凶，残害百姓，受到严厉指责，故而怀恨在心，以巫蛊之术施行诅咒，论律也是死罪。可她虽然气得三天吃不下饭，最终还是为其请命："陀若蠹政害民者，妾不敢言。今坐为妾身，敢请其命。"

既然只是诅咒毒害我本人，那我自己愿意宽恕他。

然而说到底，独孤皇后是女人，杨坚是男人，男人与女人，或曰丈夫与妻子之间的矛盾，在后宫不但存在，而且更加突出，那就是专宠的问题。

结婚之初，两人曾经有约：子女须是二人所生。言外之意，杨坚不能家外有家。这对普通人来说是一般条件，对于皇帝便是过分要求。但在她的坚持下，杨坚后宫仅有嫔三人，世妇九人，女御三十八人。实际上，除了陈叔宝的闺女——宣华夫人陈氏，杨坚甚至连看一眼别的女人过过眼瘾都不能如愿。

尉迟迥兵败，举族没落，有个孙女沦落宫中，当了宫女。她大约身份卑贱，所以独孤皇后的戒备还到不了这个层级；偏偏她又格外美丽——或者杨坚眼光独特，能从普通处发现美，于是就"犯了错误"。独孤皇后一听，心里打翻了醋坛子——这话似有男权思想，其实是人命关天、不得不说，因为独孤皇后找个机会，将她活活打死。也是禁菜刀的笨办法。

杨坚气得要命。此时就能看出独孤皇后的能量——皇帝生了气不敢治她的罪，只能玩离家出走的游戏。他突然策马出宫，离开大道，跑进山中。高颎等人立即前往追赶，扣马而谏，苦劝回宫。杨坚叹道："吾贵为天子，而不得自由！"这话可以这么理解：如果不能妻妾成群，那么富贵又有何意义？

高颎劝道："陛下岂以一妇人而轻天下！"

严格说起来，高颎也是祸从口出，就是上面这句话，准确地说是"一妇人"三字，深深刺痛了独孤皇后的神经与自尊。其实它完全可以解释成为那个死去的宫女，以及将来可能死去的宫女，可独孤皇后非要对号入座；从此以后，她就记住了高颎。

按照道理，高颎与独孤皇后有旧，而且交情在杨坚之前。不过到了这个节骨眼上，亲情只会产生负面效应，而且与负面效应正相关。就像曹操在华容道前对关羽的哭诉恳求：我曹操死在谁手里都不冤，唯独在将军手里，是天大的冤屈，简直比窦娥还冤。道理很简单，咱们有交情啊。

太子杨勇最终之所以被废，固然主要是因为杨广的诸多阴谋阳谋，但说到底还是与女人有关：杨勇是个情种，与昭训云氏情投意合，另外还宠了不少嫔妃，却唯独不喜欢母亲为他选择的正妻，太子妃元氏。后来元氏突然心疾发作，撑了两天便迅速死去，独孤皇后怀疑是云氏受杨勇怂恿，出手加害，便派人暗中观察。虽然没能获得直接证据，却足以让她对杨勇的感情一落千丈。此时杨广赶紧作出正人君子模样，远女色、罢歌舞、礼大臣，逐渐赢得了母亲的感情分。

杨坚确实对高颎高看一眼，甚至可以说有让他辅佐太子之意：他让高颎的儿子娶了杨勇的女儿，与太子结为亲家。此时杨坚和独孤皇后都有废立之心，便试探高颎："晋王妃有神凭之，言王必有天下，若之何？"高颎当然不会支持："长幼有序，其可废乎！"杨坚闻听，默然而止。

这"默然"二字，可谓此时无声胜有声，大有深意。

彼时的高颍，已经成为独孤皇后的绊脚石。她明白难以抓住高颍的把柄，将其罢免官职，便决定暗中使绊子。这个绊子很好笑，正是她向来讨厌的女色。高颍的妻子死后，她对杨坚说："高仆射老矣，而丧夫人，陛下何能不为之娶！"冠冕堂皇，非常人道。杨坚转告高颍，高颍流泪谢绝："臣今已老，退朝，唯斋居读佛经而已。虽陛下垂哀之深！至于纳室，非臣所愿。"可是没过多久，高府又传出喜讯，高颍新得贵子。杨坚闻讯面带喜色，独孤皇后却甚是不悦。她说："陛下尚复信高颍邪？始，陛下欲为颍娶，颍心存爱妾，面欺陛下。今其诈已见，安得信之！"

隋军伐高句丽半途而废，原因主要是天气以及军中爆发疫病，但独孤皇后这样对杨坚说："颍初不欲行，陛下强遣之，妾固知其无功矣！"似乎是高颍阳奉阴违。那回杨坚让汉王杨谅挂帅，只是要历练他，其实决策都由高颍负责。偏偏高颍"以任寄隆重，每怀至公，无自疑之意，谅所言多不用"，不听主帅建议。杨谅丢了面子，非常不满，回去便对母亲哭诉："儿幸免高颍所杀。"

这话传到父亲耳朵里，你想杨坚心里会有何等感受？

本来君臣一心，杨坚对高颍坚信不疑。平陈之后，有人告发高颍拥兵谋反，隋文帝对他说道："人言公反，朕已斩之。君臣道合，非青蝇所间也。"后来将军庞晃、卢贲等人中伤高颍，杨坚大怒，将其全部罢官，并说："独孤公犹镜也，每被磨莹，皎然益明。"

232

如果知道庞晃与杨坚的关系，你就会明白这种处置的分量。早在杨坚矫诏辅政之前，庞晃便有拥立之辞。《北史》记载，杨坚刚刚出任随州（今属湖北）刺史时经过襄阳，"晃知帝非常人，深自结纳。及帝去官归京师，晃迎见于襄邑"。杨坚非常高兴，跟庞晃一起吃饭，庞晃说："公相貌非常，名在图箓，九五之日，幸愿不忘。"杨坚受了这等吹捧，笑道："何妄言也！"过了一会儿，有只雉鸡在庭院鸣叫，杨坚让庞晃射它，说："中则有赏。然富贵之日，持以为验。"杨坚即位后，又与庞晃论起旧事，庞晃再拜说："陛下君临宇内，犹忆曩时之言。"杨坚得意地大笑道："公此言何得忘也！"

　　确实，这样的话没法让人忘记，但对高颎的信任，还是遮蔽了庞晃当日先见之明的拥戴：杨坚巡幸并州时，让高颎留守京城，回京又赐缣五千匹，复赐行宫一所，以为庄舍。其夫人贺拔氏生病，杨坚不断派人问询病情，使者络绎不绝；他还亲自到高颎家探望，赐钱百万，绢万匹，并赐千里马。

　　然而这一切，都成为过去时，君恩难测，天意从来高难问，如今的高颎，在杨坚心目中已经被打上大大的问号：599年，高颎奉命出击突厥，策应当时的突利可汗时，大军深入敌境，他曾经派使者回朝请求援兵，有人据此认为高颎谋反，这回杨坚可没有处罚当事人，"未有所答"。

英雄蒙冤

599 年，平陈功臣总管王世积的亲信犯法，面临处罚。他逃到王世积那里，但王世积不肯接纳包庇，此人便捏造事实，诬告王世积谋反，最终用王世积的鲜血染红了自己的顶戴。王世积接受审讯时，有些宫闱秘事说是来自高颎；后来有司又奏告，高颎曾与王世积交通，收受其名马之赠。高颎因此被问罪。上柱国贺若弼、吴州总管宇文弼、刑部尚书薛胄、民部尚书斛律孝卿、兵部尚书柳述等人，纷纷为高颎担保，杨坚大怒，将他们通通拿问，从此便再也没人敢说句公道话。当年八月，高颎被罢官，但保留爵位。

不久，杨坚在秦王杨俊府中召高颎侍宴。高颎唏嘘感叹，悲不自胜，独孤皇后也跟着留下鳄鱼的眼泪。可杨坚依然坚信高颎有异心，很武断地说："朕不负公，公自负也。"并对侍臣说："我于高颎，胜于儿子，虽或不见，常似目前；自其解落，瞑然忘之，如本无高颎。人臣不可以身要君，自云第一也。"过去不见面，也如同在眼前；现在呢，已经习惯了没有高颎的朝堂。没有你的日子里，我会更加珍惜我自己；没有我的日子里，谁管你保重不保重你自己。

这仅仅是高颎倒霉的开始。

高颎的爵位是齐国公，没过多久，其封国的国令上书揭发高颎，说其子高表仁，也就是杨勇的女婿，跟父亲说过这样的话："司马仲达初托疾不朝，遂有天下，公今遇此，焉知非福！"杨坚闻听大怒，将高颍拿问下狱。结果审讯官上奏，和尚真觉曾对高颍说："明年国有大丧。"尼姑令晖也说："十七、十八年，皇帝有大厄，十九年不可过。"杨坚闻听更加恼火，当着群臣的面说："帝王岂可力求！孔子以大圣之才，犹不得天下。颍与子言，自比晋帝，此何心乎！"有人顺水推舟，请斩高颍。杨坚说："去年杀虞庆则，今兹斩王世积，如更诛颍，天下其谓我何！"下令剥夺高颍爵位，除名为民。

高颍是平南主帅，虞庆则是定北大将。虞庆则长期镇守边塞，与突厥征战多年，后来又作为使者，成功说服东突厥沙钵略可汗摄图南附，有功于国。可不幸的是，他的遭遇有点像《水浒传》中的卢俊义：其妻弟赵什柱与其爱妾私通事发，于是便诬告姐夫谋反，虞庆则因此被杀，而赵什柱则获得荣华富贵。

从高官到平民，无疑有巨大的落差，但高颍没忘母亲的告诫，以为大祸得免，不但全无悔恨，反而态度欣然。

600年，经过杨素、杨广等人的积极策动，杨勇终于被废，杨广心愿得遂。604年，杨广即位，是为隋炀帝。高颍被重新起用为太常卿。为争夺储君之位，杨广韬光养晦多年，清心寡欲多年。等到即位，这些隐忍多年的欲望全面爆发，骄奢淫逸，挥霍无度，妄兴干戈。这一点，刚刚走过高考独木桥的大一新生，应当最有感触。然而这一切，都不对高颍、贺若弼的胃口。或者说，高颎、贺若弼不对杨广的胃口。于是这两位老将一同平陈，又一同被杀，罪名都是诽谤朝政。具体证据如下：

607年，突厥启民可汗即将遣使入京朝见新君，杨广想摆摆阔气，下诏征集周、齐乐家子弟及天下散乐。高颎谏阻道："此乐久废。今或征之，恐无识之徒弃本逐末，递相教习。"

谏阻召乐之后不久，高颎对太常丞李懿说："周天元以好乐而亡，殷鉴不远，安可复尔！"说的是北周宣帝宇文赟的陈年旧事。

杨广对启民可汗礼遇甚厚，高颎便对太府卿何稠说："此虏颇知中国虚实，山川险易，恐为后患。"这一点，他跟贺若弼英雄所见略同。

高颎曾对老朋友观王杨雄说过："近来朝廷殊无纲纪。"

礼部尚书宇文弼曾在高颎跟前发牢骚："天元之侈，以今方之，不亦甚乎？"又说："长城之役，幸非急务。"

这些话都被一一收集整理，作为证据上奏。铁证如山，还有什么话好说？607年七月二十九日，高颎跟宇文弼、贺若弼一同被杀。他的几个儿子被流放戍边。

"文武大略，明达世务"是史书对高颎的评价。他这个人，丝毫没留下什么把柄，可以让人故作高明地议论一番，没有，确实没有。首先，他推荐贤能，苏威、杨素、贺若弼、韩擒虎等人，都曾因此受益。其次，他保护才俊之士，杨坚曾因事欲杀名将史万岁，高颎劝道："史万岁雄略过人，每行兵

236

用师之处，未尝不身先士卒。尤善抚御，将士乐为致力，虽古名将未能过也。"史万岁因此得免一死，在反击突厥时建功立业。当然，立功后的他遭遇杨素嫉妒，功劳被杨素夺去。史万岁愤愤不平，在杨坚跟前据理力争，殊不知杨素已经给他上过眼药，他越辩解杨坚越火，最终被宫廷卫士当场群殴致死。最后，高颎不贪恋富贵，不居功自傲，还曾多次辞让官职。

史家认为高颎是"真宰相"。杜佑纵观历代名相，得出这样的结论："周之兴也得太公，齐之霸也得管仲，魏之富也得李悝，秦之强也得商鞅，后周有苏绰，隋氏有高颎。此六贤者，上以成王业，兴霸图，次以富国强兵，立事可法。"

可这样的"真宰相"，最终却蒙冤而死，而加害他的杨坚与独孤皇后，确实不是简单的坏蛋，即便真正操刀的杨广，也不能简单地定性为昏君。杨广因为那些鸡毛蒜皮的闲话便妄杀高颎，当下的读者自然会感觉荒唐，会本能地联想起两件往事：首先，高颎曾经不遵号令、不给面子，擅杀美人张丽华；其次，争夺储君时，高颎支持杨勇，算是杨广的政敌。

可如果简单地将妄杀高颎定性为挟嫌报复，那就未免既看轻了杨广此人，也看轻了历史与人性本身的复杂性。

关于杨广

　　肃肃秋风起，悠悠行万里。万里何所行？横漠筑长城。

岂台小子智？先圣之所营。树兹万世策，安此
亿兆生。

讵敢惮焦思，高枕于上京？北河秉武节，千里
卷戎旌。

山川互出没，原野穷超忽。拟金止行阵，鸣鼓
兴士卒。

千乘万骑动，饮马长城窟。秋昏塞外云，雾暗
关山月。

缘严驿马上，乘空烽火发。借问长城侯，单于
入朝谒。

浊气静天山，晨光照高阙。释兵仍振旅，要荒
事方举。

饮至告言旋，功归清庙前。

这是杨广的《饮马长城窟行》，在文学史上占据着自己
的位置。"通首气体强大，颇有魏武之风"，"混一南北，
炀帝之才，实高群下"，"隋炀起敝，风骨凝然"，"隋炀
从华得素，譬诸红艳丛中，清标自出"——这些都是后世对
诗人杨广的评价。他的《春江花月夜》也很受好评："暮江
平不动，春花满正开。流波将月去，潮水带星来。"才气十足，
用词生动，气象阔达，明代胡应麟以为"绝是唐律"。

青藏线沿线的山脉，给人的感觉都是极目入天，无比高

峻，川藏线沿线重山接重山，看起来则都不甚高，少有突出。可细究其实，川藏线山脉的海拔都很高，并非青藏线之山可比，之所以看起来不够险峻，是因为观察者自己已经置身高山，而青藏线则一马平川。上述对杨广诗歌的推崇，也是如此。他的文学成就，绝对值不算高，相对值不算低。但也足以证明，他腹有诗书，才情超越同代，并非高洋那样的暴君，高纬那样的笨蛋。

当然，文才不能说明问题，南唐后主李煜和宋徽宗文采更高。评价帝王自有其专门的标准。在这个框架内，杨广使隋朝重蹈大秦的覆辙，二世而亡，其昏君、暴君形象，已经定格于国人心中。这个没大错，但只是月亮正面；背后情势如何，并不为人所知。

杨广为当太子，可谓处心积虑。知道母亲讨厌女色，便连同歌舞也一起戒掉。杨坚去他府上，"见乐器弦多断绝，又有尘埃，若不用者，以为不好声妓"。那时节杨广对高颎杀掉张丽华，恐怕只有感激。

如果仅仅是挟嫌报复，那他干吗要重新起用高颎？如果他起用高颎仅仅是为了找碴抓把柄，为何又等了那么长时间？他604年即位，高颎同年或次年被起用，607年才被杀，中间至少有两年之久。很难想象暴君有如此好的度量，能压制恶心长达两年。再说若真是挟嫌报复，那又何必捎带上贺若弼与宇文弸，并且将苏威免官？

杨广争夺储君，就像林间植物为了争夺阳光而拼命向上生长。自然之势，无法阻挡。但废长立幼，终究不合礼法，更兼二世亡国，因此史家难免会搞结果倒推，对其全盘否定。他居藩邸时不近女色，肯定是矫饰。这一点，《红楼梦》中的贾母说得好："哪有猫儿不吃腥的。"但说他这事也是虚伪，恐不靠谱。他外出观猎时曾经遇雨，随从赶紧准备油衣，要给他遮挡，他则断然决绝："士卒皆沾湿，我独衣此乎！"这其中肯定也有心机，但这种心机多数人都会有。

如果没有长期故意克制欲望的经历，很难说杨广当政后会不会那么穷奢极欲。史家指责他得位不正，他心里也有满肚子委屈：上天何不令自己早生一年，赶在杨勇之前？天下的议论他肯定听不见——没有谁敢拿脑袋开玩笑——却能想见，他极力证明自己的本事，于是他全面出击，或者叫好大喜功，一生可用五句话概括：修运河，巡张掖，开西域，兴科举，征高句丽。修筑运河，固然超出国力，但沟通全国，连接长江文明与黄河文明，弊在当代，利在千秋。可以这么说，杨广和隋朝百姓提前为后人支付了昂贵的代价。

征高句丽完全是劳民伤财，是过；兴科举有利于选拔人才，是功；修运河上面说过，可算功过相抵；开西域与巡张掖有内在关联，都是开疆拓土，显示中华帝国的天朝威严。

上面那首《饮马长城窟行》，就是西巡张掖的副产品。

609年三月，杨广亲征吐谷浑。他由甘南向西北进入青海西宁一带，再向北经过大斗拔谷（今青海、甘肃之间的扁都口），翻越祁连山抵达河西走廊的张掖郡。这应该是中原王朝的皇帝第一次进入青藏高原。这一路上他吃尽苦头，因为自然条件极其恶劣，道路崎岖难行不说，很多地方海拔在三千米以上，终年气温低于零度，类似雪山，士兵冻死甚众。这次行动绝非简单的个人游乐，固然有炫耀国力的虚荣心，但也体现了他一统河山的意志与责任。在此期间，他在西北设置西海（今青海湖西岸）、河源（今青海湖以南）、鄯善（今新疆罗布泊西南）、且末（今新疆且末）四郡，进一步密切了西北边陲与中原腹地的联系。

杨广到达张掖后，西域二十七国君主与使臣纷纷前来朝见，各国商人也云集于此，开展贸易。可以说，他亲自重新打通丝绸之路，至少不能简单地说成穷兵黩武。这次西巡的独特体验，让杨广对开发西域、发展边贸产生了浓厚的兴趣。当然，他的着眼点与历朝历代的君主一样，都是政治而非经济。他也想通过这个体现天朝大国的实力，因此下令沿途郡县殷勤招待西域商人，临走前还要赏赐很多金银财宝。610年正月，他更是在东都洛阳大演百戏，招待西域商人。从正月十五夜开始，天津街盛大的百戏场便热闹起来，戏场周围五千步，有一万八千余人奏乐，声闻数里，亮如白昼，整整持续半月。他还勒令点缀市容，用帛缠饰城内外树木，市人穿上华丽服装，甚至卖菜也用龙须席铺地。西域商人随便走到哪家饭馆门前，主人都会请他入座，醉饱出门，不取分文，口称："中国丰饶，酒食例不取直。"

但这只是戏场之内。戏场之外的百姓冻饿交加，流离失所。使节偶然见到，感觉颇为惊奇，指着树木上缠着的锦缎布帛问道："中国亦有贫者，衣不盖形，何如以此物与之，缠树何为？"接待官员"惭不能答"。因为不能说，一说即是错。

杨广为何会如此糊涂？以他的智商照理不该如此。细究其实，答案不免与高颎有关，那就是前文提到的高颎强力推广的严苛的人口户籍制度。更确切一点儿，是弄虚作假的统计部门（亦即户部），造成了杨广的迅速亡国。

北魏连年征战，国家治理水平一直都很低下，之所以能免于迅速亡国，很大程度上是因为有一定的税收弹性。怎么说呢？朝廷横征暴敛，百姓就偷税漏税，否则竭泽而渔，早就会天下大乱。但隋朝建立之后，高颎辅佐杨坚推行严苛的户籍与土地政策，将天下的实底摸得过于清楚，税收弹性大大降低。尽管农业税大幅下降，但总体的负担却大幅增加。换言之，朝廷多么富庶，百姓就有多么困顿。整个隋朝，都是国富民穷。

国富民穷并不一定导致快速崩溃，导致反常地急速繁荣的隋朝二世而亡的，很可能是统计部门的弄虚作假。

上有所好，下必甚焉。皇帝重视清查户口工作，百官难免迎合。因而隋朝的户口与土地数据有大量的水分。土地数据表现得尤其明显。开皇九年（589），政府统计的耕地面积居然高达十九亿四千万亩。什么意思呢？隋朝一亩是二百四十方步，每步六尺，换算下来，当时的一亩比现代的一亩一还要多些，其总数可以折合现代的二十一亿三千万亩，比 2013 年的统计数据还要高。

这怎么可能？隋朝的疆域比现在小很多。隋朝的这个统计数据，很明显是各地官员浮夸迎合的结果。而就在杨广西征吐谷浑那年，户部统计的全国耕地总面积，更是高达五十五亿八千五百万亩，人口则是四千六百零二万人、八百九十万户。与之相比较，唐太宗贞观年间不过三百万户，至于人口，要开元天宝年间才能接近这个水平。如果不是隋朝统计部门弄虚作假，怎能如此？

很显然，这个数据蒙蔽了杨广。隋朝实行均田制，总体而言，统计到的耕地越多，百姓名下的田地平均拥有量就更高，而在按户收税的制度下，他们的名义税赋自然要大幅度降低。所以官员敢于并且能够在土地数目上大量注水。而且国家确实显得格外富庶，不仅隋文帝时代天下府库不够用，杨广时代也是如此。隋朝末年，天下储积还可以供应五六十年，直到灭亡，仓库里依然堆满粮食和布帛。与之对应的，则是仓库外面的大量饥民甚至饿殍。

一句话，隋朝（更确切地说，是杨广）一直活在虚假的数字繁荣之中。杨广坚信隋朝不仅国力雄厚，老百姓的日子也很滋润。他也需要这样的坚信，以证明自己的统治超过父亲，证明即位的合理性。无论是谁，只要有意无意地质疑了这一点，都会遭遇铁拳打击。高颎、贺若弼是例子，隋代最有名的诗人薛道衡也是例子。

薛道衡当初也是支持杨勇的，但他文采飞扬，海内争相传颂，杨广一直试图控制使用。有一次朝廷议定新的律令，议论许久也无结果，薛道衡便随口对同僚道："要是高颎不死，新律早就制定并已颁布实行了！"杨广闻听后怒不可遏，当即把薛道衡传来责问："你怀念高颎吗？"最终以"悖逆"的罪名，强迫他自杀。

主观上有这样的情感需求，客观上人均耕地面积确实也很惊人，不由得杨广不信。因而他敢于连续大手笔建设，极尽奢华地超标准接待外国使节。而无情的真相一旦水落石出，便是大限到来之日。忠心耿耿而又无比勤勉的高颎竭力推行新的人口户籍制度时，一定没想到会有这样的结果。

拿现在的观点看，历史上没几个好皇帝。杨广给百姓造成了那么大的痛苦，当然算不上好皇帝，但有才干是事实。他是什么样的皇帝并非本文主旨，本文的主旨是无辜的高颎因何冤死。这个道理其实并不复杂：杨广竭力证明自己的许多做法，高颎等人都不支持。现在的上司碰上这等下属，也要采取措施，叫作"不换脑筋就换人"；那时的皇帝手握生杀予夺大权，怎么会有那么客气？

高仙芝与封常清：权臣一句话，名将两颗头

导读： 名将高仙芝是超级帅哥，风流倜傥；名将封常清相貌丑陋，身负残疾。高仙芝无比爱美，起初根本看不上封常清，后者采取"非常"举措，才获得提拔任用，最终二人先后在西北建立功业，领导著名诗人岑参，并且因为同样的原因同时冤死。这真的是天意吗？

在唐朝的诗歌版图上，岑参是个亮光闪闪的重要节点。他与将军诗人高适并称"高岑"，是边塞诗派的两大高手，笔力雄健，气势豪放。高适能写边塞诗似乎很好想象，因为他曾先后节度淮南与剑南西川，是货真价实的大将军。他的边塞诗确有生活基础：753年，高适受田良丘推荐，被陇右河西节度使哥舒翰聘为左骁卫兵曹，充掌书记。

高适如此，岑参也是如此。他们都有边塞生活经验，长期在幕府任职。

岑参曾祖是唐太宗的宰相岑文本，伯祖父与堂伯父也先后出相，号称"一门三相"。不过这都是陈年旧事，只能让人心生无限的感慨与遐想。到岑参时，已是繁华过后，家道中落，年轻的他只能像李白那样当京漂儿，漫步于首都长安街头，献书求仕；求仕不得，便奔走京洛，漫游河朔。744年，他终于得中进士。可唐朝不比宋代，仅通过礼部的进士考试，也不能马上当官，必须要等三年，这叫"守选"，其间还要通过吏部的任职资格考试，才能授官。每个职位任职年限期满之后，也不能马上调任他职，还要守选若干年。六品以下官吏都得遵循这个制度。除非你又通过了制举考试，或者曾在藩镇幕府任职。

吏部的任职资格考试有身、言、书、判四项内容。身是观察人的形体外貌，所谓官相，大约就是由此而来；言大体指口才言辞；书则指书法，主要是楷书；判最为关键，因为一当官就要处理诉讼案件，判决结果要写成判词，骈文四六句。

判词是什么样子的呢？颜真卿为临川内史时，境内杨志坚的妻子不满丈夫嗜学而贫，与之离异，闹到公堂，颜真卿重罚杨妻，其判词如下：

> 王尊之廪既虚，岂欢黄卷；朱叟之妻必去，宁
> 见锦衣？污辱乡闾，败伤风俗；若无褒贬，侥幸者多。

这是文人糊口的工具，所谓章奏之学。李商隐诗名动天下，但诗歌并不足以安身立命，他活命的本钱在于章奏之学。令狐楚爱惜其才，让他跟自己的儿子令狐绹一块儿学成此艺，遂得终生饭碗。当时的李商隐也很有名，不过不是因为朦胧诗，而是因为公文。

一般而言，礼部考试偏重文才，吏部考试侧重实务。很多人好不容易考中进士，但并不能马上做官，必须守选三年，每次任期结束也是如此。不间断地做官的途径只有两个：一

是通过朝廷以皇帝名义举办的制举考试；二是通过吏部的选官考试，叫科目选。科目选主要有三种：博学宏词、书判拔萃以及平判入等。如果你正好守选期满参加书判拔萃，录取条件适当降低，叫平判入等。

科目选很难通过。韩愈有才吧？礼部考试四战一捷，吏部考试也是三试皆北。所以进士及第后的文人，一般都会先去藩镇幕府就职，几年甚或几十年后，再被朝廷任用。岑参也难以例外。

749年，岑参从军，出任安西四镇节度使高仙芝的幕府掌书记，两年后回到长安；754年，他再度出塞，出任北庭都护、伊西节度使封常清的判官，前后两次共计在边疆艰苦地区工作生活六年。

不幸的是，岑参的这两任上司（确切地说是幕主）都没有好下场。

高仙芝与封常清都是难得的将才，然而安史之乱时，在潼关之外已全是叛军的关键时刻，唐玄宗仅仅因为监军宦官的一句话，就将他们俩双双处死。当然，罪名根本不成立。

历史不支持假设，可我还是想假设一句：如果高、封不被枉杀，潼关不破的可能性很大，那么安史之乱乃至整个唐朝的历史，都会因此而改写。

不信？那就请朝下看。

千里奔袭

高仙芝出身于将门，是高句丽人。一般认为，高姓是高句丽的王族。高仙芝的父亲高舍鸡在高句丽灭亡后内迁，于河西（河西走廊以及湟水流域）从军，立下军功，官至四镇十将、诸卫将军。高仙芝相貌俊朗，仪表堂堂，精于骑射，骁勇果敢，但父亲仍然认为他过于"儒缓"。少年时期，他跟随父亲到安西（治龟兹，今新疆库车东郊皮朗旧城），因为父亲的军功，他也被授予游击将军，这是从五品下阶的武散官；二十多岁时升为将军，与父亲级别持平。连续两任节度使都没有注意到高仙芝，直到夫蒙灵詧节度四镇，高仙芝才获得重用。到开元（713—741）末年，高仙芝已官至安西副都护、四镇都知兵马使。

安西四镇是安西都护府统辖的四个军镇，辖区屡变，当时指龟兹、焉耆（今新疆焉耆西南）、于阗（今新疆和田西南）和疏勒（今新疆喀什）。高仙芝在安西副都护、四镇都知兵马使这个位置上，又培养出了另外一位名将，那就是封常清。

封常清是蒲州猗氏（今山西临猗县）人，出身穷苦，跟随被流放充军的外祖父到了安西。其外祖父很喜欢读书，守卫胡城（今哈萨克斯坦奇姆肯特东）南门时，经常在城门楼上教外孙读书。就这样，虽然出身卑微，但封常清学识渊博，不像一般士卒那样胸无点墨。外祖父去世后，封常清无依无靠，便就地投军。

前面说过，高仙芝是个大帅哥。他任都知兵马使后，每次出去，都带着三十多名衣着光鲜、相貌魁伟的侍从。封常清对此非常羡慕，于是投书一封，辞意慷慨激昂，意欲毛遂自荐。很巧或者不巧，他的相貌相当丑陋：身材细瘦不说，还兼有斜眼跛足的奇异之处，严格说起来就是残疾人。按照当下的条件根本不能参军，天知道当时是怎么回事。

相貌如此丑陋，高仙芝怎会青眼相加，于是婉言谢绝。但首轮自荐受挫，并未影响封常清的信心，第二天又从头再来。高仙芝无奈，只好推脱道："吾奏傔已足，何烦复来！"

别奏与傔人是军将的法定随从，根据唐朝李荃的《神机制敌太白阴经》，其选拔标准是"忠勇、骁果、孝义、艺能者任"。这是唐朝军人谋求出身、进入仕途的重要途径。《唐六典》卷五《兵部尚书郎中》称："凡诸军、镇大使、副使以上（下），皆有傔人、别奏以为之使：大使三品以上，傔二十五人，别奏十人；四品五品，傔递减五人，别奏递减二人。"

高仙芝当时无论如何也到不了三品，因此其三十多人的随从，确实已经超编，不过这肯定不会成为问题。因此他的这个借口，让封常清怒发冲冠："常清慕公高义，愿事鞭辔，所以无媒而前，何见拒之深乎？公若方圆取人，则士大夫所望；若以貌取人，恐失之子羽矣！"

孔子有个比他小四十九岁的学生，名叫澹台灭明，字子羽。其外貌跟封常清一样丑陋，孔子很不看好，甚至要拒绝其入学。子羽深知先天不足，因此发奋努力，从不参加贵族娱乐，南渡长江到豫章百花洲（今江西南昌东湖一带）讲学时，足足有三百多个弟子追随。这事从楚国传到孔子耳边，圣人悔之不及："吾以貌取人，失之子羽。"

封常清的才情，从这番话中便可看出端倪。首先，我求为随从并非仅为我自己，其实也是给你机会，所以敢怒。心里没个数，谁敢这样？其次，你以才能取人，士大夫所望；以貌取人，要错过人才。非此即彼，你看着办。

可帅哥高仙芝并不怕封常清发脾气，还是油盐不进。单纯就衬托效果而言，封常清在他身边肯定要比仪仗队般的英俊随从好，但他就是不愿接受。由此可见，他不但要衬托效果，更要自己看得顺眼。让封常清在其随从中形成"鹤立鸡群"之势，绝不是让人盼望的事情。

封常清不死心，继续死缠硬磨：每天早上便到高府门前，目送目接高仙芝出入，连续数十日。

门前有那么个相貌丑陋的卫士，朝夕不去，这个广告效应估计不小。高仙芝迫不得已，只好将其收留于麾下。

事实证明，这是个英明决定。

开元末年，达奚诸部叛乱，从黑山以北，直到碎叶城（今吉尔吉斯斯坦托克马克附近），都燃起战火。根据朝廷的诏令，夫蒙灵詧派高仙芝率两千精骑自副城向北，直至绫岭下邀击叛军。这个"邀"可不是邀请，通"腰"，拦腰一击。达奚部长途行军，鞍马劳顿，战斗力下降，被高仙芝歼灭。

当时军士的级别由低到高，分别是健儿、傔人和别奏。封常清作为傔人，初来乍到，写报捷文书并非其分内工作，按理不在其位不谋其政，但他为了抢抓机遇，不惜越位：私下写好捷报，"具言次舍井泉，遇贼形势，克获谋略"，非常详尽。主帅想说的，封常清全部写到，高仙芝"大骇异之"。全军回师后，夫蒙灵詧设宴犒劳，高仙芝便让封常清"去奴袜带刀见"。这其中的"去"，可能应该是"具"，历代传抄的误笔。因为奴袜并非奴仆的装束，而是戎服，相当于礼服。穿礼服才能与带刀相匹配。

酒席上，节度判官刘眺、独孤峻等人争着询问高仙芝："前者捷书，谁之所作？副大使幕下何得有如此人？"高仙芝答道："即仙芝傔人封常清也。"众人更加吃惊，便让高仙芝请来封常清，彼此见礼聊天，谈得十分投机，仿佛旧时相识。

封常清就此扬名立万。在高仙芝的栽培下，他先后被提拔为镇将、果毅都尉、折冲都尉。这都是什么官儿呢？《新唐书·兵志》记载："唐初，兵之戍边者，大曰军，小曰守捉，曰城，曰镇，而总之者曰道。"镇将就是一镇之长。唐代沿袭府兵制，府兵的基层组织便是折冲府，根据统辖兵力的多少，分为上、中、下三等，兵力分别为一千二、一千和八百人，每府置折冲都尉一名、左右果毅都尉两名。

唐朝疆域广阔，国力雄厚，所谓盛唐气象。特征之一，便是连续百年的对外战争：唐太宗、高宗时期忙于扩张，武

252

则天时期侧重防御，唐玄宗则着力恢复，主要跟突厥、吐蕃等国争夺西域的控制权。

当时唐朝在西域的主要对手是吐蕃。他们占据青藏高原，拥兵数十万，实力强大，便联合东突厥以及突骑施（突厥之一部），意欲与唐朝抗衡，争夺焦点是安西四镇以及北庭都护府（治庭州，今新疆吉木萨尔北破城子），北庭都护府的基本任务就是管理西突厥故地；随着东突厥以及突骑施的衰落，唐朝与吐蕃的争夺重点逐渐转移到葱岭（今帕米尔高原）以南地区。

葱岭上有两个小国家，小勃律与大勃律。小勃律在今克什米尔西北部，国都孽多城（今吉尔吉特）。该国位于吐蕃通往安西四镇的交通要道上，因此唐朝与吐蕃争相拉拢。后来吐蕃赞普把公主嫁给小勃律王，小勃律便转头归附，最终导致"西北二十余国皆臣吐蕃"。田仁琬、盖嘉运和夫蒙灵詧等三任安西节度使先后派兵讨伐，都因地势险要，易守难攻，再加上吐蕃牵制，最终无功而返。

747年三月，唐玄宗下诏，派高仙芝为行营节度使，率军万人征讨小勃律。高仙芝做好准备，随即率部从安西出发，一路向西，行军十五天到达拨换城（今新疆阿克苏），又用十多天到达握瑟德（今新疆巴楚），再经过十多天到达疏勒，然后挥师南下，攀登葱岭。

葱岭就是今天的帕米尔高原。"帕米尔"是塔吉克语，意思是世界屋脊，由天山、昆仑山、喀喇昆仑山和兴都库什山等多座山脉组成，最高海拔接近八千米，最低也不低于四千米，高峰林立。唐军兵发小勃律，需要翻越东帕米尔高原，这里以中山为主，是整个帕米尔高原海拔最高的部分，平均海拔超过六千米，山峰相对高度也不低于千米，并且要经过海拔七千多米的青岭（今慕士塔格峰），艰难程度可想而知。好在当时安西唐军的步兵也全部自备有马匹，可以减轻部分负重。

经过二十多天的高原行军，高仙芝率部到达葱岭守捉（今新疆塔什库尔干塔吉克自治县），然后再次向西，沿兴都库什山北麓西行，又经二十余日，到达播密川（今帕米尔河），再经二十余日，到达特勒满川（今瓦罕河）。当年六月，连续百余日的艰苦行军结束，唐军到达预定出击位置。高仙芝兵分三路，会攻吐蕃的连云堡（今阿富汗东北部喷赤河南源兰加尔）：疏勒守捉使赵崇玼统三千骑兵从北谷直指连云堡；拨换守捉使贾崇瓘统领所部，自赤佛堂路向南进发；高仙芝与中使边令诚率主力从护密国南下。全军定于七月十三辰时在连云堡下会合。

所谓的中使边令诚，身份是太监，奉命前来监军。他帮过高仙芝的忙，也捣过高仙芝的乱。总的来说，捣乱多于帮忙，且后果极度严重，害了两条人命。此为后事，按下不表。

三路兵马按时出发，如期抵达。连云堡南面依山，北临婆勒川，堡中吐蕃守军仅有千人，但在城南十五里处依山设栅，另外驻兵九千，遥相呼应。唐军进至婆勒川时，河水暴涨，无法渡河。大军征战，分秒必争，一旦被敌军发现，失去战术突然性，将会大大增加进攻成本。高仙芝果断下令，士兵每人自备三天干粮，次日清晨渡河。将士们闻听都不敢相信自己的耳朵，"皆以为狂"。这个决定也确实有点疯狂。然而天公作美，次日清晨，婆勒川水位稍降，唐军顺利渡过，且"人不湿旗，马不湿鞯，已济而成列矣"。高仙芝见此情景，大喜过望，对边令诚说："向吾半渡贼来，吾属败矣，今既济成列，是天以此贼赐我也。"

高仙芝立即整顿队伍，开始攻城。唐军从天而降，吐蕃守军惊慌失措，不敢出战，只能依山防守。慌乱之中，他们弓箭齐发，滚木檑石如雨而下，唐军一时无法接近。高仙芝见状，派郎将李嗣业和田珍为左右陌刀将，对他们下了死命令："不及日中，决须破虏！"

当时唐军装备有一种两面开刃的长刀，名曰陌刀。李嗣业刀法精熟，武艺高强，是赫赫有名的陌刀将。他手持一旗，不避矢石，率领陌刀手从险要处攀登而上，奋力厮杀。在他的激励下，士卒们个个奋不顾身，一路向前，不到中午，便获大捷，斩首五千级，俘虏千余人，缴获战马千余匹，衣甲兵器数以万计。

吐蕃残部逃入山谷，高仙芝准备乘胜追击，但边令诚身上到底少了点东西，胆气大受影响，心生畏惧，不敢前进，于是二人分兵：边令诚率老弱士卒三千留守连云堡，高仙芝率主力攻击前进。他们疾行三日，到达坦驹岭（今克什米尔西北境巴勒提特之北），山岭下边就是小勃律的阿弩越城。坦驹岭长四十里，山口海拔四千多米，地势极度险峻。最要命的是，山口便是冰川的源头，要想下去，只能经过茫茫冰川，舍此别无他途。

看过好莱坞大片比如《垂直极限》的，都能想象冰川的情形：冰丘起伏，冰塔林立，手无处抓，脚无处立，极度光滑。如此险峻的地势，高仙芝知道士兵们不敢下，就动了个心眼：先派二十多人，装扮成阿弩越城的奉迎使者，从岭下攀缘而上，假称前来迎接。全军到达坦驹岭时，面对无尽的冰川，士兵们果然缩手缩脚，不敢下去。当然这也正常，只要是人，都怕。他们可不是现在的登山爱好者，有先进的攀爬设备。他们不但要下，还要携带武器物资，那可不是好玩的。

士兵们说："大使将我欲何处去？"声音想必直打哆嗦。这时那几个假扮的使者恰巧赶到，他们假意告诉高仙芝，说是奉命前来迎接，并且已经砍掉娑夷河上的藤桥。娑夷河就是古弱水，上面架设有藤桥一座，是小勃律通往吐蕃的唯一道路，砍掉它就等于切断了吐蕃援军。高仙芝闻听，立即作出精神振奋的样子，下令立即出发；士兵们不明就里，恐惧有所缓解，这才小心翼翼地经过冰川下了岭，迅速向阿弩越城推进。

阿弩越城的守军无论如何也想象不到，高仙芝所部能插上翅膀飞越坦驹岭。敌众我寡，既然唐军已过天险，那么抵抗也就失去了意义。三天之后，他们遣使请降，唐军得以兵不血刃地进入城中。高仙芝立即命令将军席元庆、贺娄余润等人率军先开道架桥，准备继续进攻，同时决定采取"假途灭虢"的办法，智取孽多城：他派席元庆率一千多人，前往孽多城下，对小勃律王说："不取汝城，亦不斫汝桥，但借汝路过，向大勃律去。"小勃律人闻听不加戒备，很快就被唐军所乘。城中有五六个首领，都是死心塌地的亲蕃派。高仙芝早已掌握这个情况，特意嘱咐席元庆道："军到，首领百姓必走入山谷，招呼取以敕命赐彩物等，首领至，齐缚之以待我。"席元庆依计而行，将小勃律的大臣一网打尽，只有小勃律王和吐蕃公主逃入石窟。此时高仙芝率主力赶到，将那五六个亲蕃派首领处死，同时急令席元庆率军砍断藤桥。藤桥离孽多城有六十里，席元庆指挥所部匆匆赶到时，吐蕃旌旗已隐约可见，士兵们赶紧动手，终于在日落时分将桥砍断。此时吐蕃援军已经抵达对岸。

藤桥不长，不过一箭之远，但地势险要，没有一年根本修复不起来。吐蕃大军鞭长莫及，只能望洋兴叹。高仙芝闻听后非常高兴，立即派人招谕小勃律王；小勃律王见没了指望，便携公主出降。

方面大员

这一仗令唐军声威大震，西域震动，"拂菻（东罗马帝国）、大食（阿拉伯帝国）诸胡七十二国皆震慑降附"。著名探险家兼文物大盗斯坦因，在勘察过一千年前高仙芝的行军路线后，这样说过："数目不少的军队，行经帕米尔和兴都库什，在历史上以此为第一次，高山插天，又缺乏给养，不知道当时如何维持军队的供应？即令现代的参谋本部，亦将束手无策。"最后他由衷地感叹："中国这一位勇敢的将军，行军所经，惊险困难，比起欧洲名将，从汉尼拔，到拿破仑，到苏沃洛夫，他们之越阿尔卑斯山，真不知超过若干倍。"

当年八月，高仙芝押着小勃律国王和吐蕃公主凯旋，九月在连云堡与边令诚会合，一同回师，月末抵达播密川。刚刚立下大功的他有些迫不及待，便令刘单起草捷报，并派中使判官王廷芳进京告捷。这样绕过顶头上司夫蒙灵詧，等于不承认其领导，也剥夺了让他脸上有光的机会，因此夫蒙灵詧大为恼怒，等全军归来，他不但不派人迎接慰劳，反倒破口大骂："啖狗肠高丽奴！啖狗屎高丽奴！于阗使谁与汝奏得？"

如果没有史官的笔，我们无法知道古人如何表达怒气，现在看看才明白，虽然时光不断流逝，但很多东西都基本保留着原来的样子，比如夫蒙灵詧的这番脏话。他劈头盖脸一顿骂，高仙芝根本无法抵挡，只得老老实实地答道："中丞。"因为夫蒙灵詧还带着御史中丞的荣衔。夫蒙灵詧接着又问："焉耆镇守使谁边得？"高仙芝也只能说："中丞。"

"安西副都护使谁边得？"

"中丞。"

“安西都知兵马使谁边得？”

“中丞。”

夫蒙灵詧步步紧逼，高仙芝且答且退，表情和语气简直就像个小媳妇。话说到这里，夫蒙灵詧不觉怒气勃发：“既然这一切都是我给你奏报争取的，这回你为何不经过我，就直接上奏朝廷？你这个高丽奴，论罪当斩，考虑到你新立大功，功罪抵消，饶你狗命！”

收拾完高仙芝，再来收拾其手下。夫蒙灵詧找到刘单，不阴不阳地说：“听说你很会写告捷文书嘛。”刘单惊恐万分，赶紧请罪。

这事细说起来是高仙芝处置不当在先，他确实不该将夫蒙灵詧撇开。军中指挥系统有其定规，不能随意打破。当然夫蒙灵詧也确实缺乏大将风范。可他一棍子打掉高仙芝的功劳，监军边令诚看不过去，因为这也会影响到他。不管怎么说，他跟高仙芝是一条绳上的蚂蚱。于是他便利用自己的特别渠道上奏唐玄宗：“仙芝立功而以忧死，后孰为朝廷用者？”

夫蒙灵詧给高仙芝小鞋穿，是因为后者伤了他的面子。唐玄宗的颜面丝毫未受损伤，因此也就没有夫蒙灵詧的愤怒。当年十二月，他诏令夫蒙灵詧入朝，同时任命高仙芝为鸿胪卿、摄御史中丞，接任安西四镇节度使。接到诏书，夫蒙詧灵心里不觉阵阵发毛，可更让他发毛的是，高仙芝见了自己依然“趋走如故”，持下属对待上司的礼节，就像《弟子规》中所说的：“路遇长，疾趋揖。”

夫蒙灵詧心想，这啖狗屎的高丽奴，究竟打的什么主意，要怎么报复？

其实高仙芝什么坏心眼都没有。

高仙芝失礼在先，但事后用谦恭补救，颇见气量；不仅如此，他当面"辱骂"那些曾经的"政敌"，处理方式更有水平，得仔细看看。

副都护程千里，衙将毕思琛，行官王滔、康怀顺、陈奉忠等人，都说过高仙芝的坏话。为了结好毕思琛，高仙芝还特意奉送了城东的田庄一处，当然，内心并不情愿。接过兵权后，他当面责骂程千里："公面似男儿，心如妇人，何也？"又责备毕思琛："此胡敢来！我城东一千石种子庄被汝将去，忆之乎？"毕思琛赶忙回复道："此是中丞知思琛辛苦见乞。"不是我巧取豪夺，是你可怜我辛苦。高仙芝将他们训斥一通，又解释道："吾此时惧汝作威福，岂是怜汝与之！我欲不言，恐汝怀忧，言了无事矣。"不指望你上天言好事，只求你别暗中使绊子；话不说开，老是藏着掖着，你们难免放心不下，今天咱们就打开天窗说亮话，说完拉倒。随即又把王滔等叫到跟前，下令拉下去责打一顿，然后全部释放，就此了结，过往不究。如此一来，手下的将军疑虑顿消，高仙芝也就免除了许多顾虑，"由是军情不惧"。

高仙芝遭遇提拔，封常清水涨船高，被委任为庆王府录事参军，充节度判官，赐紫金鱼袋。在节度使的幕府僚佐中，文职主要有副使、行军司马、判官、掌书记、推官、巡官等等。判官的职位十分重要，"分判仓、兵、骑、胄四曹事"。名将李光弼在徐州，除了军事自己决断，其余府务全部委托判官张傪处理，部将汇报情况，也让他们跟张傪商量。而张傪也确实争气，打点得滴水不漏。

判官跟节度使之间是宾主关系，并非从属关系，幕主对判官得客气点。据《资治通鉴》和《唐语林》记载，田神功从偏将出任淄青节度使时，将上任节度使的判官刘位等人全部留任，平常受他们的拜见。可他有一次看见李光弼打毬，张傪过来拜见，李光弼答拜还礼，不觉大为惊异，立即遍拜刘位等人说："神功出于行伍，不知礼仪，诸君亦胡为不言，成神功之过乎！"

判官的重要性，从这里也可以看出端倪：每逢高仙芝出征，便派封常清为留后使，坐镇后方。"留后使"这个官职，中唐以后藩镇割据时经常出现，也经常会成为割据的起点。

不过当时的高仙芝肯定没想到，他重点培养的封常清也许是条白眼狼，上来就先拿他的人开刀立威。

高仙芝的乳母有个儿子，名叫郑德诠，当时已经升为郎将。同吃一口奶长大，高仙芝对郑德诠视如兄弟，家事都委托于他。有了这层特殊背景，郑德诠威动三军，当然主要是狐假虎威。封常清每次办事回来，诸将都前来行礼拜见迎接，唯独郑德诠傲慢无礼，视若无物，甚至直接策马扬鞭从他身后疾驰而过。

对待上级应当持什么礼节，高仙芝已经演示过，所谓"趋走如故"。郑德诠如此行事，是典型的目无尊长。这样的人吃点亏完全应该。其实靠裙带关系混个一官半职，原本也没什么，人人都想成长；可恨就可恨在明明起自裙带，还真以为自己是根葱。

活该郑德诠倒霉，碰上了封常清。

封常清的衙门——留后使的使院跟高仙芝的府邸连在一起。这很好理解，便于开展工作嘛。否则郑德诠也不至于那么经常跟他碰面，不断刺激其神经。封常清回到办公室，便派人传唤郑德诠。从节度使院到留后使院，有很多道门——侯门一入深似海么，郑德诠每进一门，后面随即有人关上。见了郑德诠，封常清离席而起，教训道："常清本出寒微，郎将所知。今日中丞命为留后，郎将何得于众中相陵突！"说到这里脸色一沉："郎将须暂死以肃军政。"

"暂死"这个词很有意思，值得玩味。封常清说完，随即下令将这个不知天高地厚的家伙重打六十军棍，行刑完毕，拖出去扔掉。高仙芝的妻子和乳母得到消息，在门外号啕大哭，想要出手相救，可哪里还来得及，只得派人飞马急报高仙芝。高仙芝非常吃惊地说："已死邪？"可等两人见面，谁都没提这茬：高仙芝不怪罪，封常清不谢罪。

后来封常清又先后处死两员有罪的大将，从此"军中莫不股栗"。将军都有自己的手段和威严，封常清此举原本无可厚非，只是他如此在意"面"子，应该和他丑陋的相貌不无联系。正如他自己蜻蜓点水般的提示——"本出寒微"。

如果他不那么丑，出身不那么微贱，自卑掩饰下的自尊，也许就不会如此强烈吧。

749年，高仙芝入京朝见唐玄宗，被加特进，兼左金吾卫大将军同正员，一个儿子也被授五品官。大约就在这个时候，诗人岑参跟高仙芝结识，随即进入他的幕府。

那一年岑参大约三十四岁的样子。从长安到安西，即便今天也要三四天时间，当时更是茫茫的远征，因此他年轻的妻子并不情愿。然而诗人渴望博取马上功名："丈夫三十未富贵，安能终日守笔砚。"便以"王事"为由说服妻子。只是一过渭州，见到滚滚东流的渭河，诗人自己也不禁怀念故园，以致热泪滚滚，写下这样的诗句：

> 渭水东流去，何时到雍州？
> 凭添两行泪，寄向故园流。

真是巧得很，途中遇见一位入京的使者，他赶紧托人捎回几句话以报平安：

> 马上相逢无纸笔，凭君传语报平安。

诗人暂到边疆，便是这等反应；高仙芝、封常清等人长期在边疆作战，情形又将如何？

贪功起衅

749 年十一月初五，吐火罗叶护失里怛伽罗上表朝廷称："竭师王亲附吐蕃，困苦小勃律镇军，阻其粮道。臣思破凶徒，望发安西兵，以来岁正月至小勃律，六月至大勃律。"

只要肯承认藩属地位，唐朝一般都会允其所请，这次也不例外，高仙芝因此再度披挂上阵。从安西到竭师国（今巴基斯坦奇特拉尔），距离比到小勃律还远，但有了第一次远征的经验，高仙芝这次的进展更加顺利。《资治通鉴》的记载表明，这次唐军是在冬季完成的进军，次年二月，便击败竭师国，将其亲附吐蕃的国王勃特没俘虏，三月十二，另外册立勃特没之兄素迦为国王。冬季翻越高原出征，确实能看出唐军具有长途行军、远程打击的能力，但同时也反映出了高仙芝贪功。这是他身上一个无法洗去的污点。

其实高仙芝的贪功，从绕过夫蒙灵詧直接报捷，便可看出端倪。当然，将军都贪功，人人都爱当弄潮儿，而不愿默默无闻，这是推动历史发展与个人进步的重要动力，只是其中的度量得拿捏准确。军令一出，地动山摇，士卒流血，乃至国家存亡，全在一念之间，为主将者岂能不察。

偏偏高仙芝还就是不察。可以这么说，唐朝中期对西域外交政策的失败，起因便在于高仙芝。所以他只是名将，而非大将。

高仙芝长途奔袭吐蕃，两战两胜，高原行军、山地作战能力让吐蕃和大食不得不刮目相看，被他们称作"中国山岭之主"，也就是山地战之王。与此同时，749年，陇右节度使哥舒翰出动六万三千大军，经过浴血奋战，也拿下了吐蕃的战略要点石堡城（今青海湟源县哈城东石城山）。该城三面险绝，只有一条小路可上，吐蕃人在城中储存了大量物资，尽管守军不足千人，但依旧久攻不克。哥舒翰大怒，招来裨将高秀岩与张守瑜，威胁要执行军法，二人请求以三日为期，三天后果然破城，俘获吐蕃铁刃悉诺罗等四百人。

此役尽管唐军阵亡数万，是典型的皮洛士式的胜利，但终究标志着对吐蕃取得全面胜利，争夺的对手也随即换成大食。

当时大食刚刚在西方兴起，不断向东扩张，与唐朝争夺西域。安国、火寻、戊地、石国、吐火罗等国先后向其臣服。之所以如此，根本原因在于玄宗好大喜功，边帅妄开战端，导致离心离德。这不是什么秘密，很多人都干，高仙芝也不例外。他的目标是富甲一方的石国。

地处中亚的石国，是昭武九姓之一。据《隋书》记载，昭武九姓本是月氏人，旧居祁连山北昭武城（今甘肃临泽），后被匈奴所破，向西迁过葱岭，分散居住，形成九个小王国，都以昭武为姓。石国国都柘折城，也就是今天乌兹别克斯坦的首都塔什干。它地处丝绸之路的咽喉要道，农业发达，更兼善于经商，因此富甲一方。对于唐朝，石国一直朝贡不断：743年，该国国王遣女婿康国大首领泰染缅献方物；746年，献骏马十五匹，石国副王伊捺吐屯屈也贡献方物；747年，遣使献马；748年，派王太子远恩入关朝觐。

但750年，高仙芝突然带领大军前去讨伐。他出兵的原因，《新唐书·石国传》是这样记载的："安西节度使高仙芝劾其无藩臣礼，请讨之。"阿拉伯的史料记载更加详细，说是高仙芝破揭国回师途中，应宁远国王之请，这才出兵。但无论如何，唐军这次可谓师出无名，高仙芝的诈谋手段也因此更令西域痛恨。

进抵石国后，高仙芝假意与之约和，趁机将前来和谈的石国国王那俱车鼻施拿下，再出兵血洗柘折城，俘虏其部众，杀掠其老弱，将该国一举荡平。这次行动，高仙芝共获石国"瑟瑟十余斛，黄金五六橐驼，其余口马杂货称是，皆入其家"。回军途中又"搂草打兔子"，攻打突骑施，将移拨可汗俘虏。

那些珍宝虽然全部归入私囊，但高仙芝并非贪财之人，他"家财钜万，颇能散施，人有所求，言无不应"，仗义疏财，近乎散财童子。可见其根本出发点还是建功立业，并非简单的财迷。这种极端残酷的建功方式激起了西域民众的强烈反抗，高仙芝趁势指挥所部大肆镇压，昭武九姓的胡商纷纷血溅屠刀。颇具讽刺意义的是，这让他后来报捷时又多了一项功劳——"破九国胡"。

一将功成万骨枯，这话真是不错。

751年正月二十四，高仙芝押解突骑施可汗、吐蕃酋长、石国王以及揭师王这些重量级俘虏，前往长安朝见天子，申述功劳。此时的唐玄宗正在不断向昏庸迈进，因此龙颜大悦，加授高仙芝开府仪同三司。然而没过多久，他突然下令改任高仙芝为武威太守，接替安思顺节度河西。这个安思顺，便是安禄山的族兄。比起安西，陇西离长安差不多要近一半的距离，可以理解为变相提拔。不知唐玄宗是为了奖励高仙芝，还是发现了其功劳的黑幕，但又不便公开，只得变相调离。可安思顺不想离开陇西，于是暗示群胡，采取"割耳劈面"的极端方式，苦苦相留；监察御史裴周南也上奏朝廷，建议别动安思顺，因此这道命令最终未能实行。

此时西域的人情已经发生巨变。高仙芝的残暴，大大削弱了唐朝的威信，"由是西域不服"。石国王子逃到诸胡部落，将高仙芝妄动刀兵一事传得沸沸扬扬。西域各国闻听，既害怕又愤怒，纷纷转向大食；大食决定趁热打铁，联合西域各国图谋安西四镇，高仙芝则决心先发制人。

怛罗斯之战因此爆发。

一场惨败

751年四月，高仙芝亲率蕃、汉兵三万，进攻大食。此次行动唐军的参战人数，史籍记载很不一致：阿拉伯史籍说是十万，《通典》说是七万，《段秀实别传》（此书早已失传，司马光引述）说是六万，《旧唐书》中是两万，《资治通鉴》则记载为三万。但无论数目差别如何巨大，人员构成都没有疑问：除了安西都护府的汉兵，西域盟国只有宁远与葛逻禄所部参加，后者又临阵易帜。可见唐军当时是何等众叛亲离。

唐军以步兵为主，步骑配合，但步兵也都自备乘马，到达战场后才下马列阵作战，因此开进速度很快。高仙芝指挥所部，翻葱岭越沙漠，经过三个月行军，深入大食国境七百余里，到怛罗斯城（今哈萨克斯坦东南部塔拉兹），与大食军遭遇。

城中已有大食军队千余人驻守，高仙芝指挥部队攻城，五天不克。此时大食援军赶到，两军随即在怛罗斯河两岸列阵决战。唐军野战经常采用"锋矢阵"，手执陌刀的轻装步兵冲锋在前，接着是步骑配合突击，最后弓弩手仰射。陌刀队列阵时"如墙而进"，排山倒海，肉搏时左右开弓，更见威力，猛将李嗣业便因善使陌刀而闻名；骑兵轻装与重装结合，主要使用马槊和横刀。随着冶炼技术的提高，工匠们用灌钢法取代百炼法，制成的战刀更加锋利；唐军还抛弃了魏晋时期沉重的具装铠，采用以明光铠为代表的唐十三铠，重量轻但防护能力更强。相对于阿拉伯人而言，可能弩才是唐军的独门利器。秦军便以弩而闻名，但唐军的弩比起秦军，射程与威力都有极大提高。当时共有擘张、角弓、木单、大木单、竹竿、大竹竿和伏远等七种弩，射程与力量各有区别，分别装备步兵与骑兵，前面两种是轻弩，后面五种是强弩，用于攻城。高仙芝此次可能还动用了车弩，也就是后世所称的床弩，用绞车张弦开弓，弩臂上有七条矢道，居中放置一支巨箭，长三尺五寸，粗五寸，以铁叶为翎，左右各放三支略小的箭矢，一旦射出，"所中城垒无不摧毁，楼橹亦颠坠"。

除了地利与人和，大食的主要优势，一在于骑兵，因为他们有世所公认的良种马；二在于弯刀。杜甫曾经写过《荆南兵马使太常卿赵公大食刀歌》，在其中称赞"吁嗟光禄英雄弭，大食宝刀聊可比"，可见这种武器的知名。

双方旗鼓相当，因此战况激烈。关键时刻，葛逻禄部众突然叛变，与大食军队联手，展开前后夹击。大食的重装骑兵猛攻唐军中军，唐军大败，"士卒死亡略尽，所余才数千人"。高仙芝本想收拾残部重整旗鼓，但李嗣业见大势已去，劝其退兵，高仙芝随即乘着夜色落荒而逃。由于道路险要，宁远国部众在前面挡住去路，人马壅塞，动弹不得。此时李嗣业奋起大棒，连人带马一通乱砸，打死一百多名盟军士兵，这才为高仙芝杀开一条血路。

李嗣业的做法，让其别将段秀实颇为齿冷。他说："避敌先奔，无勇也；全己弃众，不仁也。幸而得达，独无愧乎！"李嗣业大为羞惭，随即率领陌刀队殿后，挡住追兵，收拢残部，"得俱免"。回到安西后，他向高仙芝隆重推荐段秀实，高仙芝遂"以秀实兼都知兵马使，为己判官"。

此二人作为高仙芝的重点培养对象，跟封常清一样，后来都为历史增添了光彩与生动。

单纯从军事角度出发，怛罗斯之战只是唐王朝对外战争中的一次普通战例，没什么了不起，军事教科书上少有收录；

但如果考虑到地缘政治格局，其影响则非常深远：唐朝丢失了中亚地区几乎所有的羁縻府州，许多自汉代以来就在典籍中出现的国家都转而臣服于大食，再加上不久后爆发安史之乱，唐朝无力西顾，逐渐退出西域；大食占据中亚后，实力不断增强，也使得伊斯兰文化在该地区扎根，影响最终超过了华夏文明。被俘唐军中的造纸工匠，也将造纸技术传到了西方。

高仙芝的个人命运，也因这场战役的失败而发生变化：他被解除安西四镇节度使的职务，入京担任右金吾大将军，节度使一职由王正见接替，封常清出任四镇支度营田副使、行军司马。752年，王正见死，封常清以安西副大都护的身份，摄御史中丞，持节充安西四镇节度、经略、支度、营田副大使，知节度事，实际行使节度使职权。又一年，也就是753年，封常清出兵攻击大勃律。唐军屡战屡胜，进展顺利，他本欲乘胜追击，但段秀实看出其中有诈，劝阻道："虏兵羸而屡北，诱我也；请搜左右山林。"封常清派兵搜索，果然发现伏兵，最终"大破之，受降而还"。

天宝十三载，也就是754年，诗人岑参再度出塞，出任封常清的判官。他有时总理府务，有时奉命外出考察。当然，考察报告也用诗歌的形式完成。他曾经写过一首诗，题目是《使交河郡郡在火山脚其地苦热无雨雪献封大夫》，从题目看是交差的公文，从内容看又是上等的诗歌。

封常清在安西的征战，史书上要么不提，要么一笔带过，可见无论规模、影响还是巧妙程度，都不及其上司高仙芝。但在岑参笔下恰恰相反，几乎找不到他写给高仙芝的有影响的作品，而封常清的活动，却经常成为他的创作素材，并且都是唐诗中的名篇，不知道这是否跟封常清也有文才、曾任判官有关。

《轮台歌奉送封大夫出师西征》中有这样的句子：

上将拥旄西出征，平明吹笛大军行。四边伐鼓雪海涌，三军大呼阴山动。

主帅封常清出征，身为判官的诗人不能随军，要留在后方处理府务。他前往轮台，既是送行，也是壮别，并赋诗纪盛。寥寥数句，封常清之军威庄严，便如在眼前。这自然是好诗，但相形之下，《走马川行奉送封大夫出师西征》影响更大。最初其题目中并没有"封大夫"字样，那是沈德潜在《唐诗别裁》中添加的。当然与事实并不矛盾，这首诗确实也是献给封常清的送行之作。诗曰：

君不见走马川行雪海边，平沙莽莽黄入天。
轮台九月风夜吼，一川碎石大如斗，随风满地石乱走。
匈奴草黄马正肥，金山西见烟尘飞，汉家大将西出师。

将军金甲夜不脱，半夜军行戈相拨，风头如刀面如割。

马毛带雪汗气蒸，五花连钱旋作冰，幕中草檄砚水凝。

虏骑闻之应胆慑，料知短兵不敢接，车师西门伫献捷。

我经常这样想，即便封常清寸功未立，他能激发岑参写出这样的名诗，难道不也算是莫大的文化贡献吗？

渔阳鼙鼓

唐时贤相，前称房杜，后称姚宋，这是史家的结论。在初唐的房玄龄和杜如晦之后，姚崇又与宋璟联手，成就了唐玄宗的千古帝业，共同培育出开元盛世。都说盛世，那么当时到底强盛到了何种程度？杜甫有《忆昔》诗为证：

忆昔开元全盛日，小邑犹藏万家室。

稻米流脂粟米白，公私仓廪俱丰实。

九州道路无豺虎，远行不劳吉日出。

齐纨鲁缟车班班，男耕女桑不相失。

一句话，人口多，但都有饭吃，所以路上没有强盗，出行不必选黄道吉日。这并非诗人虚夸，数据统计支持这个说法：开元天宝时期，唐朝搞过六次人口普查，最后一次在天宝十四载（755），结果是全国 8914709 户、52919309 人，相比高宗永徽三年（652）的三百八十万户，翻了一番还多。

当然，这是表面现象。盛唐时期，举凡军事、科技、手工、文艺等等，莫不登峰造极，诗人岑参也可算是其中的成果。

可惜的是，就在大家都津津乐道于盛世之时，衰败的脚步一刻也不曾停止。当然，这是个极其缓慢的过程。就像一颗烂苹果，外面依然带着诱人的鲜红，但里面已经腐烂，随便戳个口，腐汁便会喷溅出来，不可收拾。这组数据可为旁证：当时五千两百多万人口中，只有 14% 的人口、46% 的户要交税服役，其余的都"不课"。也就是说，不足两成的人口支撑着整个国家。

这种政权，岂能长久。

直接戳破盛唐这颗烂苹果的，是安史之乱。

就在唐玄宗以为天下太平，可以高枕无忧时，东北边境上的安禄山正在茁壮成长，越来越"胖"。安禄山是胡人与突厥人的混血，外表憨直，内心狡诈。他患有严重的肥胖症，腹垂过膝。有一次唐玄宗开玩笑说："这个胡人肚皮如此之大，不知里面都是什么东西。"他对道："更无余物，正有赤心耳！"赢得龙颜大悦。

这个脑筋急转弯安禄山答得不错。比起苏轼的一肚皮学问，和朝云的一肚皮不合时宜，还是安禄山的这个更加管用，能够消解唐玄宗的戒心。不过下面这个就未免有点装疯卖傻：玄宗让安禄山拜见太子，他见了太子却不下拜。左右催促他拜见，他说："臣蕃人，不识朝仪，不知太子是何官？"听了玄宗的解释，又说："臣愚，比者只知陛下，不知太子，臣今当万死。"这才拜见。

这回的装疯卖傻大约瞒住了玄宗，但没能瞒住太子李亨。比起乃父，李亨的眼神要好得多，问题是他当时还不掌权。安禄山为讨杨贵妃欢心，认她为母。玄宗与贵妃同坐时，他先拜贵妃，理由是"胡人先母而后父"。

凡此种种，都是安禄山的小伎俩。其实本来唐朝的历史可以改写，至少叛乱者可以不是安禄山，但很可惜，唐玄宗硬生生地让历史的河流改了道：736年，安禄山还只是平卢讨击使，在节度使张守珪手下，奉命征讨契丹，结果兵败，被奏请斩首。此前他入朝时，张九龄一见便对人说："乱幽州者，必此胡也。"因此收到张守珪的奏章，他立即批示道："穰苴出军，必斩庄贾；孙武行令，亦斩宫嫔。守珪军令若行，禄山不宜免死。"这只是宰相的批转意见，最终还要让玄宗定夺。玄宗看了张九龄的判词，不以为然："卿岂以王夷甫识石勒，便臆断禄山难制耶？"西晋名士王衍（字夷甫），对时下人见人爱的钱万分鄙薄，从来不说"钱"这个字眼。他老婆生性贪婪，不信这个邪，就趁他熟睡时，叫仆人绕着床边铺上一大圈钱。王衍早晨醒来，突然发现陷入钱的包围，行动不便，便叫来仆人，说道："举却阿堵物！"（"把这些东西拿开！"）于是钱的称谓，就多了一个"阿堵物"。

据说王衍特别善于观察判断人，石勒十四岁时，在洛阳当小贩，"倚啸上东门"，被王衍看见，认定他将来会成为天下的祸患，后来石勒果然建立了十六国中最为强大的后赵。大约唐玄宗不相信张九龄也有这等眼光，终未准奏，饶了安禄山的狗命，结果动摇了大唐江山。

如果说安禄山一直有不臣之心，就像张九龄对他的印象，那恐怕也是胡说。在这个问题上，杜佑的观点更加靠谱："禄山称兵内侮，未必素蓄凶谋，是故地逼则势疑，力侔则乱起，事理不得不然也。"野心总是随着实力的增长而膨胀。安禄山造反，完全是实力增长的结果。

唐玄宗设置有九个节度使，兵力编制分别为：安西两万四千，北庭两万，河西七万三千，朔方六万四千七百，河东五万五千，范阳九万一千四百，平卢三万七千五百，陇右七万五千，剑南三万九百，共计四十七万一千五百。后来安禄山身兼范阳（治今北京）、平卢（治今辽宁朝阳）、河东（治今山西太原）三镇节度使，兵力超过十八万，占总兵力的三成强，控制两成以上的国土。这样的人多数没有好下场：奸臣难免谋反，忠臣则会被人惦记，最终被包装成奸臣。这种例子比比皆是。

名将王忠嗣、奸臣杨国忠和太子李亨，先后上奏揭发安禄山。杨国忠起步之初，本来想结好安禄山，但安禄山敬畏李林甫，对杨国忠根本没瞧上眼，惹恼了这位政治新贵。别人杨国忠都能对付，安禄山实在太"胖"，而且又远在边疆，他一时还奈何不得，只有不断地煽风点火，添油加醋。

安禄山造反，杨国忠确实是推波助澜的角色。其心理不外乎此：激反安禄山，可以证明自己的眼力。当然客观地说，一味指责杨国忠也有失公允，他多少有点像当年的晁错——如果晁错能容忍这个污辱的话。杨国忠的惦记，安禄山自然心知肚明。755年七月，安禄山突然上表，要求献马三千匹，每匹由两人护送，并派二十二名蕃将统领。六千精兵进长安，那可不是好玩的。河南尹达奚珣建议推迟到冬天，并由官府配备马夫。这个建议被唐玄宗采纳，随即遣使晓谕安禄山，并说："朕新为卿作一汤，十月于华清宫待卿。"让他十月来泡温泉。使臣宣旨时，安禄山微微欠身，并不下拜，淡淡地说："圣人安稳。"算是问候皇帝。又说："马不献亦可，十月灼然诣京师。"

这事让安禄山下定了最后的决心。

从八月开始，安禄山便开始犒劳士卒，厉兵秣马，做战前准备。然而除了其孔目官、太仆丞严庄，掌书记、屯田员外郎高尚，将军阿史那承庆这三个超级心腹，别人都不明就里。十一月初六，安禄山举办宴会，酒酣耳热之际，拿出早已准备好的作战地图传示诸将。将军们一看，从范阳至洛阳沿线的山川形势、关塞要冲，全都标注得清清楚楚。宴会结束时，这种地图人手一张，当然同时还有金帛之赏。

十一月初八，恰巧有使者从长安回到范阳，安禄山便伪造诏书号令诸将："有密旨，令禄山将兵入朝讨杨国忠，诸君宜即从军。"次日便起精兵十五万，号称二十万，大举南下，"步骑精锐，烟尘千里，鼓谍震地"。

"渔阳鼙鼓动地来，惊破霓裳羽衣曲。"此时杨国忠反倒面有得色，声称："今反者独禄山耳，将士皆不欲也。不过旬日，必传首诣行在。"这话唐玄宗爱听，深以为然，大臣们却只有面面相觑。

天下承平日久，不事武备，建立在均田制基础上的府兵制早已消亡，内地州郡根本无兵可用。不仅如此，就连民间的舆论导向，也不再是"宁为百夫长，不做一书生"，而是"好男不当兵，好铁不打钉"，更兼河北本来就是安禄山的地盘，因此黄河以北迅速易色，只有平原（治今山东陵县）太守颜真卿迅速奏报朝廷，唐玄宗这才得到确切消息。他赶紧委任郭子仪为朔方节度使，右羽林大将军王承业为太原尹，卫尉卿张介然为河南节度使，程千里为潞州长史，分守重要的战略节点。

此时正巧安西节度使封常清入朝，他主动请缨，要求到东都洛阳开府库募士卒，组织防御，玄宗随即任命他为范阳节度使，赶赴洛阳靖难。同时任命荣王李琬为元帅，高仙芝为副帅，边令诚为监军，率飞骑、矿骑及朔方、河西、陇右的部分军队，以及宫中出钱招募的关中新兵，共计五万，前往河南平叛。十二月初一，玄宗亲自到勤政楼，设宴款待荣王和高仙芝，又到望春亭为他们送行。高仙芝随即率领大军，进屯陕郡（治陕城，今河南三门峡西）。

军情紧急，封常清昼夜兼程赶到洛阳，十天之内便招募新兵六万。他派人拆毁洛阳东北的河桥，阻止叛军北攻洛阳。安禄山从灵昌（今河南滑县）渡河后，一路向东，兵锋直指洛阳。封常清立即率领部队，进驻武牢（即虎牢关，今河南荥阳汜水镇西北）阻击。

封常清虽然不乏将略，但手下士卒都是刚刚招募的市井之徒，不但缺乏实战经验，甚至连起码的训练都没搞过；反观叛军，个个久经沙场，先头部队又以骁勇善战的骑兵为主。唐军刚刚列好阵势，就被叛军铁骑冲垮，大败西逃。封常清收集余部，二战于洛阳城东的葵园，三战于洛阳上东门，无一胜绩。

十二月十二，叛军攻入洛阳，局势已经无法逆转。尽管如此，封常清依旧不肯放弃，又率残部与叛军战于都亭驿，失败后退守宣仁门，希望迟滞叛军攻势。打到最后，彻底无望，这才指挥余部，推倒苑西城墙，向西撤退。为阻止叛军的骑兵，他下令"倒树以碍之"。

等退到陕郡，太守窦廷芝已逃往河东，城中吏民全部逃散，只有高仙芝所部孤悬于此。封常清赶紧建议："常清连日血战，贼锋不可当。且潼关无兵，若贼豕突入关，则长安危矣。陕不可守，不如引兵先据潼关以拒之。"

这是彼时唯一的明智之举。高仙芝听取封常清的详细汇报后，对战场局势有了更加清晰的判断，决心以退为进。他下令打开仓库，将库存缯布赐给将士，带不走的全部焚毁，以免资敌，然后全军退守潼关。叛军的铁骑确实神速，一度追上唐军。此时的唐军士气已无，一触即溃，"甲仗资粮委于道，弥数百里"。

尽管如此，唐军保存实力、占据潼关天险的目的已经顺利达成。高仙芝与封常清立即整顿部伍，构筑防御，据险抗击，军心士气逐渐安稳。等叛将崔乾佑赶到，唐军守备已经完善，仓促之间无法攻击得手，只得退回陕郡。

叛乱初期，举国上下都还没从开元盛世的梦中醒来，不但杨国忠毫无凭据地乐观，大家都乐观，包括封常清。他主动请缨时的豪言壮语，可为凭证："禄山领凶徒十万，径犯中原，太平斯久，人不知战。然事有逆顺，势有奇变，臣请走马赴东京，开府库，募骁勇，挑马棰渡河，计日取逆胡之首悬于阙下。"然而经历洛阳一战后，他身为大将的头脑立即清醒过来，想赶回长安奏报形势，消除乐观轻敌情绪。但刚走到渭南，迎面碰上朝廷使者，宣读玄宗诏令：革除封常清官爵，以白衣身份在高仙芝麾下效力。

两雄遇难

高、封二将虽然丧师失地，却争取到了宝贵的时间，这在大战初期至关重要。然而对于他们而言，革除官爵仅仅是倒霉的开始。关键时刻，曾经的战友边令诚反水，利用入朝奏事的机会，在唐玄宗跟前构陷二人："常清以贼摇众，而仙芝弃陕地数百里，又盗减军士粮赐。"唐玄宗听信一面之词，立即派边令诚赶回军中，将二人处斩。

边令诚到达潼关，先叫来封常清，宣示敕书，喝令斩首，陈尸于草席之上。临死之前，封常清不忘国事，草遗表一道，目的还是要消除朝廷上下的盲目乐观。高仙芝回到官署后，边令诚带着一百陌刀手前来对他说："大夫亦有恩命。"高仙芝立刻下厅跪拜听宣。听完诏书，他不觉如雷轰顶，大呼冤枉："我退，罪也，死不辞；然以我为减截兵粮及赐物等，则诬我也。"对边令诚说："上是天，下是地，兵士皆在，足下岂不知乎！"此时军士们集聚于府外，高仙芝大声求援："我于京中召儿郎辈，虽得少许物，装束亦未能足，方与君辈破贼，然后取高官重赏。不谓贼势凭陵，引军至此，亦欲固守潼关故也。我若实有此，君辈即言实；我若实无之，君辈当言枉。"士兵齐声高呼："枉！"声音震天，场面感人。然而他们说得再多，又有什么用呢？北周宇文赟杀害齐王宇文宪时，文吏的那番话，可以引来作为旁证："以大王您眼前的情势，还用得着说这么多吗？"

边太监当然不会听高仙芝说什么。高仙芝看看死去的封常清，叹道："封二，子从微至著，我则引拔子为我判官，俄又代我为节度使，今日又与子同死于此，岂命也夫！"说完随即被杀。

临阵无辜杀大将，无异于自毁长城、自断手足。李隆基的智商并不很低，不会是简单的上当受骗。

边令诚为什么要陷害高仙芝呢？其中的原因，《新唐书》和《旧唐书》的记载不同。《旧唐书》说："监军边令诚每事干之，仙芝多不从。"意思是二人见解不同，高仙芝总不给边太监面子。《新唐书》则说："令诚数私于仙芝，仙芝不应。"直说边太监向高仙芝伸手，牟取私利。

无论如何，边太监有错，应当承受千古骂名，但归根结底，责任还在唐玄宗。太监监军，每每误国，不止一次。而唐玄宗宠信宦官，有其深刻的原因：他发动政变上台，主要依靠两股力量，一是禁军将领，所谓龙武功臣集团，代表人物是王毛仲、葛福顺、陈玄礼；二是宦官，代表人物是高力士。

因为诗人李白的缘故，后世对高力士没多少好印象。这其实是桩冤案，说起来是李白自讨没趣，非要乘着酒兴，喝令高力士为之脱靴。他不想想高力士是谁——太子李亨称呼他"二兄"，亲王、公主称他为"翁"，驸马辈直接呼之以爷。李白的诗再好，在高力士跟前也等于零——此人估计文化水平不高。从李白的角度出发，他如果顾及高力士的身份，那他也就不会是李白；但就客观而言，他确实不该侮辱高力士。高力士虽不是什么道德楷模，但干政的积极因素远远多于消极影响。史书上说他"顺而不谀，谏而不犯"，基本符合事实。李林甫、杨国忠、安禄山乃至高仙芝升官，都走过高力士的门路，但他援引归援引，从不与之结党，一旦玄宗抛弃，他也不出手救援。一句话，都是钱货两讫的一锤子买卖。唐玄宗曾经征求他的意见，想把国事全部交给李林甫，自己安心享乐，高力士明确表示反对；杨国忠当政时，唐玄宗不明就里，以为可以高枕无忧，他也直言不讳地予以反驳："臣闻云南数丧师，又边将拥兵太盛，陛下将何以制之！臣恐一旦祸发，不可复救，何得谓无忧也！"

一个去了势又得势的假男人，能有这种见识，我们还能要求他怎么样呢？道德文章是儒生士子的分内事，他们很多人都做不好，像张九龄的弟弟张九章，飞马传递荔枝讨好杨贵妃，我们又有何理由苛求高力士？

只是从高力士开始，宦官养成了参政的毛病，最不靠谱的是明明不懂军事，甚至连胆气都不够——毕竟身上少了一块肉——还要出任监军。

安西余韵

最终彻底断送唐玄宗政治生涯的，还是其舅子杨国忠。

北斗七星高，哥舒夜带刀。
至今窥牧马，不敢过临洮。

杀了高仙芝与封常清，派谁去潼关守大门？唐玄宗想起了这首歌的主人公，高适的老上司哥舒翰。当时哥舒翰已患"风疾"，正在长安养病。这所谓的"风疾"，应该是酒精中毒后遗症——心脑血管疾病。

哥舒翰久任边帅,经验丰富,更兼与安禄山死不对付,所以唐玄宗视他为救命稻草,起用为兵马副元帅,令他火速赶往潼关。哥舒翰不愿蹚这道浑水,但君命难违,他也只得带着高适来到潼关前线。此时王思礼向他建议,上表请诛杨国忠,哥舒翰没有同意;王思礼又建议派三十名骑兵将杨国忠劫持到潼关杀掉,哥舒翰更加反对:"如此,乃翰反,非禄山也。"杨国忠得知此事,赶紧奏请玄宗,训练一万人马驻扎在霸上,由其亲信杜乾运统领,名义是防贼。当然这个贼不是安禄山,而是指哥舒翰。

"麻秆打狼,两头害怕",哥舒翰闻听也是如芒在背,便奏请玄宗,将那一万人马要过来,并将杜乾运召到潼关,找个借口杀掉。这下杨国忠更加不安。正巧崔乾祐大搞疑兵计,将精锐部队隐藏于内,老弱残兵布置于外,故意示弱,探马将这个假情报传递回了长安。杨国忠趁此机会,一再奏请唐玄宗,催促哥舒翰出战。

叛军远来,利在速战;唐军据险,利在固守。时间一长,叛军内部必定生变。固守潼关静待敌变是上上策,哥舒翰、李光弼等宿将全部持此观点。本来李隆基也同意,但在崔乾祐与杨国忠的双重忽悠之下,又改变主意,一再催促哥舒翰出战。令人遗憾的是,李隆基并不知道当时在洛阳称帝的安禄山,正气得暴跳如雷,大骂严庄与高尚二人误了他。原因很简单,局势胶着,到处都没有进展:郭子仪在河北连战连胜，威胁其老窝范阳；哥舒翰防守潼关，又让他们无法前进一步。

若拒不出战，高、封二将便是前鉴。哥舒翰只得出了潼关。最终的结果是大家都知道的。号称二十万的唐军，折损大半，哥舒翰本人也当了俘虏。他晚节不保，投降安禄山，但最终还是没能保住性命。潼关一破，长安危急，唐玄宗仓皇西巡，逃往蜀地。半路上陈玄礼导演兵变，杀了杨国忠，又将贵妃赐死。杨玉环玉颜尚在、余温犹存时，南海进贡的荔枝恰恰送到，只可惜她再也无法品尝。

盛唐气象，从此不再。

从某种意义上说，安史之乱是唐军边帅之间的较量。安禄山且不说，平叛的主要力量郭子仪、李光弼，也起自边将，是陇西军人。高仙芝、封常清虽然已经死去，但其部将李嗣业、白孝德与段秀实，依旧征战沙场，建功立业，故事都很精彩，不容错过。

正如明眼人的预言，叛军很快就爆发内乱。

胖子的身体很难健康，安禄山便是例证。他肥胖到了需要三人帮助穿衣的程度，腹垂过膝，像挂着面口袋。不过很奇怪，毛病却发在眼睛上，又有疽病。那些日子安禄山情绪低落，几乎失明，脾气越来越暴躁，动不动就打人。挨打最多的是宦官李猪儿，就连严庄那样的高级谋士，也免不了皮肉之苦。

一日三遍打，不反待如何。757 年，安庆绪联合严庄与李猪儿，杀掉了安禄山这个叛贼。叛军内乱，唐军决心趁机收复长安。

长安外围的香积寺大战，唐军形势一度危急。关键时刻，李嗣业挺身而出，对主帅郭子仪说："此时再不拼命，我们都别想活着回去。为国牺牲，请从嗣业开始。"说完赤膊上阵，手持陌刀立于阵前，高声呼喊，连杀十几个溃兵，这才稳住阵脚，随后率领陌刀队排成散兵线，如墙而进，猛烈反击，逐渐占据上风。双方激战一天，唐军斩首六万余级，最终取得大捷，收复长安。安庆绪调集十五万人，在陕郡城西新店与唐军决战，又遭惨败，不得不败退到邺城。

安禄山死后，远在范阳的史思明根本看不起安庆绪，两人的矛盾逐渐升级。史思明一度以范阳十三郡和八万军队降唐，但由于双方缺乏信任，最终再度反叛。

758年，唐军以九位节度使的二十万兵马围攻邺城。唐肃宗不想再出第二个安胖子，因此不设主帅，只派宦官鱼朝恩为观军容使，担负监军职责，结果尽管人多，力量却不见大，"经月余，城不拔"。李嗣业"被坚冲突，履锋冒刃"，被流矢所伤。一天夜里，外面突然金鼓齐鸣，正在养伤的李嗣业以为又要打仗，从病榻上一跃而起，大呼杀贼，结果箭疮破裂，流血数升，一代名将，就此捐躯。

白孝德是龟兹国王子。叛乱爆发，他率龟兹国精兵三千，跟随李嗣业入关，先后隶属于郭子仪和李光弼。因邺城失利，李光弼率军退守河阳。此时史思明来攻，先派猛将刘龙仙单骑挑战。刘龙仙一人来到城下，翘起右腿，搁在马脖子上，高声大骂李光弼。李光弼在城楼上问道："哪位将军愿意出战？"大将仆固怀恩主动请缨，但李光弼不同意："对付一个小毛贼，哪里用得着大将！"此时白孝德挺身而出。李光弼问："你需要多少人马？"白孝德说："一兵一卒都不需要！"李光弼坚持派人同行，白孝德这才提出要五十名骑兵继后，另外请城头上擂鼓助威。

白孝德随即挟着两根长矛，策马渡河。渡到一半时，仆固怀恩便向李光弼道贺，说白孝德必胜无疑。李光弼询问原因，仆固怀恩说："看白孝德手挽缰绳，沉着镇静的样子，就知道他万无一失！"

刘龙仙见出战的只有一人，根本没当回事。白孝德逐渐靠近，刘龙仙准备动手厮杀，但白孝德摆手示意，做出有话要说的样子。刘龙仙不明就里，便没有动手。两人相距十步时，白孝德才开口搭话，刘龙仙依旧辱骂不止。白孝德停下马，愤怒地盯着对手说："叛贼认识我吗？"刘龙仙骂道："你是什么猪狗东西！"此时白孝德突然大喊一声，猛然挥矛跃马冲了过去。城上唐军赶紧擂响战鼓，五十名骑兵也随即杀出。刘龙仙来不及放箭，绕着跑上长堤，被白孝德追上，砍下头颅拎回军中。

民族英雄文天祥的《正气歌》中，列举了许多英雄人物，其中有这样一句："或为击贼笏，逆竖头破裂。"用笏击贼的，便是高仙芝的部将段秀实。783 年，泾原兵变，在长安拥太尉朱泚为大秦皇帝。段秀实当庭勃然而起，以笏板猛击朱泚，将他打得满脸是血，段秀实旋即被杀。事迹传开，朝野赞叹："自古殁身以卫社稷者，无如秀实之贤。"

但有人认为，段秀实此举是武夫的一时冲动。对于这种论调，柳宗元非常愤怒，于是查访整理段秀实的事迹，写成《段太尉逸事状》，收录在《柳河东集》中。文章较长，但核心故事有三个。

其一是不畏强暴。

郭子仪平叛有功，受封为汾阳王，出任兵马副元帅。其子郭晞以尚书的身份兼任行营节度使，驻扎于邠州（治今陕西彬县）。郭晞放纵士兵横行不法，肆意凌地方，百姓怨声载道，身为父母官的白孝德因为郭子仪的缘故，敢怒而不敢言。

当时段秀实是邻近的泾州（治今甘肃泾川）刺史。明明不关他的事，他却非要来蹚浑水，主动请缨，代理白孝德的都虞候，执掌军法，制止暴乱。

一个月后，郭晞部下十七人进街市抢酒，刺伤卖酒的老头，砸坏酒器。段秀实将十七人抓来全部砍头，首级悬挂在市场门前。郭晞的部队闻听骚动，纷纷披甲，眼看就要爆发内战。白孝德惊慌失措，段秀实镇定自若，要求去军中找郭晞论理。白孝德派几十名士兵跟随，段秀实全都辞掉；他解下佩刀，挑选一个又老又跛的士兵牵马，来到郭晞营前。等全副武装的郭晞营内士兵涌上来，段秀实微微一笑说："杀一老卒，何甲也？吾戴吾头来矣！"士兵们不觉一愣。等郭晞出来，段秀实说："副元帅（指郭子仪）勋塞天地，当务始终。今尚书恣卒为暴，暴且乱，乱天子边，欲谁归罪？罪且及副元帅。今邠人恶子弟以货窜名军籍中，杀害人，如是不止，几日不大乱？大乱由尚书出，人皆曰尚书倚副元帅，不戢士。然则郭氏功名，其与存者几何？"

郭晞倒不是糊涂人，他立即喝退士卒，并向段秀实谢罪。段秀实已经平息事态，但还不肯走，非要在郭晞军中吃顿饭，再睡一宿，命令牵马的老兵次日清早再来。郭晞和衣而卧，命警卫敲打梆子保护段秀实——如果人死在这里，他可担当不起恶名。

从那以后，邠州秩序井然，百姓安居乐业。

其二是爱民如子。

在此以前，段秀实在泾州担任营田副使。大将焦令谌强占土地几十顷，租给农民。时遇大旱，寸草不生，农民请求减租，但焦令谌根本不管，一味催逼。百姓无奈，只好求告段秀实。

段秀实写了一份语气温和的判词，派人送给焦令谌。焦令谌大怒，叫来农民说："我怕姓段的吗？你怎敢去说我的坏话！"随即把判词铺在农民背上，用粗棍重责二十，打得奄奄一息，再抬到段秀实府上。段秀实大哭道："是我害了你！"亲自动手为其疗伤，并卖掉乘马，换来谷子代他缴租。

客居邠州的淮西镇军帅尹少荣闻听，找到焦令谌大骂道："你还是人吗？泾州赤地千里，百姓将要饿死，可你却还在逼租，用粗棍重打无罪之人。段公是位有仁义、讲信用的长者，你却不知敬重。他只有一匹马，贱卖后换成谷子给你，你居然不知羞耻地收下。不顾天灾、冒犯长者、重责无罪，又收仁者的谷子，使主人出门没有马骑，你怎样上对天、下对地？"焦令谌虽然强横，听了这番话，却惭愧得无以复加，饭也吃不下，"一夕，自恨死"。

其三是为官廉洁。

后来段秀实被提拔为京官司农卿，临行前告诫随后赴京的家人："经过岐州时，朱泚可能会赠送钱物，千万不要收下。"后来朱泚果然送了三百匹大绫，段秀实的女婿无法拒绝，只得收下，段秀实就把它们悬挂在办公室的房梁上。朱泚谋反，杀掉段秀实后得知此事，过去一看，原来封存的标记都完好无损。

我愿意相信，这是安西军魂的流风余韵。

岳飞：成于忠心败于禁忌

导读：北宋灭亡，纯属找死：背盟引狼入室在先，屡屡失信在后。张邦昌是十足的冤大头，他在开封城下为北宋争取到的利益，其实超过很多人。秦桧是金国奸细，可有根据？韩世忠闻听秦桧要诬陷他图谋重新夺回兵权，赶紧找到赵构，下跪哭泣、哀告表白，这与岳飞之死有何关系？岳飞身上究竟有无污点？有宋一代，武将的命运实在令人感慨。

一个超前于时代的人，会有什么结局？在我看来无非有三：引领时代，独占鳌头；落落寡合，抑郁而终；身首异处，报国无门。

有宋一代，骨气与血性都是朝廷变相压制的对象，因此举国上下严重匮乏骨气与血性，唯独岳飞骨气淋漓，血性偾张。人人皆欲自保，大帅独言恢复；上下只图偏安，少保勉力雪耻。毫无疑问，岳飞严重超前于他所处的时代，具体数字是二十一年：如果他晚生二十一年，或者孝宗早登基二十一年，那么君臣同心，上下合力，他何至于"忠无身报主，冤有骨封王"？

悲剧的发生不是源于时间差别，就是因为位置差别；而最根本的因素，还是对手差别。

当然岳飞并非没有死罪。假如严格执行军纪，他确实该被正法，而南宋小朝廷乃至整个中国历史，都会因此而彻底重写，因为岳飞的违纪行为发生在早期。也就是说，岳飞的惨死和其真正的罪过，名不副实。他是典型的"死非其罪"，身负千古奇冤。

"青山有幸埋忠骨，白铁无辜铸佞臣。"在杭州西湖边的岳庙内，铸着四个下跪的凶手，他们应该对岳飞之死负责：秦桧及其老婆王氏，张俊，万俟卨。让他们长跪于此，承受无法抹去的千年骂名，对民众的情感多少有点慰藉，也算是个好创意，但主持其事者，却有意无意地漏过主犯，难逃虚晃一枪、舍车保帅之嫌。上面那四个家伙手上确实沾有岳爷之碧血，但真正的幕后黑手，是宋高宗赵构。

赵构当然不会跪在那里。历朝历代的皇帝，都不能容忍其前任沦落至此，因为他们自己也不想享受这等待遇。修座岳庙，把奸臣拉出来跪下，是对昔日政治垃圾再巧妙不过的废物再利用：既可激励臣子效忠，又能维护最关键的核心利益——皇权威严。故而自从南宋孝宗以来，元明清三代，都曾重修岳庙，但谁也没提赵构这茬儿。

在"皇上圣明"的时代，历史本来也无理可讲。

岳飞保的是赵构的半壁江山，因何反遭后者毒手？岳飞不解，后世不解，历史亦不解。有关岳飞的史料，除了《宋史》，以岳珂编辑整理的《金佗稡编》为主。为了给祖父洗清冤屈，岳珂潜心收集整理宋高宗御札、朝廷命令、札子，以及岳飞表奏、战报、诗文旧事等资料，编成此书，其中的"金佗"是地名，岳珂的别业在嘉兴金佗坊。然而《宋史本传》也好，《金佗稡编》也好，读来读去，怎么也找不到岳飞必死的原因。

因为他跟赵构的性格冲突，向来不曾引起史家的足够关注。赵构禅位时只有五十五岁，虽然宣称"今老且病，久欲退闲"，其实还很结实——退位之后又活了二十五年，可为证据。人的精力总要通过某种形式宣泄出来，他老子一有书画，瘦金体留存史册；二有女人，李师师貌若天仙。可到了赵构身上，一无所有。刚开始赵构尚可与秦桧钩心斗角，后来连这个乐趣也失去了，他竟然还能拖延如此之久，真是老而不死；孝宗想找点事干，谋划北伐，他也要泼冷水："等我百岁以后，你再筹划这事罢！"

由此可见，此人的荷尔蒙分泌很低，大约属于抑郁质。而岳飞呢，虽然也不近女色，可心里总盘算着恢复河山，这事足以牵扯精力，荷尔蒙分泌即便不偏高，至少也是正常水平，不是胆汁质就是多血质，总之跟赵构截然不同。

岳飞与刘光世、张俊、韩世忠合称"中兴四将"。这个列举法当然是对岳飞和韩世忠的莫名污辱：刘光世完全不靠谱，必须拿下；张俊也有点赖。应该换上吴玠或者刘锜。朝廷之所以如此列举，还是官场的老一套，论级别摆资格。这个姑且不说，上述四人中，仗打得越漂亮，结局就越落寞乃至悲惨。这是不是陷入了"埋头苦干，死得难看"的怪圈？

有个问题一直被人忽视：岳飞之死固然有冤屈因素，但不完全是冤案。一方面他死于政敌谋害，是被动强加，算是冤案；另一方面他死于自身性格，死于作战勇敢，是主动选择，或曰政治自杀。

这绝非耸人听闻，如若不信，有史为证。

巡警滋事

1103年二月十五夜里，岳飞出生于河北西路相州（治安阳，今河南安阳市）汤阴县永和乡孝悌里的一户农民家中，父亲叫岳和。据说当时恰巧有大鸟在房顶飞舞鸣叫，岳飞因而名"飞"，表字"鹏举"。名将大抵都有个卑微的出身，岳飞也不例外。他从军的道路非常曲折，先后四次吃粮当兵，最后一次才修成正果。

农民的孩子自幼便不缺乏力气，岳飞从小就在劳动之余，拜师习武，练就了一身功夫，主要体现在弓弩上。不满二十岁时，他便能挽弓三百斤，用腰部开弩八石。按照宋朝军制，"弓射一石五斗"，已算武艺超群，可选充"班直"，当皇帝的近卫。北宋武士挽弓的最高纪录也只有三石。岳飞的武艺可见一斑。

1122年，岳飞首次投军，为"敢战士"。除了武艺，宋军遴选的主要标准是身高。根据身高不同，分别进入上、中、下禁军以及厢军，彼此待遇差别不小。一般而言，部队等级越高，身材要求也越高，步兵比骑兵高。如上等的天武第一军（步兵）须五尺八寸，龙卫军（骑兵）须五尺七寸，下等的神威军（步兵）须五尺四寸，威远军（骑兵）须五尺三寸五分。而从著名画家刘松年所作的《中兴四将图》上可以看出，岳飞头颅雄伟，方面大耳，眉宇开阔，眉毛较短，双目有神，身材中等偏高，极其壮实，充满雄赳赳的勇士气概。相貌出众更兼武艺超群，岳飞因此顺利地成为小队长，后来又被保举为从九品的承信郎，可惜父亲去世，岳飞不得不回家奔丧，而这支部队又是临时组建的，没有编制，不久便被裁撤，岳飞首次投军无果而终。

张择端的《清明上河图》告诉我们，北宋工商业相当发达。当时各县以下都有不少商业网点，根据规模不同，分别称为市和镇。离开军队的岳飞为了生活，曾经到相州的某个市当过"游徼"，所谓"弓手"，相当于巡警。他在此期间还曾酗酒滋事，遭到母亲姚氏的斥责。

1124年，河北发生水灾，"民多流移"。灾年招兵是宋朝的惯例，理由是"不收为兵，则恐为盗"。招募军士，宋时称为"招刺"，因为要在脸部、手臂与手背等处刺字，标明番号，避免逃亡。脸上刺字是种侮辱，所以《水浒传》里的林冲，被刺配沧州后愤愤不平。岳飞大约不愿受辱，便凭借自己的超凡武艺，投充"效用士"。南宋初年，军中战士分为使臣、效用和军兵三等。使臣为低品武官，因立战功而授官者甚多，统兵官名额有限，以至于有些正七品的武翼大夫到武功大夫，所谓"诸司正使"，比使臣的职位更高，也只能"执长行身役"，即作为普通战士。效用则出现于北宋中期，脸上不刺字，或许要刺在手背上。

岳飞这次参加的是平定军。"军"是当时的一级行政区划，平定军在今天山西阳泉市南部的平定县。岳飞参军后，正好金兵南侵，进攻太原。他奉命率一百多名骑兵，前往太原府的寿阳、榆次等地，进行武装侦察，所谓"硬探"。行军路上，猝然与金兵遭遇，岳飞单骑突入，杀死几名敌军，将其击退，然后乘着黑夜，换上金军装束，潜入敌营。遇到击刁斗的巡逻兵，就说些女真话应付，最终走遍营寨，完成了侦察任务。

然而最终太原和平定军还是相继陷落。宋朝实行募兵制，不仅要养兵，还要养士兵的家属，因此士兵个个拖家带口。平定战败后，全军溃败，岳飞也带着老婆孩子往家跑，据说渡河时丢失了"官告"，相当于今天的军官证或者士兵证，最终脱离了军队。

这是岳飞二次从军的经历。但《宋史》以及邓广铭的《岳飞传》都没有采信。邓先生认为这是岳珂的编造，理由是没有证据表明，岳飞会说"外语"。

北宋找死

北宋从外表的极端繁盛到首都丢失、皇帝被俘，用了不到两年时间。这个速度之快在大一统的王朝中实在令人咋舌。之所以如此，根由完全在于他们自己找死：主动败盟，引狼入室，但跟金国配合行动期间又屡屡失信。一方面自己腐朽不能战的实底泄露，另一方面又不断激起对手的愤怒。

跟辽国签订的澶渊之盟貌似城下之盟，其实非常划算。

双方约为兄弟之国，是平等关系，三十万贯匹也是岁币而非岁贡。以这个价码买来的和平，绝对物超所值，即便后面又追加了二十万。根据斯波义信的研究，其实北宋每年都能从贸易中获得八十万上下的顺差，也就是说每年净赚三五十万。故而即便是寇准那样力主亲征的名臣，也认为这是份赚飞了的合同。

但问题在于，他们很想收复燕云十六州。外表越繁盛，这个想法就越强烈。

政和元年（1111）童贯出使辽国时，马植在卢沟桥求见，建议联金灭辽。在他口中，北方百姓急切盼望王师天威，简直就是"遗民泪尽胡尘里，南望王师又一年"。童贯靠战功起家，是最大的鹰派，因而这话很对童贯的胃口，便令马植改名为李良嗣，骗过辽国接伴使，将马植带回开封，顺利地忽悠住了宋徽宗。只是因为道路不通，事情迟迟未能破局，直到政和七年（1117）六月，两艘难民船偶然从辽国苏州（今辽宁省大连市金州区）漂到北宋的登州（今山东蓬莱）。由于家园被金兵攻占，难民原打算到高句丽避乱，不想被海风洋流吹到了海的另一边。他们是阴差阳错，北宋却要将错就错：朝廷立即命令登州知州王师中选合适人手，跟随他们以买马的名义渡海联系金国，探讨双方联手夹击辽国的可能性。

最终的签约过程充满波折。简而言之，从北宋的角度看，金国很不给面子；从金国的感受说，北宋主动发起结盟又经常爽约，完全没有信誉。燕云十六州习惯上分为山前诸州和山后诸州两部分，前者以辽南京析津府（即幽州。今北京西南）为中心，在燕山之南；后者以辽西京大同府（即云州。今山西大同）为中心，在燕山之北。双方约定，宋军攻幽州，金军攻大同。战后山前诸州的归属没有分歧，至于山后诸州，金太祖完颜阿骨打口头答应过也给北宋，但没有写进合同文本，而且还是有条件的——每年转移支付给金国五十万的岁币。当时燕山之南还有后唐丢失的营州（今河北昌黎）、平州（今河北卢龙）和滦州（今河北滦州），北宋也希望一并拿回。如果这里被金兵掌握，那么燕山天险的战略意义将大打折扣。当然，阿骨打不干，因为这几个州不在十六州之列。

双方还约定，必须同时进兵。当宋军需要金军夹击幽州时，双方必须沿着约定路线推进。阿骨打特别强调，只有宋军按时抵达，合约才算成立。然而对于同样的文本，双方的理解却各自不同。北宋强调同时攻击，意思是即便金军先期抵达也不能独自动手，更不能越界，免得摘了北宋的桃子；金国的意思则是如果宋军逾期不到，那么合约彻底作废，金军可以放手攻击，夺取的幽州等山前诸州也就不必归还。

应该承认，金国的理解更符合常理。毕竟金与辽早已开战，无论北宋参战与否，他们都会打下去。遗憾的是，金国的第二批使者先在登州滞留了两个多月，因为江南有方腊作乱，朝廷焦头烂额，家丑不可外扬；好不容易抵达开封，又被迫等待童贯从江南回来敲定；姗姗来迟的童贯跟宰相意见不合，最终只给金国使者一封模棱两可的信。毕竟对于北宋而言，联金灭辽当时已非急务。那封信深刻发挥了汉语博大精深的优势——辞藻华美但内容空洞，只是含糊地表示同意最初的讨论。但具体是哪些讨论，却没有明说。

这是宋金第三次正式往来，也是北宋再度只给书信而不派使节，金国不免失望。不过"三十晚上打兔子——有它过年，无它也过年"，阿骨打原本就没指望北宋，事实上他此前并不清楚北宋的存在。既然如此，他便放下这事儿，按计划攻击辽中京。在此期间，宋徽宗完全沉浸在艺术创作的氛围中，因举全国之力、耗时六年的皇家园林艮岳竣工在即，实在不容分心。辽中京陷落前夕，他的《御制艮岳记》火热出炉，赢得一片喝彩。《御制艮岳记》虽不能跟《阿房宫赋》比，但阿房宫反过来也不能跟艮岳比。毕竟它没有完全建成，而艮岳绝对是世界园林史上的杰作——若能保存下来的话。

闻听辽中京易手，宋徽宗从艺术创作的激情中醒来，赶紧命令兵发幽州，结果精锐尽起，却一败涂地。

尽管宋军这次行动事先并未知会金国，但阿骨打还是希望推进合约，因为他需要钱。金国刚刚崛起，既落后又贫乏，五十万贯匹是一笔巨资。在阿骨打眼里，山前诸州比不上这笔快钱——固定资产变现毕竟不那么方便。于是他再度派出使团跟北宋联系，最终决定，双方互不追究以前的失约，继续推进协议。

然而使节刚刚出发，北宋又改了主意。因为辽国大将郭药师投降，易州（今河北易县）和涿州（今河北涿州）不战而得，形势格外有利。只是很遗憾，郭药师虽然顺利攻入幽州，但刘光世所部未能及时赶来增援，先胜后败。刘光世的父亲主师刘延庆闻听后立即烧营逃跑，十五万宋军再度溃败。

童贯深知宋军无力拿下幽州，便请求阿骨打出兵。等金军拿下幽州，此前合约的前置条件已经完全失效。按照先前的约定，北宋基本上可用五十万贯匹的价格买回山前诸州。而今既然金军单独打下了幽州，阿骨打便狮子大开口，索要山前诸州的财产、全部非汉族人口以及幽州的租税。最终这些折合为一百万岁币。按照先前的约定，战乱时期北方逃来的人必须交还金国，一些已经投奔北宋的辽国官员因此被转送出去。其余人口无法统计，幽州家产在一百五十贯以上的富裕人家便被全部带走。最终北宋获得的幽州空空荡荡，只有穷苦百姓却没有民心。

无论从军事、政治还是外交的角度衡量，这都是彻头彻尾的失败。宋徽宗心里不免憋屈，因而闻听平州守将张觉有意投奔，他便充分体现出艺术家的特立独行，不顾朝臣反对，决定吞下这颗滚烫的山芋。遗憾的是偷鸡不成，张觉很快便被金军端了老窝，诏书随即成为背盟铁证。虽能杀掉张觉暂时平息事态，却又埋下了郭药师降金的伏笔：投奔北宋的辽国官员被转送给金，北宋先接纳降将然后又杀头，即便瞎子也能看出来，北宋靠不住。

阿骨打是个相对单纯的君主。因从幽州获得的利益超乎预期，他曾经口头同意将山后诸州归还北宋。但问题是他很快便撒手西去，此后其弟完颜吴乞买即位，朝局则由鹰派的完颜宗翰掌控，也就是《岳飞传》中的粘罕。宗翰起初对北宋满怀遥远的尊崇，但事到如今，只剩下全然的鄙视。而关于山后诸州的谈判正火星四溅时，宋徽宗又再度背盟，令童贯悄悄招降逃亡中的辽天祚帝。双方均不得与辽单独和谈，这可是北宋提议的合约内容。格外具有讽刺意义的是，北宋使节明明发现沿途金军都在调动集结，归来后却不敢上奏。因为被边事弄得心烦意乱的宋徽宗有令：妄言边事者流三千里、罚三千贯、遇赦不还。

靖康之变

1125 年十一月和十二月，两路金兵分头南下。左副元帅完颜宗翰统率西路军六万，自云中府（治今山西大同）南下，进围太原府；完颜宗望（斡离不）指挥东路军六万，直取燕山府（即幽州。今北京市）。驻守燕山府的原辽国降将郭药师阵前倒戈，并充当向导，宗望大军得以长驱直入，迅速进逼开封。

小金之所以敢于侵略老宋，无非三个诱因：轻松灭辽后信心或曰野心膨胀；深知北宋内情的辽国降臣在燕地有很多财富，希望夺回，不断怂恿；北宋连续背约且军队腐朽不能战。自然，第三点最为紧要。由此可见，未必总是落后就会挨打。即便你有一骑绝尘的先进和富庶，如果多事且不守信，一样会挨打。

十二月二十三，正值壮年的著名画家宋徽宗，闻听金军即将兵临城下，立即传位给太子赵桓，所谓宋钦宗。此举不完全是推卸责任。他连续不断地失信，的确已经没了跟金国讨价还价的脸面。几天之后便是新年，钦宗随即改元靖康。尽管他严令加强河防，但驻守黄河北岸黎阳津（今河南浚县东南）的梁方平只是每日酗饮，战局因此迅速恶化。

正月初一，宗望大军攻陷相州，正月初二，攻破浚州，梁方平随即望风而逃，南岸守军也放弃阵地，金兵不放一箭便顺利渡过黄河天险。

正月初三，钦宗不得不下诏亲征，以新任兵部侍郎李纲为东京留守，摆出效仿澶州之战的架势。

正月初四，徽宗以到亳州太清宫还愿为名，匆匆南逃。钦宗闻听心内慌张，有心仿效，因当时宰执多主张南逃襄阳。火线提拔的兵部侍郎李纲虽然没有资格参与国务会议，但激于义愤，还是越级进入会场，慷慨激昂地指出南逃是死路一条：禁军士兵多是北方人，妻儿都在北方，很可能沿途溃散。在他的鼓舞下，钦宗决定坚守。为方便李纲参与讨论，钦宗问宰执之位是否还有空缺，得知尚书右丞有缺，便现场封李纲为尚书右丞。

李纲临危不乱，从容调度，只用三四天时间就巩固了城防。宗望虽然兵临城下，但背后很多州县依旧在宋军手中，他们孤军深入，已犯兵家大忌。初七那天，他们向几个城门发起攻击，结果全都碰壁，遗尸累累，只得遣使入城议和，价码是：宋帝尊金太宗为伯父；燕云汉人悉归金；双方以黄河为界；付犒军费金五百万两，银五千万两，锦缎一百万匹。

李纲同意增加岁币、支付一次性犒军费用，但坚决反对割地。只是他刚刚越级提升，声望资历都不够，说话没有人听。宰执李邦彦则力主答应，完全不顾议和价码大大超出宋朝自身的承受能力，根本无法执行。李纲刚刚离开朝堂出去部署城防，钦宗的求和使者也随即出城。唯一的修改，是将以黄河为界改为割让太原、中山（今河北定州）、河间三镇。

此后勤王大军相继开到，包括名将种师道和折彦质。种家接连三代都出将才，种师道也善于用兵。他一路虚张声势，击鼓而进，号称百万，金兵闻听，赶紧移营筑垒，以备防守。但二月初一，最荒唐的一幕上演：白天文臣押着大量的金银珠宝（此次北宋总共支付五十一万七千两黄金、一千四百三十万两白银、四十多万匹表缎，另有无数珠宝玉器、犀角象牙）送往金军大帐，夜晚姚平仲又突然发起了袭击。

反击的策略是宿将种师道等人抵达后，正月二十七日在宰执会议上由李纲最终确立的。他判断兵力已有十比三的优势，建议采取周亚夫平定七国之乱的策略，守住黄河渡口，分兵收复河北失地，断绝金军粮道，让他们"路遥归梦难成"，逼他们交还和约誓书，最终半渡而击，一举歼灭。因种师中和姚古的兵马尚未赶到，李纲决定二月初六行动。

然而这个决定并未影响钦宗次日对城内金银珠宝的搜刮。不仅如此，他还在没有通知李纲和种师道的情况下，批准姚平仲独自提前行动。姚平仲是姚古的养子，贪功抢跑，居然获得首肯。而姚平仲用术士占卜确定出兵日期时，消息已经泄露，人人都知道二月初一要打仗。结果自然可想而知，他的一万人马浩浩荡荡地冲进了金兵的伏击圈。其实损失并不大，可他担心受到责罚，更兼信心丧失，竟然"乘青骡亡命，一昼夜驰七百五十里，抵邓州（今属河南），始得食"。姚平仲并非无能之辈，姚家也是边陲将门，祖孙三代都出名将。名将如此，北宋的腐败衰弱可知。

此时种师道表现出非凡将略，建议继续劫营，每晚哪怕只派一两千人出去，也能起到袭扰效果。时间一长，金兵不支，必定败退。但李邦彦和钦宗已经吓破胆子，坚决不肯实施。虽然靠向金国屈服，暂时平息了局面，但割让三镇却无法执行。即便皇帝愿意，守将也不可能答应。对于北宋而言，这实在是力不能及，但对于金国，就是背盟失信。尤其是东路军赚得盆满钵满，西路军几乎空手而归，怎能不眼红战利品？因而当年八月，金国便再次征宋。

还是老办法，宗翰攻太原，宗望逼开封。九月太原城破，十月东路金兵攻陷真定府（今河北正定）。此时年逾古稀的种师道已经病死，事情紧急，钦宗只得赶紧起用贬在遥远外地的李纲，然而李纲还没到，两路金军已在开封城下会合，旋即京师陷落，徽宗、钦宗连同全部宗室子弟都成了俘虏，辉煌的北宋瞬间灭亡。

列位看看，北宋是不是自己找死？

身犯死罪

赵构是钦宗的异母弟，排行老九，此前受命为割地请和使前往河北，才侥幸逃过一劫。到达磁州（今河北磁县）时，经太守宗泽力谏，没有冒险北上，而是转身南下相州。危难时刻，钦宗派人持蜡书前往相州，任命赵构为天下兵马大元帅，令他迅速招兵买马，驰援京师。相州差不多就在家门口，岳飞闻讯立即前去应募，加入前军，当了从九品的承信郎。

宋朝时军官有"武阶"，类似现在的军衔，共分五十三级，从最低的殿侍到最高的太尉。承信郎是五十二级，刚刚起步。《水浒传》称高俅为殿帅府太尉，其实太尉并非官职，它一指武阶，二则是对较有地位的军人的通用尊称。

赵构的任务是救援开封，可他哪有这等胆气。直到金兵带着徽宗、钦宗等一干俘虏北撤，他才南下南京应天府（今河南商丘），抢夺政治遗产，即位为宋高宗，改元建炎。当时很多人主张兴兵北伐，收复河北失地，宗泽、岳飞都是代表。但也有很多人主张后退，避敌锋芒。第一次开封保卫战期间表现格外出色的李纲，则主张折中这两种观点。他并非我们印象中的主战派，而是防守派。李纲认为"欲战则不足，欲和则不可，莫若先自治，专以守为策"，建议用三年时间休养生息，然后力图恢复。尽管承认开封是天下根本，但也不主张高宗立即回銮，而是"礼当一到"，然后巡狩四方，以关中、襄阳和建康为巡幸之地。一句话，打游击。

客观而言，双方各执一词，宗泽、岳飞的主张未必更加可行。然而岳飞激于义愤，上书建议"愿陛下乘敌穴未固，亲率六军北渡，则将士作气，中原可复"，并指名道姓地批评"黄潜善、汪伯彦辈不能承陛下之意"。执掌朝政的汪伯彦与黄潜善大为光火，顺手批上"小臣越职，非所宜言"的判词，革除了岳飞官爵军籍。岳飞生计无着，只得赶往河北投奔张所。

当时的岳飞还是无名小辈，张所起初根本没把他当回事，后来经人推荐，这才将他"借补修武郎，充中军统领"。张所曾"面试"岳飞："汝能敌几何？"岳飞说："勇不足恃，用兵在先定谋，栾枝曳柴以败荆，莫敖采樵以致绞，皆谋定也。"

栾枝曳柴事见城濮之战，已经广为人知，莫敖采樵需要说说。这事发生在前700年，楚国攻打绞国，陈兵绞国南门。莫敖（类似令尹）屈瑕针对绞国"绞小而轻，轻则寡谋"的特点，建议派后勤人员上山采樵，但不派兵护卫，作为诱饵。这几十个采樵人被俘虏后，尝到甜头的绞国人次日还想如法炮制，纷纷上山抓俘虏。楚军随即在绞国北门严阵以待，并在山下设伏。遇到埋伏的绞国人逃往北门，被楚军逮个正着，最终大败。

张所闻听肃然起敬："君殆非行伍中人。"（"你不是简单的一介武夫。"）于是又将岳飞借补为第四十级武阶武经郎。根据张所的命令，岳飞跟随王彦南下收复卫州（今河南卫辉）等地。他们出发后没多久，防守派的李纲仅仅任职七十五天便被罢相，张所则被贬官南方。如此一来，王彦和他手下的七千人就像风筝断了线：既无上级指示，又无友军支持。敌强我弱，身为主帅的王彦不得不谨慎，但岳飞年轻气盛，一味求战。因得不到主帅支持，岳飞一怒之下，率部独自行动。后来形势危急，王彦所部全都在脸上刺下"赤心报国，誓杀金贼"，形成威名赫赫的"八字军"，一度发展到十多万人。此时遭遇挫折的岳飞方才明白主帅苦心，又率领败军前去投奔借粮。

这是岳飞真正犯下的死罪。军法规定："军中非大将令，副将下，辄出号令，及改易旌旗军号者，斩。""背军走者，斩。"当然，这个罪过距离岳飞被害，差不多已过追诉期。有人建议将岳飞处斩，但王彦既不杀也不留，更没有借粮，只是请他喝了顿酒。岳飞走投无路，只好南下开封，投奔老上司东京留守宗泽。宗泽知道岳飞能打，时值用人之际，便没有追究，只将其贬官为秉义郎。当年十二月，金军进犯孟州（治河阳，今河南孟州）的氾水关。宗泽当即委派岳飞为踏白使，率领五百骑士前往侦察。行前他激励岳飞："吾释汝罪，今当为我立功。"并告诫岳飞不要轻易接敌。岳飞谢罪领命而去，完成任务后回到开封，被任命为统领，不久又提升为统制。

统制是宋军中"军"一级建制的主官儿，再往上便可以独立成军。这是岳飞出将的开始。

宗泽是进士及第的标准文人。担任磁州知州时，成功阻止康王赵构北上，保留了赵宋一脉。其间曾请赵构到崔府君庙祭拜，因而后来传说崔府君显灵，泥马渡康王。崔府君本来是唐朝县令崔珏，《列仙全传》说他"昼理阳事""夜断阴府"，跟包公差不多，死后被上帝封为磁州土地神。安史之乱时，据说曾显灵救过玄宗。宗泽每有大事，都要到崔府君庙祭拜，效仿古代兵家"用权术，假于神，以行其令"的做法。他对岳飞很是器重，但又觉得岳飞野路子太多，与兵家制度不合，于是便授予他阵图，告诫道："尔勇智才艺，虽古良将不能过，然好野战，非古法，今为偏裨尚可，他日为大将，此非万全计也。"

宗泽对岳飞的判断可谓精准。岳飞最终丧命，与此不无内在联系。然而当时的岳飞肯定意识不到这一点。他对那些阵图丝毫不感兴趣。他认为自己掌兵不多，若按阵图行事，容易在金兵跟前暴露虚实，被女真骑兵歼灭，因此实话实说："兵家之要，在于出奇，不可测识，始能取胜。""阵而后战，兵之常法，运用之妙，存于一心。"千百年来，这几句话作为著名的军事格言，一直被后代兵家学习推崇和引用。宗泽对岳飞的栽培与器重，也赢得了后人的美誉。有人这么评论他："虽身不及用，尚能为我宋得一岳飞。"

宗泽是最坚定的主战派，曾连续发出二十四道奏章请求赵构"回銮"，最终急火攻心，病重而死。临终之前，依然连声大呼"渡河"。尽管可以事后诸葛地推断当时北伐多半会失败，但宗泽之忠勇依旧足以光耀史册。

崭露头角

岳飞是在金兵"搜山检海"追击赵构期间，真正在全国性的舞台上崭露头角的。但金兵因何如此不惜血本追击赵构，原因并不像《岳飞传》以及历代吟咏给我们造成的印象，是因为金兵残暴贪婪，其实有更深层次的原因，一言以蔽之，就是南方再度失信。

相对于老宋，小金是妥妥的落后文化。当时的落后文化有个特点，那就是重然诺、守信用。老宋的文化实在太过先进，先进意味着成熟，成熟意味着杂糅综合。传统的儒家之外，道、法、兵家思想都有。事急从权之下，什么话都可以说，但回过头来又作为权宜之计抛之脑后。客观而言，如果宋徽宗不屡屡失信，尽管宋军的确腐朽不能战，金兵也未必会南侵，至少不会那么快南侵。毕竟刚刚吞并辽国，已是蚂蚁吞大象，需要消化。

有了第一次，自然会有第二次。再度包围开封远比第一次顺理成章。你如此富庶又如此衰朽，许给三镇又不执行，怎么可以？必须再挖一勺。但侵略是侵略，侵略只是占便宜，未必要消灭敌国，确切地说，未必要废黜赵氏。问题在于，兵临城下之际，钦宗居然像徽宗一样糊涂，听风就是雨，试图利用被扣押的金国使者，去招降辽国大将。这事儿完全没谱儿。金使想要获得自由，慢说招降没谱儿的辽国大将，就是让他招降金太宗，他也会先应承下来再说。在金国眼里，这事儿远比拒绝交割三镇性质恶劣，让钦宗彻底失去信用。

然而金太宗并不遥控决断，虽有废黜赵氏的明诏，暗地里还是请两路统帅便宜行事。宗翰本打算保留钦宗，因当时康王赵构未被控制，他出使金营期间不卑不亢，被金军视为强硬派。废黜钦宗，赵构必然即位，对金国未必有利。不幸的是，此时又发生了两个偶然事件。首先是认定开封府搜刮金银不力。这次金军的价码更加高昂，金银缺口实在太大，不得不以各种人才折价，包括宫女、乐手。其间两位医官闻听要被带到北方，便请求回家挖出埋藏的金银。金兵就此展开搜查，居然又有大量的发现。除此之外，相对温和的东路军统帅二太子宗望跟钦宗关系一直不错，此时又偷偷将茂德帝姬据为己有，宗翰认为他有被收买的嫌疑。两相叠加，赵氏的命运终于确定。

张邦昌这个冤大头由此登上历史舞台。他是主和派不假，但所谓的帝位，完全是金兵与开封城内官员双重欺骗外加逼迫的结果。金兵以屠城相威胁，逼迫城内官员推选新皇帝；官员认为张邦昌是金兵欢迎的人选，便趁他被金兵扣押而不在现场，将他推了出来；金兵送回张邦昌时，这样交代道：我们送回来的张相公活蹦乱跳，如果有个三长两短，你们要负责。

怎么负责？无非屠城。

张邦昌无奈，只能以九族冒险，拯救全城。除了金国册封时必须走的过场，他不乘御辇、不登大殿、不坐龙椅、不受朝拜、不用圣旨、不称朕，自然，也不入大内。大内门口贴着这样的封条：

臣张邦昌谨封。

在此之前，张邦昌是俘虏，金兵对他吆五喝六；在此之后，金兵上下都对他客客气气，用对待国君或曰可信谈判对手的礼节对待他。刚开始张邦昌还不适应，回过神来立即仗着胆子提条件：金兵停止搜刮，为新政府留点家底；保留赵氏宗庙；不要破坏开封的城防设施；既然命令迁都金陵，请等建设完毕，三年后搬迁；金兵五日内班师；新政府要犒赏功臣，但府库里空空荡荡，金军既是盟友，得意思意思。

张邦昌大概也没想到金兵居然全部答应。他又顺势列举长长的名单，索要被扣押的官员、技工，除了坚决反对废黜赵氏的宰相何㮚、张叔夜与秦桧——没错，秦桧是坚决反对废黜赵氏的，本来他只是御史中丞，没资格当俘虏，此后立即被带走——等五人，金兵居然再度全部答应，最终放回来上千人，且退兵之前又给张邦昌发了"大红包"——此后岁币只要三十万。要知道宋金协议的底价便是五十万，此前

312

更是已经增加到一百五十万。因此缘故，此后南宋得以用三十万作为底价跟金国和谈，极大地减轻了负担。

可以这么说，张邦昌为北宋争取到的实际利益，超过很多人。

在国家竞争间侈谈道德自然失之迂腐。金军此举并非良心发现，而是他们需要一个友好的邻邦、温顺的对手，所以得知张邦昌下台、赵构卷土重来，他们立即南下进攻。

在赵构败逃期间，在东京留守司麾下的岳飞且战且退，不断收集溃兵、收复州县，实力非但没有折损，反倒不断增强。等金兵北撤，他立即展开追击，并率先收复名城建康，引起朝野的广泛关注，随即被升为通泰镇抚使，驻扎泰州（今属江苏）。虽然还不是方面大员，但上升趋势已经形成。这是建炎三年到四年（1129—1130）的事情。

收服猛将

中国历史上有两个著名的李成，一文一武，一正一负，一前一后。前面的李成是著名画家，对北宋的山水画有重大影响，和范宽、关仝一起被称为"三家鼎峙""百代标程"。他笔下的山石好像卷动的云，所谓"卷云皴"，但真迹很少存世，米芾甚至有"无李说"。这位李成死去大约百余年后，又一个李成在雄州（今河北雄县）出世。他是弓手出身，生逢乱世，趁势而起，两次接受南宋官职，又两次叛变，最终屈身伪齐。

李成一度占据江淮间的十个州军，号称三十万，大有席卷江南之势。岳飞随即奉命跟随张俊讨伐李成。部队到达洪州（治豫章，今江西南昌）后，岳飞向张俊建议："贼贪而不虑后，若以骑兵自上流绝生米渡，出其不意，破之必矣。"主动请缨，愿为先锋。

1131 年三月初七，岳飞身披重铠，率先扬鞭策马，渡过章水（今赣江），在著名道观玉隆观一带与李成部将马进决战。这是岳飞与李成的第二次"握手"，马进也曾当过岳飞的俘虏，因此岳飞驾轻就熟。他首先进攻叛军右翼，马进抵挡不住，转身败逃，岳飞则紧追不舍。江南多水也多桥，当岳飞率数十骑跃过一座小土桥时，桥身不堪重负，突然崩坍，岳飞的后援被切断，马进乘机反扑，局势十分危急。岳飞临危不乱，一箭射死叛军的先锋将，然后组织身边的几十名骑兵与之血拼；张俊赶紧派人抢修土桥，大军相继开过，马进不敢再战，只好逃回筠州（治今江西高安）。

宋军追到筠州后，马进集结兵力，出城列阵十五里。岳飞用红罗作旗帜，上绣白色的"岳"字，亲率两百名骑兵诱敌。马进认为有便宜可占，率军攻击，结果陷入埋伏，最终大败。打到最后，李成先是从江南退往淮西，淮西也不能立足，只好彻底收起割据野心，前去投奔刘豫。

立了功自然应该升官，然而岳飞的都统制官衔，却是"自己"伸手讨要的。

岳飞的外甥女婿高泽民在军中主管机宜文字，掌握印信。他前往"行在"绍兴府公干时，擅自以岳飞的名义向枢密院投状，要求都统制或总管的差遣，朝廷随即将岳飞所部改名为神武副军，以岳飞为都统制。岳飞闻听此事后十分不安，多次向上司陈述衷曲，力辞不受，并要求严办高泽民。最后赵构下诏，说"岳飞勇于战斗，驭众有方"，这次任命"出自朕意"，"可令安职"，并且为他特铸一枚官印。还好，升官之后他屡立战功，并未辱没职务，很快便收服了一员猛将。这就是京剧《镇潭州》的故事背景，说的是岳飞在潭州大战杨再兴，初不敌，最终将其收服。

此事发生在岳飞平定曹成叛军期间。1132年正月末，岳飞出任潭州（治今湖南长沙）知州、兼荆湖东路安抚使、都总管，前往平叛。他刚刚到任，曹成便南犯广西，盘踞于桂州荔浦县（今广西荔浦西）东北几十里的莫邪关，那里地势险要，易守难攻。岳飞部将张宪手下的亲兵郭进，力气大饭量更大，经常抱怨吃不饱，因此自备一个大马勺盛饭，人称"大马勺"。当时宋军每五十人编为一队，"选壮勇善枪者一人为旗头"，攻关战斗中，郭进和两名旗头捷足先登，刺死叛军旗头，全军士气大振，最终顺利拿下莫邪关。

曹成的部将杨再兴是员猛将。他趁岳家军刚刚得胜、戒备松懈，率军反扑，攻入第五正将韩顺夫的大营。此时韩顺夫已经解鞍卸甲，正在纵酒狂饮，被杨再兴砍死。岳飞闻听大怒，责令第五副将王某立功赎罪。前军统制张宪和后军统制王经也相继率部反攻。杨再兴勇猛非凡，又杀死了岳飞的胞弟岳翻。

闰四月初，岳家军与叛军分别设立营寨，相隔几十里。有一天，军中捉获一名敌探，岳飞心生一计，让士兵假意报告军粮将尽，他对士兵说："促之耳，不然姑返茶陵以就饷。"有意让敌探听见，然后再设计将敌探放走。曹成得到这个假情报，高兴劲还没过去，几天之后，就被从天而降的岳家军攻破营寨。

此役岳飞最大的收获是收服了杨再兴。他不计杀弟之仇，提拔重用杨再兴，杨再兴因此得以青史留名，成长为著名的抗金英雄。

名将建节

1133 年，襄阳失守，长江防线被撕开一道缺口。李成还联合割据洞庭湖的杨幺，准备互相策应，图谋南宋。岳飞建议"先襄汉，襄汉既复，李成丧师而逃，杨幺失援矣。第申严下流之兵以备之，然后鼓行"，得到朝廷批准，他的北伐处女秀随即上演。

麦收之前解决李成甚为关键。当年三月十三，朝廷发布出兵的省札，强调"自通使议和以来，朝廷约束诸路，并不得出兵"，起因在于李成南侵，故此次作战，只能以此襄阳六郡为限。敌人"若逃遁出界，不须远追"，"亦不得张皇事势，夸大过当：或称提兵北伐，或言收复汴京之类，却致引惹。务要收复前件州军实利，仍使伪齐无以借口"。赵构又亲下手诏，叮咛和警告岳飞："今朝廷从卿所请，已降画一，令卿收复襄阳数郡，惟是服者舍之，拒者伐之，追奔之际，慎无出李横所守旧界，却致引惹，有误大计，虽立奇功，必加尔罚，务在遵禀号令。"简直要让岳飞戴着镣铐跳舞。

出兵之前，宰相朱胜非特派使者向岳飞许诺，假如得胜，即提拔他为节度使。岳飞郑重地对使者说："为飞善辞丞相，岳飞可以义责，不可以利驱。襄阳之役君事也，使讫事不授节，将坐视不为乎？拔一城而予一爵者，所以待众人，而非所以待国士也。"正气凛然，国士风范。

岳家军的第一个目标是郢州（治今湖北钟祥）。驻守于此的伪齐知州荆超曾经在北宋皇宫出任班直，勇猛非凡，手下有一万多人。五月初五，大军开到郢州城下，岳飞策马环城，侦察敌情，最后扬起马鞭，无比自信地遥指东北角的敌楼说："可贺我也！"虽主力行军太快，后勤供应跟不上，军粮只够两餐饭，但岳飞充满信心："可矣，吾以翌日巳时破贼！"

次日黎明，岳家军发起总攻，经过惨烈战斗后终于破城，荆超投崖自杀。岳飞随即分兵两路，张宪和徐庆率军向东北进攻随州，岳飞亲率主力往西北方向直扑襄阳。

盘踞在襄阳的是李成主力。面对岳家军的雷霆行动，李成斗志全无，仓皇逃遁，襄阳光复。张宪和徐庆到达随州后，敌军不敢出战，两人连续进攻也没能攻下。新近归附的牛皋自告奋勇，请求领兵前往支援。出发时他只带三日口粮，引起同僚的怀疑乃至讥笑，然而到五月十八，军粮尚未吃完，牛皋便与张宪、徐庆合力拿下随州。此时岳飞的长子岳云刚刚十六岁，已在张宪帐下效力四年。他勇冠三军，手持两杆数十斤重的铁锥枪，一马当先，率先冲上城头。

刘豫急忙拼凑人马，还请来"番贼"与河北、河东的"签军"，南下助战。李成得到援兵，底气增长，开始反扑；吃过一次败仗还不服气，六月初六再度列阵挑战。王贵、牛皋纷纷请战，岳飞笑着说："且止，此贼屡败吾手，吾意其更事颇多，必差练习，今其疏暗如故。夫步卒之利在阻险，骑兵之利在平旷；成乃左列骑兵于江岸，右列步卒于平地，虽言有众十万，何能为！"他举鞭指着王贵说："尔以长枪步卒，由成之右击骑兵。"然后又挥鞭命令牛皋："尔以骑兵，由成之左击步卒。"

王贵与牛皋同时突击，一阵冲杀，李成溃不成军：前列骑兵溃散，将后列骑兵挤入水中，都见了龙王爷。岳飞趁势挥师追击，李成一路败逃，横尸二十余里。从此以后，李成再也不敢窥伺襄阳。

刘豫无奈，赶紧向主子求告。此时兀术（完颜宗弼）刚刚在仙人关遭遇名将吴玠铁拳，损失惨重，而且又不耐南方夏季的酷热，只能派遣一员二等战将，人称刘合孛堇，拼凑陕西和河北"番、伪之兵，多至数万"，南下会合李成，在邓州西北扎下三十多个营寨。

七月十五，王贵和张宪两军在邓州城外三十几里处，同敌军激战。王万和董先两部奇兵突出，一举粉碎敌军，刘合孛堇只身逃窜，伪军退守邓州，企图负隅顽抗。十七日，岳家军开始攻城。将士们不顾雨点般的矢石，攀登城垣，展开强攻，岳云再度率先登城。因儿子已有随州之功，岳飞便没再上报这次的功劳。一年之后，朝廷清查，方将岳云升迁为武翼郎。从那以后，凡是岳云的战功，岳飞一律不报。

岳家军乘胜进击，又收复了唐州（今河南唐河）和信阳军（今河南信阳）。这两个地方不在过去宋将李横的辖区之内，向由伪齐控制。岳飞此举，有违令越位之嫌。然而这毕竟是南宋首次收复大片国土，是赵构立国八年来开展局部反攻的大捷，因此朝廷并未怪罪。战后岳飞由正四品的正任镇南军承宣使，越级提拔为从二品的清远军节度使。

节度使只是虚衔，也不必赴任。清远军在广南西路的融州（治今广西融水），岳飞从来不曾去过。当时建节是武将最为看重也最为荣耀的头衔，朝廷会授予非常威风的仪仗"旌节"，包括龙、虎红缯门旗各一面，画白虎的红缯旌一面，红丝作旄的节一杆，麾枪两支，用赤黄色麻布做的豹尾两支。全套旌节共五类八件，都是黑漆木杠，做工考究，装饰精美。自朝廷发出后，沿途所至，宁可"撤关坏屋，无倒节礼，以示不屈"。好在当时没有立交桥，不必考虑限高。

当年岳飞只有三十二岁，是继刘光世、韩世忠、张俊和吴玠之后，第五个建节的将军。因为抗金军功而建节的，他则是吴玠之后的第二人。

建节后的岳飞驻扎于鄂州（今湖北武昌）。有一天他登上高楼，凭栏俯瞰大江，遥望中原，抚今追昔，不觉感慨满怀，那曲高亢激昂的千古绝唱随即诞生：

> 怒发冲冠，凭阑处、潇潇雨歇。抬望眼，仰天长啸，壮怀激烈。三十功名尘与土，八千里路云和月。莫等闲、白了少年头，空悲切。
>
> 靖康耻，犹未雪。臣子恨，何时灭！驾长车，踏破贺兰山缺。壮志饥餐胡虏肉，笑谈渴饮匈奴血。待从头收拾旧山河，朝天阙。

古往今来，朝代更替，这首铜筋铁骨、意气淋漓的慷慨长歌，一直激励着后世的热血男儿。

抗金主力

《岳飞传》里岳飞的死对头四太子金兀术，便是完颜宗弼，强硬的鹰派。在此之前，完颜宗弼进攻陕西，被吴玠揍得鼻青脸肿；李成南下襄阳，又被岳飞打得满地找牙。因此他们决定避开这两道硬茬，直接南下淮西：1134年九月，金兵与伪齐联手，兵分三路，准备大举南下。

东南战场有刘光世、张俊与韩世忠三路大军，再加上杨沂中所部，总计有十五万之多，完全可以放手一搏。然而整个宋朝都缺乏血性，更无胆气：文官建议解散百司，远遁避敌，武将也是敌军未到，便望风而逃。若非宰相赵鼎坚持，真不知局势会发展到何种程度。

刘光世虽出自将门，但仅有虚名，打仗向有一定之规：情形有利，就派副将前去捞取军功，自己远离战场，号称"持重"；局势不利，转身就溜，不惜将防区拱手让敌。此刻敌军将临，他不但自己逃，甚至还要挟持下属：庐州（今安徽合肥）知州、淮西宣抚使仇悆不肯执行焚烧物资、放弃庐州的命令，刘光世竟然派统制张琦带领几千兵士前去，企图胁迫仇悆逃走。仇悆大怒道："若辈无守土责，吾当以死殉国！寇未至而逃，人何赖焉！"骨气凌云，可作铜声，让读史者心中一热。

张俊最为狡猾，口称"避将何之"，但又主张划江而守。他以"坠马伤臂"为由，拒不渡江北上。韩世忠倒是不乏胆略作为，相继在大仪镇、鸦口桥和承州（今江苏高邮）获得三次小胜，但终究独木难支。最后张俊退驻常州，韩世忠撤往镇江，刘光世退到建康，听天由命，希望长江能守住国门。

此时李纲和参知政事沈与求建议派岳家军北上抄敌军后路，攻其必救。这个计划过于积极，完全超出赵构的想象。他决定还是头痛医头，让岳飞驰援淮西，随即降下手诏："近来淮上探报紧急，朕甚忧之，已降指挥，督卿全军东下。卿夙有忧国爱君之心，可即日引道，兼程前来。朕非卿到，终不安心，卿宜悉之。"

岳飞赶紧派徐庆和牛皋带两千余骑为先锋，自己亲率主力为后继，星夜兼程开赴战场。岳家军从天而降，仇悆喜出望外。当时他手头只有庐州和寿州（治下蔡，今安徽凤台）守军几百人，外加两千乡兵，已经几次击退敌军，后来伪齐刘麟再度增兵，宗弼主力也遥遥在望，形势万分危急。徐庆和牛皋来不及寒暄，指挥部众匆匆吃完午饭，便分派一部守城，一部在城南扎营，主力紧急列阵迎敌。牛皋命令士兵展开"岳"字旗和"精忠岳飞"的旗号，敌军一见大惊失色。他们怎么也没想到，此时此地能见到岳家军的旗号。

岳家军的骑兵不满两千，列阵与敌军短兵相接，连胜三回合。女真骑兵的相持能力很强，一两次战败后，还能重整队形，继续作战，并不溃散。此时徐庆突然坠马，敌军随即蜂拥而上。关键时刻，牛皋拍马赶到，掩护徐庆上马，连杀好几个敌人。他杀得兴起，脱去头盔，高声喝道："我牛皋也，尝四败兀术，可来决死！"

此情此景，很像《岳飞传》中的牛皋，武艺不高，但为人憨厚耿直，打仗肯玩命。他挥舞兵器直扑敌阵，身后的士兵也一拥而上，势不可挡。经过苦战，俘虏八十多人，缴获八十多匹战马，追出三十多里才收兵回城。次日岳飞率主力赶到，再度在庐州城下扬威。

时值隆冬，天寒地冻，粮饷不继，金齐联军只能杀马为食。汉族签军极为愤恨，有人甚至向金将递送匿名恐吓信，声称众人被逼迫到如此地步，倘若渡江，一定要打他们的黑枪。女真军人也叫苦连天。正好金太宗病危，宗弼等人不敢久留，随即撤兵。

战后岳飞晋升为镇宁、崇信军节度使。镇宁军为开德府之节镇名，崇信军为随州之节镇名。授予两镇和三镇节度是"希阔之典"，赵构时期只有刘光世、韩世忠和张俊授三镇节度使，吴玠和岳飞授两镇节度使。不过两镇节度也是虚衔。后来岳家军实力大增，主要还得感谢杨幺。

南宋初年，各地叛乱四起，有民叛也有兵叛。前任宰相、江南西路安抚大使朱胜非上奏时指出："……土寇，皆因朝廷号令无定，横敛不一，名色既多，贫民不能生，以至为寇。"当时土匪、官军与金兵你来我去，百姓都要供应，苦不堪言。钟相在湖南起兵，乱势几年未灭。他号称"等富贵，均贫富"，其实只是个拉拢人心的口号，他与部众既不等富贵，也不均贫富。手下的百姓大概可以做到这一点，因为彼此都是同样卑贱贫穷。钟相战死后，部众继续在洞庭湖周围活动，其中杨太的力量最大。杨太年轻，所以被称为"幺"。

1135年三月，岳飞再度兵发潭州，他以抚为主，瓦解叛军，只用两个多月的时间，便将多年的祸乱彻底平定。得胜之后，他还像往常一样慎杀，叛军部众被就地收编，岳家军随即由三万多猛增到十万以上。至此在各路大军中，岳家军不但战斗力最强，兵力也最多，成为名副其实的抗金主力。

当时南宋的各路大军中，都分军、将、部、队等编制。

军的统兵官有统制、同统制、副统制，将的统兵官有正将、副将和准备将。随着兵力的增加，岳飞奏请朝廷，将原来十将的编制扩充到三十将，1139年又增至八十四将，平均每将兵力约一千二百人；军一级的编制至少有十二个，分别是背嵬军、前军、右军、中军、左军、后军、游奕军、踏白军、选锋军、胜捷军、破敌军和水军。

部将之中，王贵任中军统制、提举一行事务，张宪任前军统制、同提举一行事务，他们俩是岳飞的左膀右臂，可代替岳飞主持军务。徐庆、牛皋和董先也深受岳飞器重。这五位将军是岳家军的中坚。事实证明，岳飞的眼光基本合格：后来秦桧从岳家军内部挖墙脚，寻找打手，董先虽然出面作证，但并未夸大；王贵被张俊拿住把柄，被迫充当"二传手"，小节有亏，但客观地说，他那个"二传"对岳飞的实际伤害并不大。

只是随着实力的壮大，岳飞的敌人也悄然增加；其杀伤力与隐蔽性，都远远超过战场上来往冲突的敌军。

这个新敌人，就是南宋小朝廷。

淮西兵变

宋太祖赵匡胤是靠手中的枪杆子而黄袍加身的，宋代因此极力重文抑武，对武将一直是厚其禄而薄其礼。比如宰相是正一品，"料钱"每月三百贯，而从二品的节度使却有四百贯；宰相"禄粟"每月一百石，节度使则是一百五十石。北宋前期，节度使另外还有"公用钱"，其实是私用钱，每年三千贯到一万贯不等，后期减至两千到五千贯。不过南宋初年财政拮据，甚至连岳飞那样的统兵节度使，也被拖欠工资。后来岳飞升至太尉，方"并支真俸"。即使如此，也仍有借减之法，如"禄粟"只支"米、麦四十五石"。

除此之外，岳飞升太尉、开府仪同三司后，还要另加"料钱"一百贯，以及罗、绫、绢、绵等；节度使另有五十人的"傔人衣粮"，盐七石或五石等。武将的经济收入确实很高，但政治地位远远低于文臣。不过跟大家的印象不同，这其中最可笑的并非种种制度限制，而是颁发阵图。什么意思呢？平时将兵分离，一旦有战事，武将临时带兵上了前线，排兵布阵还得按照皇帝颁发的阵图严格执行。否则即便获胜，也得先行请罪。

傻子也知道，作战必须随机应变。朝堂上的皇帝、宰相不了解千里外的实际情况，非要执行他们颁发的阵图，必然耽误军机，但北宋愣是从头执行到尾。故而北宋跟辽国一共交战八十一回，宋军只胜过一回。岳飞、韩世忠和吴玠、刘锜之所以能在抗金战场上建功，甚至缔造经典战例，很大程度上跟南宋草创，来不及颁发阵图有关。但不颁发阵图，并不代表不控制武将。防火防盗防武将，是宋代的基本国策。边疆局势略一稳定，岳飞他们马上就遭遇瓶颈问题。

因为宋太祖的创举在先，南宋收夺大将兵权被称为第二次削兵权。首先挨刀的是资格老、水平差的淮西军统帅刘光世。就像疑忌狄青的文彦博、欧阳修等可算贤臣一样，此次削夺兵权的推动者，也是著名的鹰派人物，抗金宰相张浚。其实也不仅张浚，就连李纲也赞同此举，真让人不知该做何感想。

南渡之初，张浚一度"总中外之任"，最终毁誉参半。这基本上也是赵构对他的态度——先是重用，然后弃用。誉者将他和岳飞并列为"抗金英雄"，甚至誉为王导和诸葛亮；毁者则认为他"无分毫之功，有邱山之过"，"一生无功可记，而罪不胜书"。

张浚的把柄，无非是富平之战的惨败，以及隆兴北伐的"符离之溃"。这两场战役从全局决策来看，确实不算成功；"志大才疏"和"急于求成"这两个词用在张浚身上，基本中肯，就像王夫之的评价："志大而量不弘，气胜而用不密。"然而张浚虽非帅才，却还有知人善任的一面，他提拔重用过名将吴玠、刘锜、杨沂中和虞允文。他出任宰相时，对韩世忠和岳飞也多有美言。不过他主战是真，削夺兵权也是真，第一刀首先砍向刘光世，因为此前的淮西之战，刘光世望风南逃，朝野非议四起。

淮西军总共有五万两千多人，比韩家军还多，当然不能让其成为迷途的羔羊。给谁呢？首选人物是势头正猛的战将岳飞。

1138年三月十四，在建康府朝见天子的岳飞同时收到两份公文，一份来自宰相兼都督诸路军事张浚，一份来自赵构。前者是《令收掌刘少保下官兵札》。札子的开头是：

> 诸路军事都督府勘会：淮西宣抚刘少保下官兵等，共五万二千三百一十二人，马三千一十九匹，须至指挥。

下面依次列举了刘光世部将王德、郦琼等人的兵员、战马数目，最后说道：

> 右札送湖北京西路宣抚使岳太尉照会，密切收掌，仍不得下司。准此。

后者则是赵构写给王德等人的御札，令他们服从岳飞节制。全文如下：

> 朕惟兵家之事，势合则雄。卿等久各宣劳，朕所眷倚。今委岳飞尽护卿等，盖将雪国家之耻，拯海内之穷。天意昭然，时不可失。所宜同心协力，勉赴功名。行赏答勋，当从优厚。听飞号令，如朕亲行。倘违斯言，邦有常宪。

这对于岳飞来说，当然不是什么秘密。五天之前，赵构开出的价码更高："中兴之事，朕一以委卿。除张俊、韩世忠不受节制外，其余并受卿节制。"按照这个口径，要归他节制的不仅仅是淮西军，还包括川陕宣抚副使吴玠的行营右护军六万八千四百余人，杨沂中的殿前司军约三万人，侍卫马军司和侍卫步军司军一万二千六百人，总计接近十七万；而韩世忠的行营前护军和张俊的行营中护军，总数也不过十万。也就是说，赵构要将全国六成以上的兵马，全部托付给岳飞。

价码过于高昂，往往不能实现。且不说吴玠、杨沂中所部，就是淮西军，最终也不受岳飞节制。假如真让岳飞统管这么多兵马，张浚的都督诸路军事，岂不成了摆设？都督府给岳飞的公文要求"密切收掌，仍不得下司"，即暂时秘而不宣，不付诸实施，给他们的变卦留了后门：没过多久，赵构和张浚就决定将刘光世部将王德升为都统制，归都督府统辖，派都督府参谋军事吕祉带着兵部尚书的加衔前往统领。

赵构随即又给岳飞下了一道手诏：

> 淮西合军，颇有曲折。前所降王德等《亲笔》，须得朝廷指挥，许卿节制淮西之兵，方可给付。仍具知禀奏来。

岳飞随即从兴奋的巅峰跌入失望的冰窟。他一直盘算着加强力量，誓师北伐，现在突然来了这么一出，换了谁也转不过弯来。既然命令他"具知禀奏"，那他也只能执行。这回赵构肯定是无颜再见岳飞，只能先让张浚扮演恶人。张浚也揣着明白装糊涂，假装什么事情都不曾发生，直接问岳飞道："王德之为将，淮西军之所服也。浚欲以为都统制，而命吕祉以都督府参谋领之，如何？"岳飞当然不赞同："淮西一军，多叛亡盗贼，变乱反掌间耳。王德与郦琼故等夷，素不相下，一旦擢之在上，则必争。吕尚书虽通才，然书生不习军旅，不足以服其众。飞谓必择诸大将之可任者付之，然后可定，不然，此曹未可测也。"

张浚只好假意再问："张宣抚（俊）如何？"

岳飞说："张宣抚宿将，飞之旧帅也。然其为人，暴而寡谋，且郦琼之素所不服，或未能安反侧。"

张浚说："然则杨沂中耳？"

岳飞说："沂中之视德等尔，岂能御此军哉！"

此时张浚再也忍不住怒气，火冒三丈："浚固知非太尉不可也！"

张浚愤怒，岳飞更加愤怒："都督以正问，飞不敢不尽其愚，然岂以得兵为计耶！"

然而大局已定，再愤怒又有何用？岳飞一气之下，以与宰相议论不合为由，上表请辞。按照礼法，臣僚辞职，须经皇帝批准，但岳飞不管这一套，在回鄂州的路上一边上奏，一边直接前往庐山，回到东林寺旁边的居所，要为母亲"持余服"守丧，将军中之事托付张宪。这种超乎常规的做法，一时间令朝野震动。张浚下不来台，更加来气，上奏攻击岳飞"奏牍求去，意在要君"。

在此之前，岳飞可谓赵构的红人：官位一升再升，直到武将所能达到的顶点；赵构亲笔为他书写"精忠岳飞"的旗号。可以想见岳飞对国家的忠诚，对君主的感激。然而政治就像谈恋爱，认真的一方往往会受到伤害，比如岳飞。张浚说他"专在并兵"并非虚夸，但他扩张兵马非为一己私利，而是为恢复河山；他对王德等人的评价后来也全被事实证明，可见他否定诸将，并非出于本位意识。

我们先看看淮西军的结局再说话。

当时太尉是宋朝最高武阶，比节度使还高半格，因而人们通常也以之尊称地位较高的军人。非正规场合，岳飞对部将王贵、张宪等人也这样称呼。王德升任都统制后，无比倨傲。某日教场阅兵，众将都像现在行持枪礼那样，对他行军礼。郦琼素来畏忌王德，两人面和心不合，此刻赶紧说软话："寻常伏事太尉不周，今日乞做一床锦被遮盖。"偏偏王德缺乏大将风度，竟然一言不发，策马扬鞭而去。郦琼的软话掉到地上，自己面子过不去，同僚也觉得寒心，于是便联名上告；王德闻讯也反告郦琼等人，闹得不可开交。张浚没有调查处理，只是下令将王德所部八千人马调往建康，派吕祉前去淮西监军。吕祉傲慢自大，根本不把武将放在眼里。诸将前来拜见，陈述衷曲，他不是借口休息，就是推脱吃饭，甚至要调弄琴乐，总没时间接见，终于激起郦琼的反意。郦琼杀掉吕祉，胁迫部下四万多人北上投敌。

客观而言，"要君"一说并非诬陷。岳飞此举，确实是无声的抗议。尽管背后隐藏着无限的忠烈，但赵构处于那样的环境，岳飞又是那样的大将，这个做法和说法只能引起赵构的强烈警觉。所以他也"两条腿走路"，一方面连续三次下诏，令岳飞立刻回任，另一方面又同意张浚的安排，派张浚的亲信兵部侍郎兼都督府参议军事张宗元出任湖北京西路宣抚判官，实在不行，就顺势拿下岳飞。

三省同时给宣抚司参议官李若虚和王贵下了正式的省札，令他们上庐山劝回主将，不成功，便成仁。可他们俩苦劝六天，岳飞还是油盐不进。李若虚是靖康之变中殉难的李若水之兄，威名甚重，最后他跟岳飞摊了牌："是欲反耶？此非美事！若坚执不从，朝廷岂不疑宣抚？且宣抚乃河北一农夫耳，受天子之委任，付以兵柄，宣抚谓可与朝廷相抗乎？宣抚若坚执不从，若虚等受刑而死，宣抚亦岂不愧若虚等受刑而死乎？"

话说到这个份上，岳飞只得下山。出了这等曲折，请罪不能省略。赵构说："卿前日奏陈轻率，朕实不怒卿；若怒卿，则必有行遣，太祖所谓'犯吾法者，唯有剑耳'！所以复令卿典军，任卿以恢复之事者，可以知朕无怒卿之意也。"赵构这番话表面是宽慰，但背后已经隐隐露出杀机。遗憾的是，当时的岳飞没能听出弦外之音。他浩叹"知音少，弦断有谁听"，但赵构又何尝不是如此？如果岳飞能感觉出赵构绵里藏针、敲山震虎的用意，收敛举止，是否还会有悲剧上演？
天知道。

岳飞没动那么多心思，还是一如既往地尽忠，一如既往
地感恩，结果再次触动天怒。

徽宗、钦宗和赵构都是宋太宗赵光义的后裔，而非开国
皇帝赵匡胤之后。赵匡胤的具体死因，以及其弟赵光义如何
继承帝位，正是宋朝的千古疑案"斧声烛影、金匮之盟"。
坊间盛传赵匡胤死于赵光义的谋害，包括他的两个儿子德昭
和德芳。正因为如此，当时有这样的舆论：太宗一脉应该将
皇位还给太祖之后。不仅如此，有个北宋灭亡时被俘虏北去
的汉人，在他"北狩时就亲见确闻之事"写成的《呻吟语》中，
还有更加离奇的记载：

吴乞买当金太祖朝尝使汴京，其貌绝类我太祖
皇帝塑像。众皆称异。

靖康之变时，赵光义之后全部被金兵掳去，只剩赵构一
根独苗，最后又实际绝户。而这一切，都是金太宗吴乞买的
政绩。作者以此暗示，吴乞买是赵匡胤辗转托生的，他灭掉
北宋，是要向赵光义讨还百年前的那笔血泪旧债。

这个说法当然不可靠。所谓归还皇位的民间舆论，更是
苍白无力。赵构唯一的亲生子已经夭折，建炎三年（1129）
赵构在扬州淫乐时，兴头上忽听金兵追来，遭遇惊吓，从此

雄风不再，无奈之下，只得根据孟太后等人的建议，将宋太祖七世孙赵伯琮改名为赵瑗，养育在宫中。

赵构当然想重振雄风，因此千方百计寻医问药甚至求神拜佛。他很信任御医王继先，将这事全部委托于他。既然还有这等心气，他怎么会马上确立赵瑗的皇储地位呢？偏偏岳飞的建议，正是此事。

岳飞入朝时，曾经在赵瑗读书的资善堂见过这个孩子，对他有这样的好印象："中兴基本，其在是乎！"这当然不是推动岳飞建议立储的主要动因，岳飞完全出于军政大局的考虑：当时传言金国正准备废掉无能的刘豫，立钦宗或其儿子为帝，与南宋抗衡。这事关系重大，否则岳飞不可能开口。应该承认，他还是动了相当的脑筋用于保密，不仅没让书吏起草表章，甚至连在宣抚司书写机宜文字的长子岳云都瞒着，在去建康的船上不断练习小楷。此时参谋兼都督府转运副使薛弼奉命同船入朝，他跟岳飞关系密切，见状一再追问，得知实情后颇为担忧，立即劝阻，但责任与忠心推动岳飞继续向前。他认为文臣与武将都是朝廷臣僚，"不当行迹是顾"。文臣能建议，武将应该也可以。

等到朝见时，不知是想起薛弼的告诫，还是感觉到此举干系重大，岳飞忽然有点紧张。一阵风来，纸张摇动，他的声音也有些颤抖。古文没有标点，紧张之下断句也不熟练，他显得有些结巴。凡此种种，都增加了赵构的疑忌。听完岳飞的奏章，他只有冷冰冰的几句话："卿虽忠，然握重兵于外，此事非卿所当预也。"

话不多，但分量极重。赤胆忠心再度为岳飞敲响了丧钟。

顺昌大捷

1130 年是赵构的建炎四年。这一年岳飞崭露头角，当了通泰镇抚使，秦桧也从遥远的北方神秘归来。

秦桧并非简单的卖国贼。靖康之变时，他强烈反对割让三镇，并且建议加强武备；拥立张邦昌时，强敌在外，大臣们纷纷做了顺风草，秦桧尽管态度暧昧，最终还是在反对意见书上签了名，并因此被金兵扣押。换句话说，他如果不出这个头，是不会当俘虏的。因为他当时的级别太低，金兵还照顾不到。

但问题在于，人是会变的。

宋朝有两个书家，本来可以被录入书法史，终因名字太脏而被隐去。"苏黄米蔡"中的"蔡"本来是蔡京，后来被改为蔡襄；宋体字基本算是秦桧的发明，以适应活字印刷技术，但最终也只能称为宋体。值得一提的是，作为汪伯彦的门生，秦桧后来跟座师一起进入《宋史·奸臣传》，真可谓报答师恩有方。

不说后事，只说当前。秦桧被俘北上后厚贿宗翰，被赐给实权派完颜昌（挞懒），此刻带着金国的请和书，以及"南人归南，北人归北"的惊人策略，突然空降。他声称杀死监视的金兵夺船而归，可又带着老婆王氏以及许多仆从，还有大量的金银细软，不见出逃之仓皇神色，只有省亲之从容不迫。

诗人笔下家书抵万金，政客眼中"和"书抵万金。赵构如获至宝。秦桧深知金国内情，宰相范宗尹又称赞他忠诚可信，因此三个月后他就当上了参知政事，很快又跻身右相。他一旦掌握话语权，便开始兜售所谓的和平。可惜火候不到，挨了赵构一棒子："南人归南，北人归北，朕，北人，将安归？"就这样，他首次出相仅一年多，便被罢免。

奸贼卷土重来，源于张浚与赵鼎的政治斗争。

张浚与赵鼎曾经同为宰相，一右一左。右相主战，左相主和，政见不一。淮西之战，赵鼎处置失当，最终罢相，张浚误认为秦桧"柔佞易制"，再度推荐他出任枢密使，执掌兵权。淮西兵变后，张浚成为众矢之的，只有罢相一途。此时高宗问他："秦桧何如？"张浚答道："今与共事，始知其暗。"论理秦桧是枢密使，主管军事，同样难辞其咎，但他巧妙地洗清了责任。

鹰派下台，鸽派上来，赵鼎再度出相。此时他犯了与张浚同样的错误。高宗许诺："现任执政去留惟卿。"赵鼎说："秦桧不可令去。"后来又支持秦桧出任右相，最终上演了农夫与蛇的故事：赵鼎被秦桧排挤出朝，全家受尽迫害。

秦桧送给赵构的第一份大礼并不新鲜，还是那八个字："南人归南，北人归北。"

此时金国内斗告一段落，主战派的宗翰一党垮台，主和派掌握朝政。郦琼率领四万多人投降后，他们立即下令就地解散，生怕刘豫趁机扩充。1137年十一月，宗弼等人以攻宋为名，率军南下开封，正式将刘豫废黜，随即放出和谈的气球。尽管条件极度屈辱，但赵构还是全盘接受，次年正月派使者北上，迎接徽宗梓宫，并与金国交割地界，名义上收回了河南、陕西。交割地界使王伦昔日的某个部属此时在金营为书吏，他告诉王伦，宗弼等主战派打算发动政变，撕毁和议。王伦立刻派人飞报朝廷，建议令众将分兵把守险要，但赵构置之不理。

王伦到达金国时，政变已经从传言变为现实。宗弼推翻和约，兵分四路南下，一月之内河南、陕西再度倾覆；南宋刚刚到手的洛阳和开封等地，席不暇暖，又告失守。

赵构和秦桧等于被人当众扇了一记耳光。赵构无所谓，皇帝不要脸，臣下为遮掩；但秦桧如何转过话头，确实有技术难度。他"顾盼朝士，问以计策"。关键时刻，一个叫张嵲的无耻书生，终于从《尚书》中找到理论依据。他低声背诵道："德无常师，主善为师。善无常主，协于克一。"

《尚书》是最老的典籍之一，比较难懂。贵州人民出版社1990年2月出版的《今古文尚书全译》对这四句话的解释是：德没有固定不变的榜样，以善为标准的德就是榜样；善没有固定不变的标准，能够符合纯一的就是标准。秦桧到底是进士出身，顿时心领神会，立即屏退众人，单独留下张嵲。

张嵲说："天下之事，各随时节，不可拘泥。曩者相公与虏人讲和者，时当讲和也。今虏人既败盟，则曲在彼，我不得不应，亦时当如此耳。"

秦桧大喜，摇身一变，换上义正词严的腔调，依然振振有词，发布赏格悬赏宗弼首级，同时令各位大将出兵迎敌。

刚刚从陕西战场调到东南的宿将刘锜，率领以"八字军"为骨干的部队，本来要去接收开封。抵达京西路顺昌府（治汝阴，今安徽阜阳）时，得到金军败盟南犯且三百里外的陈州（今河南淮阳）已经失守的消息，立即决定在此坚守。他下令凿沉船只，并把自己的家属安置在一座寺庙中，门口堆满柴草，吩咐卫士一旦战事不利便点火，以免家眷受辱。

在刘锜的组织下，顺昌城里"男子备战守，妇女砺刀剑"：城外的居民全部内迁，并烧毁房舍，以免资敌；加高加厚城墙，开凿射击孔洞，以便观察和放箭；在外城墙根构筑羊马圈式的土墙，作为攻击集结地；城外设置伏兵，准备袭击捕俘，与守军互相配合；部队分组，轮流作战。经过六昼夜努力，顺昌成为铜墙铁壁。

1140年六月十一，金军前锋进驻城外三十里的白龙窝。刘锜乘敌立足未稳，派兵千余夜袭，首战告捷；十五日，金军主力三万余人从陈州扑来。等赶到顺昌，却发现城门全部洞开。金兵恐有埋伏，不敢靠近，只在远处放箭。单论弓弩的威力，金兵不是对手。宋军装备的神臂弓射程达二百四十步，约合三百七十二米，能穿透榆木。宋军一放箭还击，金兵抵挡不住，只得后退。刘锜趁势下令追击，金兵大败，拥挤中很多人葬身颍河。后来刘锜又连续两次趁着雷雨之夜袭击金营，给敌军以重大杀伤。

宗弼闻听暴跳如雷，六月二十三日亲率主力（号称十万），南下增援。二十五日，他来到顺昌城下，见城垣低小，轻蔑地说："顺昌城壁如此，可以靴尖踢倒！"随即命令围城，准备进攻。

时值酷暑，北方的金兵根本不适应。刘锜下令将一副甲胄暴晒于日光之下，等它热得烫手，便令部队出城迎击。此时金军在烈日下暴晒多时，盔甲滚烫，根本无法交战，一触即溃；等金兵后退，刘锜下令在颍河上游以及渡口大量撒毒，然后派人挑战，声称若敢渡河决战，他将代架浮桥五座，以为"迎接"。宗弼大怒，接下战表，刘锜言而有信，连夜在下毒处架起浮桥。金军渡河后，大量中毒，病倒很多，士气越发低落。

大军久屯坚城之下，乃兵家大忌。金兵远来，利在速战，但刘锜以坚守为主，到傍晚才擂起战鼓，营中彻夜喧哗。等宗弼派人探听，城中却又偃旗息鼓，一片寂静。宗弼无奈，只得派兵骑在马上，手持火把，守卫他的大营。这样一来，金兵越发疲惫，战斗力大为削弱。二十六日深夜，刘锜先遣偏师攻击西门方向，分散其注意力，然后派五千精兵出南门，袭击宗弼大营，杀死大量金兵。

宗弼无奈，只得出动精锐部队"铁浮图"。铁浮图即铁浮屠，其实就是重甲步兵，主要用于攻城。浮图本意是塔，宋军称之为铁浮图，可以想见其威慑力。宗弼是急了眼，将侍卫亲军，也就是最铁杆的部队，装备成铁浮图，用于一线进攻。但是宋军用长枪挑去兜鏊，用斧头砍其臂膀，激烈搏斗中，甚至有人伸手撕扯，最终让他们无功而返。

　　除了铁浮图，还有骑兵，这向来是金兵的看家本钱。刘锜灵机一动，让士兵每人携带一只竹筒，手持一把大刀。竹筒中装满煮好的豆子，进入阵地后随手扔掉，这样豆子狼藉满地，竹筒到处乱滚，金军的战马既为豆子吸引，腿脚又被竹筒所绊，根本无法行进。宋军趁此机会，抢起大刀猛砍马腿。一匹马倒下，前后践踏，左右翻滚，弄得金兵不成队形，最终惨败，"毙尸倒马，纵横枕藉"，损失高达八成。六月三十日，宗弼只得率领残兵败将，灰溜溜地撤回开封。

　　这是继吴玠在仙人关和和尚原大捷之后，宋军直接针对金兵取得的又一次大捷。金军"自言入中原十五年，尝一败于吴玠，以失地利而败；今败于刘锜，真以战而败"，"十五年间，无如此战"。刘锜随即威风八面。在次年的柘皋之战中，他的增援部队刚刚抵达战场，金兵见到大旗上的"刘"字，便惊呼道："此顺昌旗帜也！"不战而逃。

　　战后当地百姓捐建了刘锜生祠，以纪念这位保护神。该祠经历代修缮，现在依然保存着光绪七年重修的匾额，上书"南宋屏藩"四个金字，另有一副对联：

铁浮图锐利非常，自来中原横行，独畏我顺昌旗帜；

金兀术骄狂太甚，妄想坚城趄倒，试问他多大靴尖。

这足以说明，金兵战斗力虽强，但绝非不可战胜。

两战两捷

顺昌大捷是城池保卫战，刘锜依托城池而得胜；而岳飞呢，将要创造另外一项纪录——在平原地带与金军的骑兵野战，硬碰硬而大胜。

其实岳飞早已采取对策，首先就是贯彻李纲和宗泽"连接河朔"的策略，向敌后派遣游击队，代表人物主要有李宝、梁兴和孟邦杰等人。

李宝是山东乘氏县（今山东菏泽）人，自幼喜好拳脚，爱打抱不平，人称"泼李三"。金兵铁蹄践踏到家乡后，李宝召集三千壮丁，准备干掉金国委派的濮州（今山东鄄城北）知州，未能成功，便脱身南下，加入岳家军，在骑兵中当了个小官儿。他自感受到的重视不够，暗中联络四十余人，准备潜回山东再举义旗，但刚商定出发日期，就被发觉。当兵逃亡，军法不容，他们全部落网，但岳飞得知内情，不仅不杀，还给了李宝一个"河北路统领忠义军马"的名分，并提供便利，让他们北上。

除此之外，岳飞还派两支人马先行渡河，深入敌后，以为牵制。这些都是奇兵，关键力量还在岳家军主力：张宪带领本部人马以及游奕军，先期开赴淮西；岳飞自率精锐随即北上。

大战在即，三大将全部官升一级：韩世忠由少师晋升太保，张俊由少傅晋升少师，岳飞则由从一品的开府仪同三司晋升正一品的少保。与官位同时到达的，还有紧箍儿。当时的赵构内心十分矛盾：既担心刘锜孤军被歼，又不想让岳飞趁机北伐，因此一方面频催岳飞"多差精锐人马，火急前去救援"，"不得顷刻住滞"，一方面又令他"重兵持守，轻兵择利"，"候到光、蔡，措置有绪，轻骑前来奏事"。暗示光州（今河南潢川）和蔡州（今河南汝南）就是红线。别说黄河以北，就是黄河以南的土地，包括东京开封府、西京河南府和南京应天府，都视为包袱准备扔掉。

六月下旬，司农少卿李若虚奉命前往岳飞军中"计事"。此时岳家军已经北上，李若虚赶到德安府（治今湖北安陆），方才见到岳飞。这位前任参议官带给老上司的公开御札羞羞答答，但口谕非常要命："兵不可轻动，宜且班师。"三军已动，箭在弦上，不得不发。岳飞断然不从，据理力争，李若虚激于义愤，主动承担"矫诏之罪"，在关键时刻予以支持。

岳飞随即调兵遣将，分头发起攻击。在岳家军司令部的地图上，慢慢插满一面面小红旗：

张宪收复光州后，便提兵向颍昌（今河南许昌）发起攻击。刚在顺昌尝到刘锜铁拳的金将韩常，又在颍昌被打了个落花流水；他败退到淮宁府（即陈州，今河南淮阳），张宪举兵前来，又将其击败，收复淮宁。

王贵派部将杨成等人攻打郑州，闰六月二十五部队抵达郑州南郊。金军万户漫独化率领五千多人出城迎战，杨成等人身先士卒，奋力拼杀，杀退敌军，占领郑州。漫独化刚刚退到中牟，王贵部将刘政等人再度杀来。闰六月二十九深夜，刘政率兵劫营，无数金兵在睡梦中被砍掉脑袋。岳家军缴获战马三百五十多匹，驴、骡一百多头，衣甲器杖不计其数。万户属于高级官员，但从此以后，"漫独化"这个名字再也不见史册，估计已上阴府名单。

与此同时，中军副统制郝晸等人奉命收复西京河南府，大军在洛阳六十里外扎营下寨。防守洛阳的李成，手下有七千"番人"，三千多"食粮军"，数千匹战马。七月初一金兵出城，经过一番厮杀，又败回城中，郝晸随即率领主力追击，当日傍晚逼近洛阳。城中河北、山东等地的汉兵无心与宋军交战，当夜弃城而逃。李成闻听消息，彻底失去斗志，也连夜遁去，岳家军随即克复西京。

此时岳飞的司令部设在郾城（今属河南）。主力全部北上，郾城防卫空虚。这个情报大约被宗弼所掌握，他已休整一个半月，又得到生力军的援助，自觉已经满血复活，便倾巢而出，直扑郾城。

七月初八，探马飞报岳飞，宗弼统领精锐骑兵一万五千余众，铠甲鲜明，气势汹汹，一路南下，距郾城只有二十多里。岳飞闻听消息，眉头一皱。此时其麾下只有背嵬军和游奕军一部，势单力薄。他意识到恶战在即，首先将重担压到长子岳云肩上，满面严肃地告诫道："必胜而后返，如不用命，吾先斩汝矣！"

　　岳飞对长子岳云实在严格到了苛刻的程度。不报他的军功，还动不动就要以军法相威胁。所以现在有个说法，岳云可能不是岳飞亲子，而是养子。这就未免小瞧了岳飞。将门虎子，岳云何须军令的恐吓，他挥舞两杆铁锥枪，率军直扑敌阵，双方骑兵随即展开鏖战。自信阳以北，河南中部全是平原，一马平川，正是金军骑兵的用武之地。在此之前，两军还从来没有展开过真正的骑兵决战。金军本以为捡了个"皮夹子"，谁知道是一记窝心拳。

　　双方迭次增兵，最终"全军接战"。杨再兴要活捉宗弼，单骑冲入敌阵，杀金军将士近百名，他自己也身中数十枪，遍体鳞伤。此时黄尘蔽日，杀声动地，面色冷峻的岳飞突然亲率四十骑，要突出阵前。都训练霍坚立即上前挽住战马劝阻："相公为国重臣，安危所系，奈何轻敌？"岳飞用马鞭一抽霍坚的手："非尔所知！"随即跃马驰突，左右开弓，箭无虚发，接连射死多个金军兵将。主帅不避锋矢，将士们大受激励，豪情万分。宗弼无奈，又使出了撒手锏——铁浮图和拐子马。

铁浮图前面说过，拐子马的含义经常被误解为三匹连在一起的重装马，也就是三个重装骑兵连在一起，说它是铁浮图的另一称谓。后来乾隆皇帝读《宋史》，认为不通，因这样只能自缚手脚。乾隆是满人，深谙骑兵之道，且与女真渊源深厚，他的说法当然更有道理。拐子马其实就是左右翼骑兵，利用高速机动，一会儿向左，一会儿向右。这是金兵的常用战术，过去他们屡试不爽，但今天如何呢？岳家军以麻扎刀、提刀、大斧等武器，上劈脑门，下砍马腿，还以颜色。战到天黑，金军一败涂地，狼狈溃逃。

宗弼没占到便宜，岂能甘心，又楔入郾城和颍昌之间的临颍（今属河南），妄图切断岳飞和王贵的联系。岳飞判断敌军可能会转头攻打颍昌，便命岳云率领背嵬军骑兵一部，绕道前往增援。此时张宪等人从淮宁赶到郾城，岳飞命令他组成强大兵团挺进临颍，与宗弼决战。

这一战最为耀眼的将星是杨再兴。他奉命带领三百骑作为前哨，在城南的小商桥与金兵大军不期而遇。众寡悬殊，杨再兴毫无惧色，率部奋力拼杀，最终全部战死，金军的代价则是战死两千多人，其中包括万夫长、千夫长这样的高级将领。当时大雨滂沱，溪涧里血海汪洋。宗弼勇气全泄，留下八千人守临颍，自己带领主力军转攻颍昌。十四日天明，张宪进逼临颍，以摧枯拉朽之势扫荡金军。战后找到杨再兴的遗体，焚化后竟得箭镞两升。英雄之为英雄，由此可以想见。

与此同时，颍昌会战也拉开大幕。宗弼指挥三万多骑兵在城西的舞阳桥列阵，横亘十多里，金鼓震天。此时颍昌的岳家军虽有五个军番号，但除了踏白军外，都不是全军，敌强我弱。王贵派统制董先、副统制胡清守城，自己和姚政、岳云出城决战。

岳云率领八百骑士，首先发起攻击。两军苦战数十回合，依然难分高低。岳云先后十多次出入敌阵，身受百余处创伤，部下都杀得"人为血人，马为血马"。局面胶着，形势不利，就连久经沙场的老将王贵也不免有些气馁，幸亏岳云信心坚定，制止住主将的动摇，使全军"无一人肯回顾者"。正午时分，守城的董先和胡清分别率军加入战斗，这才扭转战局，宗弼再度溃败。

颍昌大捷战果辉煌，岳家军杀敌五千多，俘虏两千余，缴获战马三千多匹，器杖物资堆积如山。宗弼的女婿是统军使，当场阵亡；副统军粘汗孛堇身受重伤，抬到开封后也伸了腿儿。岳家军还杀死金军千夫长五人，活捉渤海汉儿都提点、千夫长王松寿，女真汉儿都提点、千夫长张来孙等七十八名敌将。

宗弼先后经历了和尚原、仙人关、顺昌、郾城和颍昌五次大败，而最后两战，是完全占据主动的大败。他不得不悲哀地承认：

"撼山易，撼岳家军难！"

岳家军乘势追击，又在离开封城不过四十里的朱仙镇获胜，而敌后的奇兵也全面发动攻势：

梁兴和董荣率领的两支队伍，七月初二在洛阳以西北渡黄河，攻占绛州垣曲（今属山西），初四向孟州王屋县（今属河南）进发，初五赶走县城内的敌军，初六挺进至济源县（今河南济源市）西的曲阳，在此血战半日，大败金将高太尉。后来高太尉从孟州等地调集一万多人反扑，又被击败。经过休整，宋军在当地百姓的配合下，相继攻占绛州翼城县（今属山西）、泽州沁水县（今属山西）等地。

　　忠义统制赵俊从河北路卫州北上，与另外一名忠义统制乔握坚会合，收复庆源府（今河北赵县）。磁州、相州、开德府、冀州、大名府、泽州、绛州、汾州（治西河，今山西汾阳）、隰州（治隰川，今山西隰县）等地民众纷纷揭竿而起，大有星火燎原之势。金兵自燕山以南，"号令不复行"。

　　在河东路，王忠植率部克复岚州（今山西岚县北）、石州（今山西离石）、保德军（今山西保德）等十一州军，活跃于河东路的北部。陕州（今属河南）忠义统制吴琦也派统领侯信渡河，攻劫中条山柏梯谷的金兵营寨，杀俘敌军各二百余，随后转战解州（今属山西），破金军七千众，俘敌五百余，斩敌将千夫长乞可。梁兴将战报快马递发宣抚司，对岳飞说："河北忠义四十余万，皆以岳字号旗帜，愿公早渡河。"

功败垂成

金兵是"东风无力百花残"，宋军是"满园春色关不住"。此时如果趁热打铁，各军配合，在巩固新收复的河南等地的同时，休整军队编练士卒，派遣有力之一部深入河北，局势完全可能彻底改观。南宋即便不能全面光复国土，至少可以重新获得千余里的战略纵深。无论从政治还是军事，都有大账可算。

问题是赵构和秦桧不这么想。

一般认为，秦桧是金国的奸细，这话恐怕经不起推敲，也有占据道德高地而居高临下之嫌。秦桧主和，这没有问题，但说他是金国奸细，为敌方打算，却无道理。他在南宋高居相位，后来又长期专政，何必要出卖祖宗？那样他能得到更高的价码吗？他在南宋得到的一切，能在金国得到，假如得到他又愿意并且适应吗？要知道他也是读圣贤书长大的，他习惯的文化背景还是"之乎者也""仁义礼智信"，对于马背民族的啖腥吃膻，至少不能马上适应。金国拿什么样的价码，才能收买到他？总不至于让他事成之后做天子，像张邦昌和刘豫一样吧。

秦桧主和，确实与金国的主和派见解相同。他之所以持此主张，最根本的动因，还是对金军铁骑的恐惧。

做俘虏的生活虽然不长，不过短短四年，但耳闻目睹的一切，还是足以造成强烈的心理阴影，影响他此后的行事风格与见解。这跟抗战初期的所谓"亲日派"类似，他们多是知日派，因知日而表现得亲日，具体症状就是反对抗战。对于秦桧而言，这些年来的狼狈不断强化这个心理暗示：与金兵作对没有好下场。

这一点正好与赵构契合。

对于金兵，赵构的心理阴影更加强烈。他们那一代人，完全在花天酒地、脂香粉浓的气氛中长大，根本没有金戈铁马的战争概念。而且从他的角度，也可以居高临下地看到己方的种种弱点，否则也不会写这样一封国书给宗弼：

> 天网恢恢，将安之耶？是以守则无人，以奔则无地，一并彷徨，蹐天踏地，而无所容厝，此所以朝夕谔谔然，惟冀阁下之见哀而赦已也。

完全是摇尾乞怜的口气。别说国格，人格又何尝存有半分？

后世评说，高宗时期有恢复之臣，而无恢复之君；孝宗时期则正好相反，有恢复之君，而无恢复之臣。孝宗之所以主战，是因为他成长于战争环境，耳闻目睹总是血雨腥风，所以他已经适应，不怕。

靖康之变初期，惧怕金兵可以理解，因为宋军承平日久，战斗力低下，确实不行。但问题在于，一切都会变化。

打了十几年，宋金两军的对比，其实就是这个局面。宋军素质大大提高，金兵斗志日益降低。宗弼与其心腹悍将韩常夜饮时，也不得不承认："今之南军，其勇锐乃昔之我军；今之我军，其怯懦乃昔之南军。"

这当然不是简单的"羽毛拴铁球"。野蛮对文明的侵略与施暴，往往开局顺利，而最终归于失败。辽、金、元与宋，蒙古骑兵西征，清军对晚明，无不如此。野蛮之所以能够顺利地征服文明，是因为文明的另外一面总是靡弱。从历史发展与文化传承的角度看，这种征服与融合是必要的，彼此都可以从对方汲取营养，形成杂交优势。仗打到这个份上，"恐金症"完全没有必要，可惜赵构与秦桧依然被自身虚构的噩梦所遮蔽，对此视而不见。

幸亏当时没有手机和电话，否则郾城大战也就不会上演。从岳飞接到第一道班师诏令的时间推断，它差不多应该发于郾城大战的同时；而就在前两天，岳飞还上奏朝廷，兴冲冲地转告梁兴等部在河北的捷报，并"伏望速降指挥，令诸路之兵火急并进，庶几早见成功"。可他等来的不是援兵，而是撤军令——那一天是七月十八，张宪等部正在临颍血战，英雄杨再兴已慷慨捐躯。作为一方将帅，岳飞深知当前的局面难得，人心可用，士卒可战，实在不忍心让将士们此前的鲜血白流，因此不肯从命，又做了最后的努力，再度上奏，言辞激烈：

契勘金虏，重兵尽聚东京，屡经败衄，锐气沮丧，内外震骇。闻之谍者，虏欲弃其辎重，疾走渡河。况今豪杰向风，士卒用命，天时人事，强弱已见，功及垂成，时不再来，机难轻失。臣日夜料之熟矣，惟陛下图之。

朱仙镇大捷未必是史实，很可能是岳珂的虚饰美化。无论有无大捷，就在岳家军的先头部队抵达朱仙镇时，一天之内十二道金牌接连递到岳飞帐前，全部是班师诏令，措辞极度严厉，不容稍有推迟。

所谓金牌，就是宋代的特快专递，在一尺多长的朱漆木牌上书金字："御前文字，不得入铺。"沿途驿站使用驿马接力传送，不得进入递铺稍有停留。皇帝下发急件，全用金牌传递，按规定要日行五百里；臣下发往朝廷的急件，另用"急递"，日行四百里。

十二道金牌的分量，岳飞当然清楚。身为忠臣，赵构一手提拔的大将，他对赵构心存感激，那种感激混合着对江山社稷的忠心，彼此难以区分，而它们最后的交汇点，便是不能抗命。况且单纯从军事的角度出发，也无他法：顺昌大捷后，刘锜屡次接到回师镇江的命令，便派部分人马护送家眷和伤员先行撤退，主力一万多人留在顺昌，既不后退，也不前出声援；至于张俊，早就借坡下驴，溜回江南。只有韩世忠所部还在攻打淮阳军。岳家军屡经血战，疲惫已极，损失也大，再这样孤军深入，岂能长久。

那就撤吧。尽管是十年之功，毁于一旦。

为掩护全军安全撤退，岳飞故意虚张声势，下令购买布帛，制造战具，宣称继续进攻，同时暗下退军命令：主力于七月二十一从颍昌府退到郾城，随即与司令部一起退到蔡州；大军从蔡州南撤鄂州的同时，七月二十七，岳飞率两千骑兵取道顺昌府渡淮，前往行在奏事。

令人哭笑不得的是，赵构接到郾城大捷和第二封反对班师的表章后，内心有所触动，七月二十五日，即岳家军已经南撤后的第四天，杨沂中率领殿前司军奉命从临安开赴淮南西路，赵构同时给岳飞递发手诏，令他"且留京西，伺贼意向，为牵制之势"。但岳飞收到时，已经在赶往临安的半路上；此间他多次接到诏书以及三省公文，内容前后矛盾，但最终还是令他前往行在。

刚刚收复的失地，很快便再度沦陷。就在那一年，在今天济南市历城区遥墙镇的四风闸村，一位跟岳飞同样壮志难伸的抗金将才呱呱坠地，他就是辛弃疾。

削夺兵权

岳家军一退，宗弼就来了精神。反正开封离南方也近，第二年，也就是1141年春天，金兵再度南犯。他们惹不起岳飞，就专拣软柿子捏，出兵淮南。

此时驻扎在淮南的有张俊的将近八万人、杨沂中的三万人，另外还有刘锜的两万人。可每当关键时刻，赵构总是不会让岳飞清闲，立即诏令他增援。岳飞深通军事，不想头疼医头，再度建议"长驱京洛"，围魏救赵，但结果可想而知。

岳飞当时正"见苦寒嗽"，也就是身患重感冒，但依然亲点八千背嵬军，前往救援。柘皋大捷后，宗弼退兵庐州，张俊情报有误，以为金兵已退，便令刘锜先行撤退，自己和旧部杨沂中"耀兵淮上"，再行班师，实际上是想排挤刘锜，独享战功。所以他同时又照会岳飞，声称"前途乏粮，不可行师"。岳飞闻听，便退回庐州，上奏朝廷，请示进退。然而张俊的美梦没做多久，便告破灭：金兵反扑，王德和杨沂中吃了败仗。等岳家军闻讯赶到，金兵已经撤退。

从某种意义上说，真正给南宋带来和平的并非赵构，也非秦桧，而是岳飞。

若非岳飞韬略过人，岳家军英勇顽强，具有远程打击能力，宗弼也不会"由鹰转鸽"。鉴于"南宋近年军势雄锐，有心争战"，他决意讲和，曾于1140年秋写信给秦桧："尔朝夕以和请，而岳飞方为河北图，且杀吾婿，不可以不报。必杀岳飞，而后和可成也。"将杀岳飞作为和谈的先决条件。

通过秦桧摸到宗弼底牌的赵构，便开始动手削兵权。1141年四月，淮西之战的硝烟未散，朝廷就发布诏令，以赏柘皋战功为名，将张俊、韩世忠提拔为枢密使，岳飞为枢密副使，保留少保官阶。他们统领的三个宣抚司同时撤销。

岳家军交由王贵统领，张宪为其副手。为监视节度他们，秦桧的党羽林大声出任湖广总领，相当于岳家军的监军。

宋朝第二次削夺兵权就此上演。客观地说，此举并非针对岳飞，属于对事不对人。而朝廷砍去刘光世之后的第二刀，也并非指向很能打的岳家军，以及比较能打的韩家军，而是张俊。淮西兵变后张浚下台，赵鼎复相。赵鼎上任伊始，便要对张俊开刀。张俊畏敌避战，名声在外。赵鼎和枢密副使王庶、监察御史张戒议定，吸取淮西兵变教训，擢升各大将部下的偏裨将佐，使其独立成军，类似汉武帝削藩时的"推恩令"，最终削平山头。

王庶视师江淮时，便令张俊的部将张宗颜移驻庐州。朝廷安的什么心，张俊心里当然清楚。正巧，张俊跟王庶属下有个叫刘时的钱粮官同乡，便请他喝酒，然后以酒遮面，让他给王庶带话，半是抗议半是威胁："乡人能为我言于子尚（王庶字子尚）否？易置偏裨，似未宜遽。先处己可也。不知身在朝廷之上能得几日，其已安乎？"先别想着算计我，你枢密副使能干几天？

王庶是长大的，可不是吓大的。他把张俊的皮球又原样踢了回去："为我言于张十：不论安与未安，但一日即须行一日事耳。"

由于种种原因，尽管王庶语气强硬，此事到底还是被搁置。此前岳飞曾多次上表辞职，但真正被夺去兵权，内心想必不会情愿。那可是他一生的心血与志向所系。韩世忠大抵也是如此。只有张俊，因为已跟秦桧达成幕后交易，"约尽罢诸将，独以兵权归俊"，带头服从朝廷决定，表情愉快，态度坚决。

然而岳飞与韩世忠内心的想法丝毫不曾表露。也就是说他们并没有借故阻挠。韩世忠特地做了条"一字巾"裹在头上，以示区别，时而带着几名亲兵，到处走走看看；岳飞呢，脱去戎装，身着便服，披襟雍容，故作悠闲。

可这并没能消去赵构和秦桧等人的疑忌。他们的阴谋，才刚刚开始。

千古奇冤

其实秦桧最先盯上的并非岳飞，而是韩世忠，因为岳飞反对和议只是动口，而韩世忠却要动手：他的防区淮东是宋金两国交流的必由之路。他曾计划派部属假扮红巾军，袭杀金国使者张通古。虽然因为走漏消息，最终未能得手，但也足以令秦桧没齿难忘。

三大将刚刚交出兵权半个月，朝廷就令张俊和岳飞去淮南东路"措置战守"。任务没问题，问题在于人选：韩世忠在那里驻防多年，地形熟悉，人情通达，朝廷却偏偏不让他去，肯定不能解释为纯属巧合或工作需要。韩世忠和张俊都是老资格。由于《水浒传》的影响，人们都以为，是武松单臂擒方腊，其实那是韩世忠的功劳。司汤达在《红与黑》中说过：

社会好像一根竹竿，分成若干节，一个人的伟大事业，就是爬上比他自己的阶级更高的阶级去，而上面的那个阶级则利用一切力量阻止他爬上去。岳飞的志向当然不是爬高，但爬高却是他渡过志向之河的航船。自己的火箭提拔让张俊和韩世忠都浑身不爽，岳飞心里门儿清，怎么办呢？只能尊重上司，团结同僚，屈己待人。平定杨幺后，他分别赠送二人楼船一艘，上面战具齐备。韩世忠很高兴，尽释前嫌，而张俊也许将岳飞的好意理解成了炫耀，反倒更加妒忌。

此时张俊和韩世忠已经结为儿女亲家，可政治利益价码太高，这个关系轻如鸿毛。按照秦桧的安排，张俊与岳飞有两个任务，一明一暗：明里要把韩家军大本营从楚州南撤镇江；暗里要彻底肢解韩家军，同时找个理由，拿下韩世忠。

陷害韩世忠的突破口是淮东总领胡纺。此人原先不仅对韩世忠曲意奉承，在韩世忠的"亲校"耿著等人跟前也是奴颜婢膝，终于获得提拔。狼一旦养大，自然要吃人——胡大总领再攀高枝儿，转投秦桧门下。韩世忠意欲袭击金使，便是胡纺告的密。三大将突然被罢兵权，军中难免人心不安，议论纷纷。胡纺按照秦桧的指令，控告昔日"奴事"的对象，说耿著自行在临安府回楚州后，散布流言蜚语，说什么"二枢密来楚州，必分世忠之军"，"吕祉之戒，不可不虑"；"鼓惑众听"不说，还"图叛逆"，"谋还世忠掌兵柄"。秦桧就此下令逮捕耿著，酷刑逼供，企图构陷韩世忠。

这样的事情岳飞当然不干。他立即写信通报韩世忠。韩世忠闻听大惊，找到赵构磕头哭诉不止。苗刘兵变，韩世忠救驾有功，赵构当然没有杀他的心，于是便向秦桧灭火。

这事蕴含着两重信息：首先，兵权平稳过渡干系重大，即便是韩世忠那样的老资格和救驾元勋，也知道开不得玩笑，只能向皇上泣涕剖白；其次，韩世忠保住了小命，岳飞却离死亡越来越近。后来岳飞明知政敌已经动手，却不肯上疏自辩，或者直接向赵构求情，这就是本文开头所谓的政治自杀。

如果岳飞不蹚这道秦桧眼中的浑水，他冤死的概率将大大降低。首先，韩世忠的死可能会对他产生巨大的压力，让他从此闭口噤声，不谈国事，庶几可免灾祸；其次，三大将杀一个已经足以警示全国，一下杀掉俩，心理压力和舆论成本未免太大。

秦桧的阴谋刚刚开始，岳飞的抵制也刚刚开始。张俊要拆散韩世忠最精锐最亲信的看家部队背嵬军，岳飞强烈反对："今国家唯自家三四辈以图恢复。万一官家复使之典军，吾曹将何颜以见之？"

彼此计议已定，岳飞再抵制又有何用。张俊心怀鬼胎，不敢住在楚州城里，只是白天过去走走过场，建议加固城墙壕沟。明明在部署撤军，嘴上却还要加固城防，岳飞心里不痛快，没理这茬儿；张俊是主帅，岳飞是副手，因此张俊对这个态度很不满意，又说了一次；岳飞忍耐不住，只好说："吾曹蒙国家厚恩，当相与戮力复中原，若今为退保计，何以激励将士？"

应该承认，岳飞这话有意气成分。即便采取攻势，楚州作为大本营，巩固城防还是有必要的。当然，他的本意并非放弃城防，而是反对赵构的外交政策，但后来这成了他的直接罪证。张俊作证说岳飞的原话是楚州不可守，因此不必修复城墙，岳飞的意思是要放弃整个淮南。

最终韩家军的大本营还是后移到了镇江，当地百姓也一同迁移。张俊在镇江设置了枢密行府，可以直接控制。

韩世忠的问题暂且告一段落，秦桧未曾发泄出来的火气，只能烧到岳飞身上。从淮西归来后，岳飞上表请辞，要求"别选异能，同张俊措置战守"。不到最后关头，深通帝王权术的赵构当然不会摊牌，不同意，然而没过几天，就有言官上表弹劾岳飞，当然都是秦桧的同党——右谏议大夫万俟卨，御史中丞何铸，殿中侍御史罗汝楫。按照惯例，宰执受到弹劾要立即辞职回避，这回赵构没再做戏，顺水推舟地同意岳飞辞去枢密副使，保留少保之衔，岳云一同罢官。当然，给了岳飞提举宫观的闲职，"仍奉朝请"，即每月上朝六天：初一，初五，十一，十五，二十一，二十五。岳飞想彻底离开朝廷，请求"一在外宫观差遣"。赵构当然不肯，他得时刻看着；岳飞无奈，只得请假回了江州。

那些走狗罗织的罪名有四项：

一、"不避嫌疑，而妄贪非常之功；不量彼己，而几败国之大事。"暗指岳飞建议立储和反对和议。不过这事仅一笔带过，尚非撒手锏。

二、"自登枢筦，郁郁不乐，日谋引去，以就安闲，每对士大夫但言山林之适。"暗指岳飞主动辞官是消极行为，但也构不成死罪。

三、淮西之役，"坚拒明诏，不肯出师"，"不以时发"，增援不力。要害。

四、"衔命出使，则妄执偏见，欲弃山阳（楚州别名）而守江"，"以楚为不可守"，"沮丧士气，动摇民心"。要害。

最阴毒的攻击主要是后面两条。比如第三条，如果坐实，就有了法律依据："临军征讨，误期三日，律当斩。"会出人命的。而这些，都是张俊的杰作。

张俊利用召见岳家军各位部将的机会，首先拉拢王贵。颍昌大战王贵一度动摇，险被岳飞执行军纪；还有一次因部下违纪，身负长官责任的他被打了一百军棍。张俊本来以为王贵会怀恨在心，但没想到他还有点气节，不肯就范；张俊以王贵的家人相要挟，王贵这才屈从。

他们网罗到的打手，是张宪的副统制王俊，绰号"王雕儿"。从绰号就可以看出，不是什么好鸟。这样的人在岳家军当然不可能获得重用，因此他对岳飞和张宪全都心怀私怨。两丑合流，俊字蒙羞——张俊授意王俊向王贵出首，检举张宪意图胁迫大军到襄阳，最终让岳飞重掌兵权。

张俊把时间掐得分毫不差。张宪奉命去镇江参见枢密使，人还没来，黑状已到；按照规定，枢密院无权开设刑堂，所以小吏职级严师孟和令史刘兴仁拒绝"推勘"，"恐坏乱祖宗之制"。然而张俊丧心病狂，哪里还讲什么规矩，派亲信王应求"推勘"，甚至亲自出马，"亲行鞫炼"，严刑拷打张宪，大搞刑讯逼供。

张宪是条汉子，宁死不屈。但事已至此，他承认与否都不重要。秦桧奏请将张宪和岳云押送大理寺狱"根勘"，并召岳飞一同审讯，赵构立即批准。

岳飞回到临安的府邸时，杨沂中奉命前去拘捕。1141年十月十三，杨沂中应召来见宰相，但秦桧并未露面，只派三省值班官员转交一份"堂牒"，以及一句话："要活底岳飞来。"

秦桧真是小看了岳飞，他怎么可能自杀。秦桧、张俊的动向，已有好心人通报，但岳飞坚信清者自清、浊者自浊，坚信赵构能念着他的功劳，遵守"保功臣之终"的诺言，不肯采取任何行动，比如上奏自辩，或者像韩世忠那样哭诉。

英雄就是英雄，英雄的膝盖永远不会弯曲，哪怕是死。

杨沂中逮捕岳飞的过程，简直像个精彩的电影片段。

他到达岳府后，岳飞出来迎接，笑问："十哥，汝来何为？"当时诸将结为兄弟，杨沂中排行第十，但还是比岳飞大一岁。少壮派就是少壮派。

岳鹏举若无其事，杨沂中心怀鬼胎。情形尴尬，后者赶紧掩饰道："无事，叫哥哥。"岳飞说："我看汝今日来，意思不好。"说完随即转身进了里屋。杨沂中递上堂牒——

类似逮捕令，没过多久，侍女便捧出一杯酒来，这下杨沂中犯了嘀咕，岳飞这是打的什么主意？会不会自杀，拉自己垫背？踌躇片刻才定下心神，一饮而尽。

岳飞随即出来说："此酒无药，我今日方见汝是真兄弟，我为汝往。"略一犹豫，又一语双关道："皇天后土，可表飞心耳！"

岳飞到了大理寺，只见四面垂帘，无有一人。情形类似林冲误入白虎堂。稍坐片刻，几名狱吏出来说："这里不是相公坐处，后面有中丞，请相公略来照对数事。"大理寺是什么地方，岳飞当然清楚。他听了这话，不禁感慨万千："吾与国家宣力，今日到此，何也？"

那就走吧，哪怕前面是地狱。进了里间，只见其爱将张宪和长子岳云，全都披戴枷锁，脱去衣冠；两具曾经抵御敌军刀风箭雨的无辜躯体上，叠加着己国屈打之伤。

冤不辩不明，理不说不清。参与弹劾岳飞的何铸是主审官，他越审越觉得岳飞冤屈，突然掉转枪口，替岳飞辩白；秦桧无奈，只好搬出底牌："此上意也！"何铸依然不肯松口，坚持道："铸岂区区为一岳飞者，强敌未灭，无故戮一大将，失士卒心，非社稷之长计。"

这个简单，不换脑筋就换人：派何铸出使金国，万俟卨改任御史中丞，主持审讯。

后来的结局尽人皆知。为掩人耳目，赵构也实行公示措施，将逮捕拿问岳飞一事，张榜告知朝野。本来韩世忠早已

"杜门谢客，绝口不言兵"，此时大约想起了岳飞的救援之恩，找到秦桧辩白，因此让中国文化和历史，增添了一个著名的词语："莫须有"。

"莫须有"的意思未必就是"也许有"，也有可能是"难道没有"。或者是这样断句："莫，须有。"别急，等等看会有的。但无论如何解释，当时都没找到罪证，是典型的冤案。

万俟卨最终给岳飞定下三条罪名：岳飞和岳云分别写"谍目"给王贵和张宪，策动他们谋反；淮西之役，"拥重兵"而"逗留不进"，"坐观胜负"；岳飞得知张俊和韩世忠等军战败后，曾说"官家（指赵构）又不修德"，还说"我三十二岁上建节，自古少有"，被引申和篡改为"自言与太祖俱以三十岁为节度使"，成为"指斥乘舆"的弥天大罪。

第一条罪状当然不可能有物证，他们说已被王贵和张宪随手烧掉；第二条罪状岳飞辩驳"甚明"，行师"往来月日"可考，"竟不能紊"，但还是强行定案；第三条本是口说无凭，董先被迫赴大理寺作旁证时，也不得不承认，岳飞没有"比并"太祖之语。

宋朝法律相当人性化："国朝著令，劾轻罪，因得重罪，原之，盖不欲求情于事外也。"不是疑罪从无，但也不层层加码，审查轻罪得到重罪。然而万俟卨等人却在罪名"无验"的情况下，不惜节外生枝，扩大事态，一味滚雪球。"国朝著令"也好，罪状"无验"也好，全都视而不见。最后他上奏，建议将岳飞处斩刑，张宪处绞刑，岳云处徒刑，但赵构决定：

"岳飞特赐死。张宪、岳云并依军法施行，令杨沂中监斩，仍多差兵将防护。"

按照当时的礼法，赐死比处斩体面。但狠毒的赵构，却一定要杀掉岳飞无辜的长子。1141年十二月二十九，岳飞被拉肋而死，也就是砸断肋骨，年仅三十九岁；不止一次率先登上敌军城头的岳云刚刚二十三岁，也跟张宪一起，在临安闹市被斩；张俊的部将田师中后来掌握岳家军，又用毒酒害死了牛皋。

人间痛失岳少保，华夏恨多风波亭。中国向来有四大名亭之说，即滁州醉翁亭、北京陶然亭、长沙爱晚亭、杭州西湖湖心亭（或曰绍兴兰亭），但最令人惊心动魄的还是风波亭。这是当时大理寺里的亭子，据说是岳飞的归天之所。风波，风波，人命关天，千古奇冤，此二字岂足以概括。

1161年，金主完颜亮再度南侵，饮马长江，要"提兵百万西湖上，立马吴山第一峰"。此时韩世忠、张俊先后死去，刘锜有病，朝廷缺乏战将。关键时刻，赵构又想当"长跑冠军"，给宰相陈康伯下了"如敌未退，放散百官"的手诏。陈康伯烧掉诏书，理由是既不能执行又不便保存；书生虞允文在采石矶临机处置，取得大捷。不知那个时候，赵构是否想起过岳飞的冤魂？诸将之中岳飞最年轻，如不遭冤屈，彼时当还健在。正如叶绍翁的感慨：

如公少缓须臾死，此虏安得八十年。

362

当然，这个问题不可能有详细答案，它应该包含在赵构退位时对群臣的"临终嘱托"中："朕在位失德甚多，更赖卿等掩覆。"

张俊是杀害岳飞的急先锋，杀岳杀韩都能减少潜在的竞争对手，符合其根本利益，但可悲的是，他也不过是枚棋子。磨一卸，驴必杀，没过多久，秦桧就授意言官弹劾张俊："大男杨存中握兵于行在，小男田师中拥兵于上流，他日变生，祸不可测。"杨存中就是杨沂中，赵构给改的名字。张俊跟岳飞、韩世忠的情况大不相同，赵构保他"无谋反之事"，但又乘机批准他退闲。

张俊落得善终，受封为清河郡王。周密在《武林旧事》中，记载了绍兴二十一年（1151）十月赵构前来巡幸时，此贼为皇上准备的长长的菜谱礼单。供奉皇帝的菜单，备办外官的饮食，以及进奉皇帝的珍宝、古玩、字画，漫长得简直就像他守不住的淮河。最具讽刺意义的是其头衔：安民靖难功臣，太傅，静江、宁武、靖海军节度使，醴泉观使，清河郡王。

此种嘴脸，竟然还是"安民靖难功臣"，历史真是懂得幽默。

谁是凶手

岳飞到底哪里该死呢？夺兵权兵权已去，谋和议和议已来——岳飞死前一月，绍兴和议已经签署；不但立有汗马功劳，私生活也毫无瑕疵。

"安民靖难功臣"张俊招待皇帝如此排场，消耗的自然都是民脂民膏。这位先生的贪婪，史册留名，每年仅收租就高达六十万石。其子孙曾一次捐献朝廷十万石租米，来自江东和两浙路六个州府所属十个县的十五个田庄；他家还曾将淮东路真州和盱眙军的三万七千亩田产捐献给朝廷。

多大的实力，才会有如此豪阔的举动？

韩世忠曾向赵构请求，以三万八千贯的价格购买一处没收的田宅，后又看上北宋奸臣朱勔的平江府南园，还曾请佃官田一千二百亩。赵构出手阔绰，全部赏赐给他。赵构认为韩世忠"持身廉"，又要赐给他面积千余顷、田租三万石的著名的永丰圩，韩世忠力辞，就算是廉上加廉（后来那里赐给了秦桧）。韩家每年所收租米多达几万石。郦琼在刘光世帐下的地位次于王德，相当于岳家军中的张宪，他在镇江府也有四千三百亩田产。

相形之下，岳飞未免寒酸：田七顷八十八亩，地十一顷九十六亩，水磨五所，房屋四百九十八间。其中三十八间房屋在江州城中，是岳飞的私宅，其余主要集中在庐山的岳家市。那里既是岳母葬地，又是岳氏宗族的聚居地。

这些财产，远远低于大帅多年来的合法收入。

女人关更难过。韩世忠可谓名将，黄天荡之战载入战史，但此公有个特别爱好，到部将家吃饭，喜欢让人家的妻妾陪酒。猛将呼延通为此大怒，说了过头话，声言要杀韩世忠，韩世忠就将呼延通贬为士卒，发配到呼延通的仇人崔德明部下当兵。后来韩世忠过生日，呼延通跑来祝贺，意欲和解，但韩世忠不见，呼延通回去又因不假外出而受到责罚毒打，他不堪受辱，投河而死。

名将吴玠同样喜欢渔色，据说死因也跟过度进补、食用丹石有关。岳飞呢？吴玠以二千贯的价钱买来仕宦之家的美女，并置办丰厚的嫁妆，不远千里送到鄂州，岳飞却隔着屏风跟人家谈条件讲价钱："某家上下所衣绅布耳，所食蔬面耳。女娘子若能如此同甘苦，乃可留，不然，不敢留。"

答案是一阵不以为然的窃笑，岳飞随即将美女璧还于吴玠。

文官不爱钱，武官不怕死；饿杀不拆屋，冻杀不打掳，这便是岳飞。他跟古之名将赵奢、李广一样，受到赏赐，从不揣进腰包："所得锡赉，率以激犒将士，兵食不给，则资粮于私廪。"后来秦桧下令抄家，岳飞家里的现金仅有其节度使俸的几分之一，但藏有麻布和丝绢三千余匹，米和麦五千余斛。大量的粮食和布匹，主要是为了贴补军用，应一时之急，而非自家消费。

然而所有这些，可能都是岳飞悲剧的推动因素。

岳飞越是这样，赵构、秦桧、张俊之流越是讨厌。即便韩世忠，恐怕也说不上喜欢岳飞。否则萧何与王翦，因何自污而求自保？

从秦桧的角度出发，杀将一可促进和议，二可以立威，谁不听话就杀谁，爱谁是谁，所以第一目标是韩世忠。就赵构而言，如果确实需要有人冤死，最佳人选则是岳飞。道理很简单：苗傅、刘正彦兵变，张俊第一个站出来勤王，韩世忠也救驾有功，与他有私恩。孝宗继位的次月虽然就给岳飞平了反，但不知出于何种考虑，是否顾忌到赵构还霸占着德寿宫活蹦乱跳，因此1166年评定所谓的"中兴十三处战功"时，岳飞的战绩无一上榜，张俊和韩世忠则分别有一又三分之一次与一次。单纯从军事的角度而言，这十三处战功多不靠谱，选择不当，只有柘皋之战、吴玠的仙人关之战与和尚原之战、李宝的唐岛之战、虞允文的采石矶之战没有争议，其余都难定论。韩世忠的战功不选黄天荡之战，却选了无关大局的大仪镇之战；张俊的第一次战功是明州之战，也需推敲：建炎三年（1129）十一月，金兵追着屁股猛打，赵构一路南逃直到明州（今浙江宁波），浙东制置使张俊扈从。宗弼占领杭州后，派兵四千继续追击，当年除夕追至明州，自高桥镇攻打西门。此时宋军已无退路，再退就是大海，因此只有死战。张俊部将刘宝、杨沂中、田师中所部奋力抵抗，知州刘洪道也带领州兵助战，最终击退金兵。

虽然朝廷也承认这只是"小捷"，却依然列为"中兴十三处战功"之首。因为"自金兵入中原，将帅皆望风奔溃，未尝有敢抗之者"，"中兴战功自明州一捷始"，"至此而军势稍张矣"。此战军事规模不大，政治影响不小。

但在赵构内心，恐怕还是将这次"小捷"视为救命之恩，否则他浮海也难得安全。至于岳飞，功劳虽大，但都不涉及赵构自身。不仅如此，他还跟皇帝撂挑子；遭遇诬陷，也始终不肯上表辩白，或向赵构哀求。这在岳飞的逻辑中是身正不怕影子斜，但在赵构眼里，何尝不是恃才傲物、狂悖不尊？

宗弼要求杀掉岳飞的信件，秦桧肯定要面呈皇上。很难想象两人当时的表情与嘴脸。那一刻，赵构脑海里必然会浮现出岳飞的种种异于常人之处：私上庐山，建言立储，反对和议，违诏出兵。这样的人还是杀掉的好。赵构从来没有过恢复河山的志望，偏安江南，做无法风流的太平天子已很满足。所以岳飞必死。赵构一定要杀鸡吓猴，以示"逗留之罚与跋扈之诛"。

和议也好，杀将也罢，秦桧是提线木偶，赵构才是皮影艺人。对于秦桧，赵构貌似无比倚重，却亲口对杨沂中说，他每次见秦桧，膝裤里总藏着匕首。绍兴和议有个条件，不许以无罪而去首相，秦桧的相位不可动摇，但赵构对秦桧也并非一味容忍，有时也稍微发力，以为警示。比如绍兴二十四年（1154）的科考。当时已经内定，秦桧的孙子秦埙第一，其门客曹冠第二，张孝祥第三。为此他们已经先期扫清障碍，将陆游驱逐，因为他省试第一，而且又不忘国耻，好谈恢复。

然而最终秦桧大跌眼镜。

殿试时，赵构打破惯例，称赞张孝祥"议论确正，辞翰爽美"，亲自擢为第一。秦桧当然生气，但赵构可能更加生气——他钦点的状元张孝祥，登第后的第一件事便是上书要求为岳飞平反。

秦桧专权时，儿子秦熺仅用六年，便爬上知枢密院事的高位。当时没有右相，他站班时仅次于其假老子——秦熺是秦桧妻兄的庶子，被秦桧收养的。绍兴二十五年（1155）十月，老贼自感来日无多，便处心积虑让儿子接班。他两次上表请辞，赵构为了稳住他，都没有同意。当月二十一日，赵构前往秦府，名为探病，实则侦察。一见秦桧半死不活的样子，赵构就知道前来拉他的小鬼已经上路。此时秦熺迫不及待地询问："代居宰相者为谁？"赵构拿出曾经对付岳飞的口气说："此事卿不当与！"回到宫中，就令人起草让秦桧致仕的制词。贼党正准备联名上书，推举秦熺为相，诏书突降：秦桧晋封建康郡王，秦熺晋封少师，二人同时致仕。秦埙及其兄弟秦堪一同罢官。秦桧一听，当夜就翘了辫子。赵构如释重负，对杨沂中说："我今后再也不必在膝裤里藏匕首了。"

赵构是坏蛋，但不是笨蛋。忠良岳飞和奸臣秦桧，都被他玩得团团转。

著书立说，喜欢耸人听闻，以便吸引眼球打造卖点，因此有人说岳飞死于自身的性格缺陷。其来源大约是朱熹的评论："恃才而不自晦。"朱熹此说也没错，但岳飞如果遮遮掩掩，藏头露尾，或许可得善终，但那善终是大帅愿意选择的吗？李白若会韬光养晦，世上何来诗仙？他的绣口一闭，历史便会失去半个盛唐。

就世俗观点和实用成功学而言，比起张俊，岳飞可能是个傻子。然而古今中外，能够照耀历史的，永远不会是权位的黄罗伞盖，或者财富的闪闪金光——"楚王台榭空山丘"嘛——而是傻子的傻气，例如岳少保。岳飞确实死于自身性格——所谓性格即命运，但谈不上缺陷。

当初岳飞向韩世忠通报内情时，他知不知道其中蕴含着风险？应该知道。明知危险还要去做，这才符合他一贯的性格：不避锋矢，亲临一线。通俗地说，就是宗泽所谓的野路子，就是大帅不怕死，就是郾城大捷时非要带领四十骑亲自拼杀。

如果没有这个曲折，韩世忠会不会找到秦桧抗议？八成也会，答案在于经典战例"黄天荡"：《宋史》记载此役中梁夫人擂鼓战金山，是否真实暂且不论，但可以肯定韩世忠当时在一线指挥。他作战从来不像刘光世和张俊那样只派部将应付，所以能在黄天荡创造经典战例，所以敢于计划袭杀金使，所以晚景凄凉——至少不如张俊风光。

还有人认为，宋金和议是地缘政治平衡的结果。清人钱大昕就说："以时势论之，未为失算。"言外之意，岳飞主战，未必符合当时的国情民意。地缘政治平衡的结论没错，但平衡点有误。即便从和议的角度出发，也应该保留战将，作为筹码永久珍藏。

《孙子兵法》说得最为清楚："欲得其中，必求其上；欲得其上，必求上上。"

其实后人的议论，永远是隔靴搔痒。岳飞亲临一线，又身负兵韬将略，能不能打，他应该比谁都清楚。考虑到他是冤案的主人公，证词不能完全采信，那也应该看看辛弃疾的《美芹十论》。辛弃疾可是在金国出生长大的，深知敌情。他认为，中原人心盼望恢复，士气可用；金国虽然地域广阔，但人心不满，宋军完全可以一战；金国统治者心目中的和平条件，本来十分优厚，除了退回三京，甚至准备割让白沟（今河北新城县东）以南的全部地域，但南宋不了解实情，又被对手摸透底牌，因此屡屡吃亏。

当然，赵构本人可能是大赢家，因为他得到了想要的一切。至于后世名声，不妨借鉴法国国王某个路易的高论："我死后哪怕洪水滔天。"

我无意将岳飞打扮成道德圣人。我也不喜欢毫无缺点的人——那样的人即便不是伪君子，也像墙上的画像，不够真实，可敬但不可爱。张岱的《陶庵梦忆》中有句话，我深以为然："人无癖不可与交，以其无深情也；人无疵不可与交，以其无真气也。"岳飞绝非毫无缺点：他早年嗜酒，两次酒后闹事，第二次是醉打江南西路兵马钤辖赵秉渊，几乎出了人命，影响甚坏；除此之外，他杀掉傅庆，也量刑过重，涉嫌报复。

傅庆曾在岳飞帐下任前军统制，是员悍将，作战勇猛，深受倚重，傅庆因此甚为得意，将岳飞视为平级的朋友，经常这样吹嘘："岳丈所主张此一军者，皆我出战有功之力。"

傅庆时不时向岳飞索取钱财，而岳飞有求必应，从不拒绝。出任通泰镇抚使后，岳飞级别提高，更加威严，治军也越发严格，对傅庆自然不能再像往常那样称兄道弟哥们义气。傅庆呢，就觉得岳飞是官大了就变脸，不够朋友，因此心怀不满，打仗不再卖力，承州之战就没有立功。有一回还向王德表示，愿重新隶属老长官"刘相公"，也就是刘光世。统领张宪听到两人谈话，报告给岳飞，岳飞很生气，但没有发作。

过了几天，岳飞命众将比赛射箭，其他将领射箭都未超过一百五十步，唯独傅庆连发三箭，都达一百七十步。岳飞赏他三杯酒，接着又颁赏承州城下的战功，将赵构"宣赐"的战袍和金带交付王贵。傅庆趁酒劲发泄妒意，出面拦阻，要求"赏有功者"。岳飞问："有功者为谁？"傅庆说："傅庆在清水亭有功，当赏傅庆。"岳飞大怒，喝退傅庆，但傅庆不服，下阶焚烧战袍、捶毁金带。岳飞怒不可遏，随即将傅庆斩首。

岳飞杀傅庆，很有挖坑让他跳的嫌疑。先让其表现武艺，接着奖赏战功（当然也可以理解为激励：你武艺如此之高，却没有战功，亏与不亏，愧与不愧？）。之所以如此，根本原因绝非傅庆有跳槽之心。后来在唐岛海战立下大功的李宝，起初奉岳飞之命杀往河北，南归后被划给韩世忠。李宝曾经表示，想归还岳家军建制，但岳飞并没有就此向朝廷要人。可见他对于归属，并不特别看重。无论在谁手下，都是抗金军人。

问题在于，傅庆伤了岳飞的面子。

跋扈的下属，任何上司都不会喜欢。起初可能不在意，但随着时间的推移、官位的提高,他会越来越在意。没有威严,当官还有多少意义?尤其在军中。傅庆之死,根本原因即在于此。说起来,接近赵构对岳飞的杀心。

岳飞是人,自然会有人性的弱点。这便是证据。后世当然可以以此指责他,就像指责吴玠枉杀猛将曲端;但我本人愿意保留因此而更加喜欢他的权利。

道理很简单,我看到他是个活生生的、真实的人,并非神坛上的道德家。

袁崇焕：死罪不冤死法冤

导读： 明末历史学家张岱说袁崇焕是龌龊庸才，连秦桧都不如，甚至明末民族英雄朱舜水也说袁崇焕是贼臣，卖国求荣。但是满学会会长阎崇年又说袁崇焕的德言与功业、勤政与清廉、无私与无畏、冤死与风骨，动天地、泣鬼神、撼人心、贯古今。袁崇焕究竟是忠臣还是奸臣？又有什么可以证明？明朝的灭亡是因为中央政府的腐朽还是袁崇焕的失职？

不务正业

万历四十六年是 1618 年，无论对于日暮途穷的大明帝国，还是蒸蒸日上的考生袁崇焕，它都是个极其吃紧、极度忙活的年份。

袁崇焕远非高仙芝那样的帅哥。恰恰相反，他的容貌可能类似封常清。《崇祯长编》里记载有大学士钱龙锡的一封奏折，内中称袁"容貌丑陋"。崇祯曾经召见过袁崇焕，钱龙锡还敢这样说，想必不假。张岱在《石匮书后集·袁崇焕列传》中说得更加明白："袁崇焕短小精悍，形如小猱，而性极躁暴。"说他个子矮，长得像猴子，性情暴躁。

好在历史从不以貌取人，袁崇焕本人也毫不在意。当时摆在他跟前的头等大事，便是赶赴省城参加当年的乡试。乡试秋天举行，所谓"秋闱"。在此之前，该考生的科举之路远非一帆风顺。他曾经写过一首题为《下第》的五律，前面四句是：

> 遇主人多易，逢时我独难。八千怜客路，三十
> 尚儒冠。

浩叹生不逢时，而立之年还空戴儒冠。

相对于袁崇焕，大明帝国需要忙活的事情更多，重中之重则是调集人马、筹措粮饷，准备对辽东用兵。因为建州女真的首领努尔哈赤，以"杀我父祖"等"七大恨"，于当年四月十三正式起兵，向昔日的宗主国叫板，接连攻陷抚顺和清河（今辽宁本溪东北），明军总兵张承荫当场阵亡。

消息传出，"举朝震骇"。就连立志要跟鲁班叫板的万历帝，也深感"辽左覆军陨将，虏势益张，边事十分危急"，立即派杨镐为辽东经略，前往沈阳组织剿灭。由于辽东明军武备松弛，士气颓靡，"累年以来，不修兵具，朽戟钝戈，缓急不足为用，金鼓几于绝响，偶令之截杀，股栗腕战，面孔殊无生色"，政府只得"以倾国之兵，云集辽沈，又招合朝鲜、叶赫"。然而征调来的湖广川陕兵，情形也基本差不多，许多人"伏地哀号"，"不愿出关"，甚至将领也"哭而求调"。

有钱男子汉，无钱汉子难。人头凑齐，粮饷也得够。当时的大明王朝早已是入不敷出、捉襟见肘，朝廷只得专门成立辽东饷司，下令全国田土除贵州以外，每亩均加征三厘五毫银子，预计可得两百万两，由各地库房动用现存款项，解

往饷司，以后征得垫补。

当年秋天，朝廷和袁崇焕所忙活的事情，全部达到预期目的：大批明军赶到辽东，号称四十七万，实际有差不多十一万；袁崇焕科场得意，顺利中举。于是接下来的万历四十七年（1619），就成了决定国家和个人命运的关键一年，而且都在春天。袁崇焕要在春天决定命运很好理解，因为会试将于春天在礼部贡院举行，所谓"春闱"。假如顺利，他将成为进士，继续参加最高级别的殿试，从而决定自己出仕的起点高低；明朝的命运其实未必非要在春天决定，但当时的内阁只有大学士方从哲一人，作为众矢之的，万历帝孤独地承受着莫大的压力，近乎崩溃，因此尽管士气低落、出兵条件并不成熟，他还是一再催促杨镐动手。

于是命运之宝全部押于春天。当年二月二十九，杨镐兵分四路，分进合击，结果四位总兵战死两员，剩下的总兵之一，后来也因此而自杀，他就是辽东名将李成梁的儿子李如柏；马林虽然逃过这次，却没能逃掉下回，几年后也在开原战死。国家完败，自是不幸，不幸中的万幸是个人完胜：祖籍广东东莞、出生于广西布政使司梧州府藤县北门街的考生袁崇焕，蟾宫折桂，高中进士。不过殿试成绩一般，三甲第四十名。殿试不是淘汰赛，全部进士根据成绩划分为三个等级，所谓"三甲"。一甲三名，状元、榜眼、探花，赐"进士及第"；二甲若干名，赐"进士出身"；三甲若干名，赐"同进士出身"。

那一年袁崇焕三十五岁，"三十老明经，五十少进士"，这个年龄拿现在看未免太老，因为官员也要吃青春饭；可在当时，还算差强人意。

一般而言，一甲进士直接授予翰林院编修，二三甲进士考选为翰林院庶吉士。殿试排名并不靠前的袁崇焕，考选结果也不突出，因此未能留在朝廷，被授予福建邵武知县。邵武位于闽西北、武夷山南麓，濒临闽江支流富屯溪，号称"八闽屏障"，即便今天在福建也属经济相对薄弱区域。而翰林院庶吉士虽然也是秩微俸薄，按照时下的观点看没有实权，灰色收入少，但终究在天子脚下，比邵武知县显然要尊贵许多。

然而这对袁崇焕而言根本不成问题。他的志向远非做个不痛不痒的地方官，按部就班地升迁。他身在邵武，心在辽东。幾社领袖夏允彝的《幸存录》记载，袁崇焕"为闽中县令，分校闱中，日呼一老兵习辽事者，与之谈兵，绝不阅卷"。县里的童子试应当由知县主持，但袁县长却不批阅试卷，每天都跟一个熟悉辽东军情的老兵聊边疆局势。此举涉嫌不务正业，但没有证据表明县长耽误过莘莘学子的终身，所以也就成了历史美谈。他这样沉醉军事，结果还真找到了同道。后来在宁远之战中炮击敌军，一发命中"歼虏数百"的罗立乃是"闽卒"，或许就是他此间的知音。

袁崇焕在邵武期间的官声，跟他题写的"聚奎塔"匾额一样出众。这三字是他唯一可信的手迹，阴文颜体行楷，颇见功力；《邵武府志》则说他"明决有胆略，尽心民事，冤抑无不伸"。不知是否因为后来的经历，《邵武府志》中的袁崇焕近乎侠客，几能飞檐走壁："尝出救火，着靴上墙屋，如履平地。"

袁崇焕爬墙能否"如履平地"并不重要，重要的是，《邵武府志》对他性格的刻画十分精准："明决有胆略。"最终就是这五个字，决定了他的悲剧命运。

单骑阅塞

三年任职期满，袁崇焕奉命进京朝觐，接受政绩考核。东林党人、御史侯恂上疏建言："见在朝觐邵武县知县袁崇焕，英风伟略，不妨破格留用。"侯恂知名度不甚高，但其准儿媳李香君，可谓鼎鼎有名。侯恂一生推荐过的官员无数，最著名的当属两位：先是袁崇焕，后有左良玉。

袁崇焕因此得以出任兵部职方司主事。明代户部和兵部下设十三司，其余四部下设四司。职方司主管判断军事形势，拟定军事计划，以及地图测绘。袁崇焕之所以进入该部门，固有人尽其才的考虑，也与当时辽东的严峻形势不无关系：短短三年，开原、铁岭、辽阳、沈阳、广宁等战略要地相继失陷，总兵这样的高级将领先后折损十四员，方面大员、经略袁应泰自杀。

当时广宁刚刚失守，熊廷弼和王化贞仓皇逃入关内，山海关已成最后防线。对于时局，辽东经略王在晋有这样的判断："东事离披，一坏于清、抚，再坏于开、铁，三坏于辽、沈，四坏于广宁。初坏为危局，再坏为败局，三坏为残局，至于四坏——捐弃全辽，则无局之可布矣！逐步退缩之于山海，此后再无一步可退。"换句话说，他认为辽东局势已经无法挽回，建议收缩防线，退保山海关。

廷议因此围绕山海关而争执激烈。都说山海关山海关，究竟那里地形地貌如何，是否适合防御，或者应该如何防御，袁崇焕心里没谱。关键时刻，他证实了《邵武府志》对其"明决有胆略"的性格描述，在谈到辽事人人缩首的背景下，上演了单骑阅塞的好戏。

明代官员跟唐朝差不多，除了节假日，每十天休一次假，其余时间都要上班。可是忽然有一天，兵部新任袁主事神秘蒸发，一连几天没去坐班。无故旷工连续多日，任何时候都不能容忍，可是兵部派人上门寻找，他家人竟然也毫不知情。袁主事究竟何在？正在山海关一线，实地查看形势。掌握了第一手资料，几天之后他重新出现在朝堂，谈起山海关战守便能滔滔不绝，并且夸下海口："予我军马钱谷，我一人足守此！"

这句豪言壮语，随即将袁崇焕推上风口浪尖。按照道理，他不过是个小小的六品主事，上面有员外郎和郎中，更有兵部侍郎和尚书，哪里用得着他出头？可在他的性格辞典中，从来没有退缩与回避这样的词条。他有的是主意，不惧刀山火海。

袁崇焕再度被火箭提拔，本官升任山东按察司佥事，具体任务是到山海关当监军。职方司主事不必决断，而监军尽管只是监察官而非指挥官，但毕竟已经离开朝堂，身处前线，关键时刻还是需要临机决断。

前任辽东经略熊廷弼因为辽东溃败，已经革职听勘，等候处理。袁崇焕离开之前，特意前去拜访，寻计问策。熊廷弼的辽东策略"坚守渐逼"可谓英明，惜乎他本人"性刚负气，好谩骂，不为人下"，而拥有重兵的巡抚王化贞则"呆而愎，素不习兵，轻视大敌，好谩语"，两人性格不合，策略也不合，离心离德，不败才怪。

一个是新官上任，急于施展，内心火热；一个是败军之将，生死未卜，感慨万千。当时的场面，一定很精彩。对于袁崇焕的踌躇满志，深知辽东三昧的熊廷弼自然不会简单苟同。他询问袁崇焕"操何策以往"，袁崇焕胸有成竹地对道："主守而后战。"

这个策略类似"坚守渐逼"，也是袁崇焕战略思想的核心。此后他的种种罪名，都与之密切相关。

袁崇焕首先移驻山海关外的中前所（今辽宁省绥中县前所镇），监参将周守廉、游击左辅，经理前屯卫（今辽宁省绥中县前卫镇）事务。没过多久，便有驻守北山的湖广士兵溃逃。这种局面难不倒袁崇焕。他快刀斩乱麻，咔咔嚓嚓几颗人头落地，秩序随即恢复。当年六月，王在晋又命令袁崇焕前往前屯，安置流亡的辽民。命令传来时，应该已经是下午。按理这并非救兵如救火的紧急任务，早一天晚一天都没关系，但袁崇焕还是一夜都不愿意等。他内心燃烧着火一般的激情，勤于王事而刻不容缓，接到命令便连夜开拔，穿越荆棘遍地、虎豹出没的山岭，四鼓入城。消息传出，"将士莫不壮其胆"。

营筑宁远

《明史》本传称袁崇焕以"边才自许"，这大约也算是文人的基本传统。正如陆游所谓的"塞上长城空自许"。然而内心激情澎湃、渴望建功立业的袁崇焕，很快就与顶头上司王在晋发生了矛盾。

王在晋虽然命令袁崇焕前出前屯，但他对辽东的基本判断并未改变，那就是辽东已无恢复的可能，只能以山海关作为防御重心。中前所也好，前屯也罢，不过是山海关伸出的小触角。然而山海关外的峰峦高于城墙，尤其是欢喜岭，正好居高临下。整个地势像口锅，而城池正好处于锅底位置。如遇战事，"奴有战地，而我无守地"。怎么办呢？他建议在外围重新修筑一道边墙形成"重城"，北连山脉，南至大海，长约三十里，将一片石、欢喜岭这些险要都包罗其中，使之成为真正的天险雄关，不可逾越。

激情似火的袁崇焕闻听只是摇头。丢疆弃地，不图恢复，岂是臣子本分？他"薄在晋无远略，不尽遵其令"，此时更是不惜公开矛盾，直接上书首辅叶向高，陈述己见，丝毫不顾及长官的面子。

至少从形式上看，明朝官场的言路还是畅通的。朝廷并未因为袁崇焕是下级而将"举报信"转交王在晋处理。事关国防大计，内阁又不清楚实际情况，无法决定，帝师、兵部尚书兼东阁大学士孙承宗自请行边，前往实地查看，决定取舍。他召集大家一同商议，袁崇焕主张筑宁远（今辽宁兴城），阎鸣泰主张守觉华岛（今菊花岛）。最终由孙承宗拍板，营筑宁远，与觉华岛互为犄角，互相支援。山海关的死角，他也没有忽视，"并夹城之役，修筑关城，南防海口，北防角山。水则从望海台出芝麻湾，三面环海，安大炮为横击。陆则三道关之石城，可顿万人，开突门力夜击。北水关外，有峻岭筑号台十一，置炮以防外瞰"。

王在晋还是不肯低头，因为他敏锐地察觉到了觉华岛的防御跟山海关一样，也存在先天不足，因此上疏抗辩：

> 今据山海道议，仍委本官招集辽人为兵，住居该岛，俟天寒冰结奴骑可驱兵船难泊，或暂移于宁前之间。盖觉华岛去宁远城二十里，冻则履海如平地，非远洋巨浸之可拟也。

辽东大寒，冬季冰封，觉华岛也难免受后金骑兵的威胁。岛上水师也无法直接增援宁远，因为水师登陆，犹如旱鸭子下水，陆战毫无优势可言不说，还需要气象条件配合，如果风向不对，能否登岸都是问题：

若谓觉华岛犄角，岛去坼二十里，隔洋之兵，其登岸也须船，其开船也待风，城中缓急弗能救也。水步当骑，弗能战也，岛驻兵止可御水中之寇，弗能遏陆路之兵也。

局势的演变证明，王在晋的担忧都是有道理的。当然，这并不能简单证明孙承宗和袁崇焕主张的错误。看看《中国历史地图集》你就会明白，宁远一城对于控制辽西走廊有多么重要的意义。欲守关门，必固辽西；欲复辽东，必固辽西。这个策略本身没有任何问题。

不换脑筋就换人。孙承宗自请督师，王在晋调任南京兵部尚书，实际上是被挂了起来；袁崇焕升任永平道。按照惯例，总督下设一个或数个巡抚，巡抚以下也可以设一个或多个道员，由督抚与道员统御武将。

升官后的袁崇焕险些捅了娄子。根由嘛，很简单，还是因为他过于"明决"。当时将军吃空饷十分普遍，已成流弊。袁崇焕奉命核实人数时，太过自信，一言不合，"立斩一校"，将一个下级军官正法。按照王在晋《三朝辽事实录》中的说法，这次袁崇焕杀了两个人，几乎引起全营士兵哗变。孙承宗闻听大怒，质问道："监军可专杀耶？"袁崇焕无话可说，只得低头谢罪。

负责修筑宁远的武将祖大寿怀疑政策的持久性，敷衍塞责，应付了事，城池的形制规模都达不到设计要求。袁崇焕很不满意，于是便量化任务，明文规定城墙的高度与厚度，天启四年（1624），坚强堡垒宁远终于诞生。孙承宗随即上疏朝廷，声称"宁远可战可守"，"愿用崇焕指殚力瘁心以急公"，不愿用"腰缠十万之逋臣，闭门颂经之孱胆"。

孙承宗器重袁崇焕是可以想见的。他就任之初，便上疏皇帝，条陈当时军事指挥体制的种种弊端，主要是微观上以文制武，将军放不开手脚；宏观上朝廷遥控战守，经抚放不开手脚。有鉴于此，他主张"今天下当重将权，择一沉雄有气略者，授之节钺，得自辟置偏裨以下，勿使文吏用小见沾沾陵其上"。既然持此观点，那么"明决有胆略"的袁崇焕自会进入孙承宗的法眼。但久经宦海的他，并未忽视袁崇焕性格上的缺陷。激情像一枚硬币，同时具有正反两面，搞得不好，就会产生负面效应。孙承宗在奏疏中这样说道："臣非谓袁崇焕辈之慷慨，而不疑其喜事也。盖再三驳其议以尽其任事之心。"就是说，他看出袁崇焕既有慷慨的积极一面，又有"多事"的消极一面。为了历练他，重用归重用，对其不成熟的意见，还是要再三反驳。

无独有偶，关于袁崇焕，王在晋也有类似看法。只是孙承宗笔下的"多事"，在王在晋看来是"轻进"。他是这样说的：

职属袁崇焕胆魄称雄，志力并矫，且其澡涤之襟期，光明之心事，迥迥逸群，职心重之爱之。及崇焕尝对职曰："我不惜命。"职应之曰："性命与封疆孰重？"职令其往前屯安插辽民，四鼓入城，夜行于荆棘蒙茸，虎狼潜伏之地，职未尝不壮其气而深虞其轻进也。

孙承宗具体都驳过袁崇焕的什么提议，很难一一举证，但至少不同意袁崇焕恢复锦州的建言，即是一例。宁远修成后，当年九月，孙承宗派袁崇焕和总兵马世龙带领一万两千兵马，巡防广宁右屯等地，类似武装侦察，结果一路下来，都没遇上敌军。回来之后，袁崇焕立即建言，恢复锦州、右屯、大小凌河与松山、杏山等地的城堡。老成持重的孙承宗没有同意。具体原因《明史》不载，但可以想见，当时的后金和孙承宗，都在试探对方。直到次年五月，孙承宗才派兵分驻锦右等地，"缮城郭居之"。如此一来，宁远再度成为内地，孙承宗、袁崇焕等人开疆将近五百里。宁远城更是"商旅辐辏，流移骈集，远近望为乐土"。

柳河之败

自从天启二年（1622）八月孙承宗督师以来，辽东局势平静了三年多。在此期间，孙承宗整顿军队，修筑城堡，并没有闲着，成绩其实是有的，但在朝廷官员看来，这些成绩相对于十四万军队和每年六百万两的军费，实在是微不足道。根据历史学家黄仁宇在《十六世纪明代中国之财政与税收》中的研究，"在1623年，国家筹集的额外军费为白银6668677两，其中有4491481两摊入土地，其余部分则来自财政节流、官产出卖及杂色税收，还包括典铺税"。这个数目对于当时的明朝政府，当然是巨大的负担。王在晋之所以反对进兵辽东，也是担心会"启无已之争，遗不了之局，而竭难继之供"，劳而无功。黄仁宇认为，大明王朝的崩溃，的确首先开始于经济，经济崩溃最终导致政治崩溃。不过根本原因却不是税收过重，而是恰恰相反。朱元璋开国之初，为减轻百姓负担、避免造反，采取税收定额制度。这个制度作为基本国策被延续下来，却没有考虑通货膨胀以及人口和田亩增加的因素。

明朝的国家财力，远远不如四个世纪以前的宋代。税率过低的结果是国家收入不足，很多服务无法提供，从而导致部分国家职能的丧失。预算不足至少会产生两个严重后果：首先是造成大量的预算外征收，而这些征收缺乏有效的审核，浪费难免；其次则是官员的大面积腐败。

到天启乃至后面的崇祯年间，问题早已积重难返。政府的感觉，总是"罗锅子上山——钱（前）紧"。因此经常有人弹劾总兵马世龙冒饷。天启五年（1625）六月，负责监察兵部的兵科给事中李鲁生，还上奏指责孙承宗劳师糜饷：

从古征伐未有陈师境上数年不进者，亦未有去敌既远虚设十余万之众坐食自困者，有之则守戍之众而非进取之旅也……但战则有战法，秣马厉兵，简卒鸒乘，刻期举事，即有大费，可期永省。守则有守法，远斥堠，固营垒，高城深池，屯田积谷，以待事会。兵不须众，马不须多，庶堪持久。今以十四万之众，岁费六百万，虽言唯敌是求，其实百事不办，战固未能，守亦羞称。

长期的舆论压力，便是耀州战役的发起背景。

在中国陶瓷史上，"耀州"二字分量颇重，但彼耀州在陕西，此耀州属辽东，而且并非行政区划上的"州"，只是个驿，从《中国历史地图集》上看，故址大约在今天的辽宁大石桥市，位于三岔河东岸，是后金的前哨。此前马世龙得到一份情报，声称后金"四王子"驻扎于此，兵不满三百。若明军出击，城内难民可为内应。这份情报真假莫辨，但马世龙信以为真，决心抢抓机遇。

然而大战之前，明军却屡屡哗变闹饷，成群结队，殴打队将，甚至一度包围袁崇焕的府衙。事后他奏报朝廷："川湖兵以索饷杀人，殴将结队不散，盖因马乾二三分之短少，概称三月无饷，非职全未给与也。"也就是说，马料银子确实有几分短缺，但士兵们声称欠了三个月的工资，完全是无中生有。既然如此，士兵们为何如此反应过激呢？王在晋的分析很有道理：

> 军中缺粮则兵饿死，缺马乾则马倒死，止缺马乾三分，兵何以噪。盖枢辅急欲进兵，兵畏出征，藉口索饷，为逃散计而以为军饥鼓噪。

一句话，闹饷是虚，避战是实，比较符合情理。当时的明军，人心士气确实低落。不过孙承宗和马世龙的决心并没有动摇。孙承宗的指挥部应该在山海关，但他却拖着病体前出右屯，显示对这场战事极度重视。

不知道马世龙跟民国末年著名的"西北五马"有无关系，但他世袭武职，确实是宁夏卫（今宁夏银川）人，回族，在明军中算是比较能打的将军。天启五年（1625）八月，他命令副总兵鲁之甲和参将李承先率军东渡，攻打耀州；觉华岛游击金冠派水师接应。然而事不凑巧，因为风向、天气等原因，海军没能在指定时间到达，鲁、李两人措手不及，只得找渔船渡河。人多船少而且小，结果来来回回拖了整整四昼夜，完全失去战术突然性，后金军队早已张网以待；等明军一过河，他们摸黑发起突袭，抢占了先手。

此役明军计划出动四个营七千人，内有车炮一营，铁骑一营，水师二营。尽管水师没能按期到达，先期渡河的只是部分人马，但兵力依然占优。只是没有士气的军队不再是军队，只不过是一群迷途的羔羊。明军遭遇突然袭击，稍触即溃，后续人马也望风而逃，最终两员主将阵亡，战损士兵四百名、铁甲七百副、战马六百匹。这就是所谓的"柳河之败"。因为这个原因，孙承宗和马世龙先后离开了辽东。已经升任宁前道的袁崇焕，顶头上司换成了高第。

血战宁远

自广宁惨败以来，大凌河、三岔河一线成为明朝与后金之间事实上的缓冲区。仓促进行的耀州战役，打破了三年的平静。天启六年（1626）正月十四，似乎是对耀州战役的报复，努尔哈赤再度统兵西渡辽河。

高第是天启五年（1625）十月接任的辽东经略。对于孙承宗、袁崇焕的大纵深推进战略，高第内心并不赞同。因此他上任伊始，便上疏建议："由此以东，如锦州城大而朽坏，松山、杏山、右屯城小而低薄，皆前锋游哨之地。夏秋无事防护屯种，入冬遇大敌则归并宁远，以便保守。"建议以宁远为防御节点，冬季辽河结冰，后金骑兵畅通无阻，遇到攻击便合兵退保宁远。

但这个意见并未得到将士们的一致赞同。督屯通判金启倧上书袁崇焕，强烈反对："锦、右、大凌三城，皆前锋要地，倘收兵退，既安之民庶复播迁，已得之封疆再沦没，关内外堪几次退守耶？"袁崇焕当然也不会同意。要知道这三个地方都是他一再建议，孙承宗才同意恢复的。好不容易站稳脚跟，怎能轻易放弃？因此他也据理力争："兵法有进无退。
三城已复，安可轻撤？锦、右动摇，则宁、前震惊，关门亦
失保障。今但择良将守之，必无他虑。"

袁崇焕的态度非常坚决："我宁前道也，官此当死此，
我必不去。"

但最终那些城池还是只能拱手让人，连带军粮。

努尔哈赤大军号称三十万，当然是虚数，很难超过
十万。而明军前线兵力呢？"大明兵右屯卫一千，大凌河
五百，锦州三千，以外人民，随处而居。"数量少，质量差。
右屯守将周守廉无心作战，率众而逃，"明锦州城守游击肖升、
中军张贤、都司吕忠、松山参将左辅、中军毛凤翼及大凌河、
小凌河、杏山、连山、塔山七城守将军民，闻我军至，皆震慑，
焚其庐舍粮储而遁"。

逃跑是后金方面的说法。袁崇焕自称是"先行撤入"。
宁前道就是宁前的总指挥，锦州、松山等地，都该受他节制，
似乎是他下令"先行撤入"的。《明熹宗七年都察院实录》
中有这样的记载：

> 袁崇焕题："……故倾巢入犯，视蕞尔之宁远
> 如机上肉。至兵过锦右一带。彼不知臣之先行撤入，
> 而谓我先逃，故一往而无复顾忌直抵宁远城下。"

逃跑也好，撤退也罢，反正城池已经落入敌手，连带军粮。

金启倧身为通判，主要职责是"核兵马钱粮，督城工，理军民词讼"。掌管军粮是他的分内职责。他不同意撤三城，右屯的三十万石军粮也就没有处理。如今强敌来犯，既无力带走，又没来得及焚烧，白白让努尔哈赤捡了个大便宜。

面对作战地图，袁崇焕想必面色冷峻。他脚下的宁远，如今已成汪洋大海中的孤城，旁边只有孤零零的觉华岛尚未插上敌军的旗帜。当此情形，胆寒是可以理解的，但那岂是袁崇焕的脾气？单骑阅塞、夜穿山岭，在他绝非一时冲动。他率领总兵满桂、参将祖大寿、守备何可刚，聚集将士，整顿部伍，立誓死守：命令中左所都司陈兆阑以及都司徐敷奏率兵入城，左辅、朱梅作为外援，同时通知前屯守将赵率教、山海关守将杨麒，一旦发现宁远溃兵，不必多说，杀无赦，斩立决。

二十三日，努尔哈赤大军抵达宁远。别处全都望风而逃，唯独宁远敢战，努尔哈赤可不信这个邪。他虚张声势，威胁袁崇焕投降，但袁崇焕的回答掷地有声："吾修治宁远，决守以死，岂肯降耳。"

努尔哈赤随即挥师攻城。此时他们的骑兵优势已成劣势，因为没有一匹马能跳上城头。袁崇焕早有准备，指挥士兵，以火炮、弓箭猛烈还击，战况空前激烈。"闽卒"罗立点燃西洋大炮，不断轰击敌军。火炮频发，炮管温度太高，发生自燃，金启倧捐躯。通判的级别不高，但在当时的宁远城，也算是高级将领。火炮自燃爆炸，通判当场阵亡，可见战况之激烈。"自辰至晡，杀三千人，敌少却。二十五日，佟养性督阵攻西门，势更悍，先登，益众。敌俱冒死力攻，城中卫之如前，击杀更倍于昨。"

努尔哈赤连攻两天，终究未能如愿。他们虽然挖了城墙，但由于天寒地冻，城坚不堕。无奈之下，他分兵进攻觉华岛。为防止宁远守军出援，他们连扎七营，隔断彼此联系。岛上兵力薄弱，虽然已经凿开冰层，以沟为壕，但"新雪频飞，冻口复合"，再度变成坦途。士兵们卧雪刨冰，手指都冻掉了，到底也没能战胜气候。后金骑兵风卷残云，驰上岛屿，岛上七千守军几乎全部阵亡，七千多商民也被杀死，八万多石军粮，两千多条战船，全部被烧毁。主将金冠死后，又被开棺割尸。

根据明朝的统计数据，宁远城下毙敌一万七千，接近《明史》的记载。但《满文老档》中的后金伤亡记录，却只有五百多人，声称"二日攻城，共折游击二员，备御二员，兵五百"。袁崇焕最初上报的战果，也只有"奴夷首级二百六十九颗，活夷一名，降夷十七名"。一万七也好，五百也好，总体而言，明军丢粮失岛，当初坚持的三城也全部沦陷，损失惨重。如果锦州、右屯和觉华岛水师能按照高第的命令，预先合并到宁远，或可避免。不过损失再大，也无法抹杀宁远之役的意义。袁崇焕独守孤城，岿然不动，终究是难得的亮点。就像普通人跟泰森斗拳，打满所有回合而没有倒下。努尔哈赤也不得不承认："自二十五岁起兵以来，征讨诸处，战无不捷，攻无不克，惟宁远一城不下。"因为这个原因，战后高第和杨麒承担了总体失败的责任，以增援不力而双双落职，袁崇焕则因为独守孤城的战功，升任辽东巡抚，加兵部右侍郎。

明军的火器装备率据称超过七成，但可靠性小有问题，戚继光就曾报称，经常发生爆炸事故。就在袁崇焕血战宁远的当年五月初六上午，位于京师西南隅，为明军造盔甲、铳炮、弓矢和火药的兵工厂王恭厂，也发生了离奇的爆炸事件，爆炸半径750米，面积达2.25平方公里，造成两万多人的巨大死伤。据估算，爆炸威力相当于一万至两万吨当量的黄色炸药（TNT）。巨大的声响传播百里，天色昏黑如夜，屋宇动荡，并有灵芝状烟云升起。单纯的火药爆炸，不足以造成这种现象，疑似强烈地震、龙卷风、陨石甚至超自然力量的作祟。不仅如此，死伤者的衣服都被卷去，因而全身赤裸、一丝不挂，也越发增添了神秘色彩。

丁卯之役

宁远大战八个月后，努尔哈赤病死。朝鲜史书记载，努尔哈赤之死，源于在宁远之战受了炮伤。此说只是孤证，缺乏铁证，是后人一点点地滚大的雪球。据《明熹宗实录》记载，袁崇焕自己都不知道这回事：

> 辽抚袁崇焕复奏："……回乡络绎，皆云奴酋耻宁远之败，遂蓄愠患疽，死于八月初十日。夫奴屡诈死懈我，今或仍诈亦不可知。"

也就是说，袁崇焕不但不知道曾经炮伤努尔哈赤，甚至连他八个月后死去的消息，起初都不敢相信。当然，努尔哈赤是否受炮伤，都不影响坚守宁远的意义。

孙承宗想要历练培养袁崇焕，如果从习惯官场潜规则的角度讲，袁崇焕差不多已经历练成熟。因为天启七年（1627），也就是宁锦大捷之前，他做了一件很为正统知识分子所不齿的事情——奏请为魏忠贤建立生祠。《明熹宗实录》中有如下记载：

> 壬寅，蓟辽总督阎鸣泰、巡抚袁崇焕疏颂魏忠贤功德，请于宁前建祠，赐名"懋德"。

此举当然是迫不得已。

天启四年（1624），东林党人、左副都御史杨涟上表弹劾魏忠贤二十四大罪，阉党与东林党的斗争进入白热化。东林党人全面垮台，首辅叶向高去职。御史出身的崔呈秀将东林党人编成《同志》诸录，非东林党人编成《天鉴录》，方便那个伪男人随时出手。从那以后，阉党气焰日益嚣张，全国各地纷纷上书，要求给魏太监建立生祠。

394

为了办成事，有时需要付出点代价，这是官场的游戏规则。袁崇焕承认这个规则的存在，但孙承宗不，他始终没有随声附和。这一点，也预示着两人最终的不同结局。

无论如何，袁崇焕不像岳飞的刚直不阿，也不是杨涟、左光斗那样的清流。只是清流的名声虽然好听，身处官场却往往不能成事。他们可以立德立言，但立功的概率很低。袁崇焕的志向，他自己说得很清楚："策杖只因图雪耻，横戈原不为封侯。"他是要立功的，要为朝廷效力，所以事到临头，他也只能弯弯腰。可以肯定，他作出这样的选择不需要深思熟虑，那绝非他的性格。

> 英雄作事无他，只坚忍一心，能成世界能成我；
>
> 自古成功有几，正疮痍满目，半哭苍生半哭公。

这是杨度为孙中山先生写的挽联。"只坚忍一心"云云，也可以用来形容袁崇焕。他建议修复的锦州、右屯一带再度沦陷，已经升任巡抚、要承担更大职责的他，岂能心甘。不行，还是要恢复。

为争取修城的工期，袁崇焕向皇太极伸出了橄榄枝。得到努尔哈赤的死讯后，他立即派出使者，以吊唁为名，前往观察虚实，试探反应。

这个想法恰好与皇太极不谋而合。两人都需要一段真空期，集中精力办点事：袁崇焕要加强前线，皇太极想巩固后方。后金背后不但有当时臣服于大明的朝鲜，还有明军将领毛文龙；总有后顾之忧，那当然不好玩儿。

毛文龙本是前广宁巡抚王化贞派出的一支奇兵。他潜入敌后，没想到还真弄成了气候，在镇江一战成名。镇江堡位于鸭绿江西岸，又叫九连城。此地位于中朝边境，是控制鸭绿江的重要节点。清朝末年的甲午战争中，将军宋庆和依克唐阿指挥的清军，就跟日军在此爆发激战，最终不敌，城池失陷，日军随即从朝鲜侵入东北。天启元年（1621）七月二十五，毛文龙侦得镇江城中防御空虚，便率两百二十余人前往突袭，活捉后金的镇江游击佟养真及其子佟松年等六十多人。这场战事的规模不大，但时间凑巧，正好在明军连吃败仗的当口，因此被视为大捷。从那以后，全辽震动，"数百里之内，望风归附"，"归顺之民，绳绳而来"。毛文龙最终升任总兵，在东江开镇，挂平辽将军印，加左都督，授尚方剑。袁崇焕血战宁远期间，毛文龙也曾出师永宁，以为策应。

如芒在背的感觉必须结束。天启七年（1627）正月，皇太极一边遣使求和，一边派阿敏带领三万人马攻打朝鲜。和议云云，新任辽东经略王之臣并不赞同。他上奏道：

> 年来奴酋求和于西虏，而西虏不从，屈服于朝鲜，而朝鲜不受。一旦议和彼必离心，是益敌以自孤也。近日通官过都令处夷鞭其背，云："你汉人

全没脑子，终日只说我们不助兵，你自家驮载许多
金帛，着哈喇替他吊孝求和，反教别人与他为仇，
我们也不如投顺也罢了。"据此我将何辞应之？

其中的"西虏"和"夷"指的是当时的蒙古，"哈喇"
则是喇嘛。王之臣认为议和会引起朝鲜和蒙古各部的态度松
动，难免"益敌以自孤"。最终袁崇焕的意见占了上风。吸
取熊廷弼和王化贞经抚不和导致大败的教训，朝廷召回王之
臣，不设辽东经略，将关内外事务全部委托给袁崇焕。

接到朝鲜和毛文龙的告急文书，朝廷大约才弄明白皇太
极所谓和谈的真正目的，又令袁崇焕出兵策应，但袁崇焕拒
不执行。

不是袁崇焕见危不救，也不是他没看出朝鲜与毛文龙存
在的意义，主要原因在于他对形势的判断不同。他认为"无
虚可捣"，而且蒙古察哈尔林丹汗也是不安定因素："顷闻
奴兵十万掠鲜，十万居守，何所见而妄揣夷穴之虚乎？我纵
倾伍捣之，无论悬军不能深入，即深入奚损于逸待之夷？而
虎酋新并抄花，意殊区测，都令、塞令新通于奴而仇于我，
万一我兵正道以东，奴暗以轻骑北出而袭我关宁，此时救人
耶，抑自救耶？"

一句话，袁崇焕不肯分散精力。他的着眼点依然在于锦
州、右屯一带。后来朝廷催促紧急，他先派水师声援，又派
左辅、赵率教、朱梅等人带兵九千前出三岔河，以为牵制，

但为时已晚：朝鲜抵挡不住，很快就与后金签订城下之盟，彼此结成"兄弟之国"；毛文龙遭遇前后夹击，只得退入皮岛。

为了策应朝鲜的行动，皇太极刻意拖延时间，阿敏大军从朝鲜回师前后，才放袁崇焕的使者回来，让对方无法及时反应。这是当年四月的事情。毫无疑问，袁崇焕此举失策。

宁锦大捷

袁崇焕与皇太极彼此心照不宣，在和谈的幌子下，都达到了各自的一半目的：袁崇焕修好了锦州，但大小凌河尚未竣工；皇太极只收服了朝鲜，毛文龙则毫发无损。

各自达到目的，难免图穷匕见。当年五月初六，皇太极撕破脸皮，以"明人于锦州、大凌河、小凌河筑城屯田"，缺乏和谈诚意为借口，亲率主力西出沈阳，进攻宁锦。十一日，大军开到锦州，距城一里扎营。此时太监纪用监军，总兵赵率教驻守锦州，负责筑城。朝廷已派尤世禄前来替代，并派左辅为前锋总兵官，驻守大凌河，但尤世禄还没到位，左辅也没赶到大凌河，敌军已经开来。左辅随即撤入锦州，赵率教则派人出城，借口和谈拖延时间。这样的和谈当然不可能有结果。只是后金连攻数日死伤惨重，依旧被坚城大炮所拒。

面对赵率教雪片般的告急文书，以及朝廷催促出兵解围的命令，袁崇焕丝毫不为所动。是畏敌避战吗？当然不是。敢于单骑阅塞、夜穿山岭的人，怎会缺乏胆量？确切地说，袁崇焕

398

的问题不是胆量小，恰恰相反，其实是胆量太大。

众所周知，后金骑兵纵横无敌，明军大炮威力巨大。离开坚固的宁远与皇太极野战，毫无疑问是以己之短，攻彼之长。果真如此，王化贞广宁惨败的悲剧，很可能再度上演。所谓上兵伐谋，既然后金军队擅长围点打援，那么不去凑这个热闹，就是最佳选择。

从宁远到锦州，要经过松山、塔山、杏山等多个城堡，基本相当于一个串联电路。串联电路不同于并联电路，任何一个节点出现问题，都会断路。民国末年，林彪指挥东北野战军打锦州，具有陆海空优势的国民党军最终还是被挡在塔山之外，可谓借鉴。

袁崇焕于是上疏朝廷道：

奴围锦州甚严，关外精兵尽在前锋，今为贼拦断两处。夷以累胜之势，而我积弱之余，十年以来站立不定者，今仅能办一守字，责之赴战，力所未能。且宁远四城为山海藩篱，若宁远不固，则山海必震，此天下安危所系，故不敢撤四城之守卒而远救。

一句话，他认为当前凭宁锦两军的实力，不足与敌军决战。

大约是受到的压力太大，或者是他想换个方法提醒朝廷，不能拿出所有的家当跟敌军赌博，后来他又这样说道：

臣意责令三屯总兵孙祖寿于蓟镇挑选马步精兵一万五千，而任其自择。关外精锐已绊于锦，今只可五千合之。宁城三万五千人，人人精而器器实。满、孙二帅直则为前后，横则为左右；总兵尤世禄为前锋，臣自行劲后……决一死战以达锦州，又合锦之兵马奋击，令夷匹马不还。弃此三万五千人以殉敌，则敌无不克。

拼光宁远的三万五千人，不惜殉敌，别说朝廷，就是总督阎鸣泰也不能答应。他这样奏报朝廷："今天下以榆关为安危，榆关以宁远为安危，宁远又以抚臣为安危，抚臣必不可离宁远一步。而解围之役，宜专责成大帅。"这个建议得到首肯，诏令"宁抚还在镇，居中调度，以为后劲"。

根据这个诏令，袁崇焕命令满桂和祖大寿带领四千精骑前往增援，自己并未出动。而满、祖二将推进到笊篱山一线，便被后金军队阻截，只得退回塔山。不亲自增援，并不意味着置锦州于不顾。袁崇焕致信赵率教，声称"调集水师援兵六七万，将至山海，蓟州、宣府兵亦至前屯，沙河、中后所兵俱至宁远。各处蒙古兵，已至台楼山"。"巧"得很，使者被后金俘获。皇太极一见，立即收缩兵力，聚集于城西，以防援军。就这样，拖到二十六日，后金已在锦州城下耗费十五天时间。时值酷暑，人马疲惫，士气低落。皇太极无奈，只得兵分两路：一部在锦州城外凿壕沟三道，以为包围；皇太极亲率人马，前去宁远碰运气。

二十八日，后金兵临宁远城下。袁崇焕下令部队在城外列阵，以城墙为依托，用火炮为掩护，与敌周旋。皇太极打算狂飙突进，发起猛攻，贝勒阿济格也急于交战，但大贝勒代善、二贝勒阿敏、三贝勒莽古尔泰"皆以距城近不可攻，劝上勿进，甚力"。皇太极闻听大怒："昔皇考太祖，攻宁远不克；今我攻锦州，又未克。似此野战之兵尚不能胜，其何以张我国威耶！"

两军骑兵随即展开激战。矢镞纷飞，马颈相交，刀兵搏击，人喊马嘶。满桂身中数箭，坐骑被创，尤世威的坐骑也被射伤。双方战成平手，局面一时难下。

城外骑兵接战，城上炮火支援。袁崇焕亲临一线指挥，"凭堞大呼"，激励将士，协力还击。参将彭簪古以红夷大炮击碎八旗军营大帐一座，其他大炮则将"东山坡上奴贼大营打开"，后金军伤亡惨重。后来监军刘应坤奏报："打死贼夷，约有数千，尸横满地。"后金贝勒济尔哈朗、大贝勒代善的三子萨哈廉、四子瓦克达全部重伤，游击觉罗拜山、备御巴希等被射死；蒙古正白旗牛录额真博博图等也战死。

宁远血战，锦州不闲。二十八日，明军突然杀出锦州，突袭得手后又迅速撤回。战报传到宁远，皇太极深感局势不利，只得从宁远撤军，合力攻打锦州。六月初三，后金发起最后一轮猛攻，但依然未能得手；恰恰此时，毛文龙又在敌后出兵攻击昌城与辽阳。

没办法，那就撤吧。初五凌晨，皇太极灰溜溜地撤军。

战后赵率教疏报战果，后金兵伤亡"不下二三千"；太监纪用奏报："初四日，奴贼数万，蜂拥以战。我兵用火炮、火罐与矢石，打死奴贼数千，中伤数千，败回贼营，大放悲声。"袁崇焕也上奏朝廷，着重强调满桂的功劳：

> 十年来，尽天下之兵，未尝敢与奴战，合马交锋。今始一刀一枪拼命，不知有夷之凶狠剽悍。职复凭堞大呼，分路进追，诸军愤恨此贼，一战挫之，满镇之力居多。

袁崇焕与满桂一度不睦，曾经请求将他调走；王之臣调满桂为山海关总兵时，袁崇焕又上疏反对。尽管如此，此时袁崇焕依然积极为之请功。

袁崇焕也没有忘记毛文龙："孰知毛文龙径袭辽阳，旋兵相应，使非毛帅捣虚，锦宁又受敌矣！毛帅虽被创兵折，然数年牵制之功，此为最烈！"

如果说此前的宁远血战只是精神鼓舞，那么宁锦大捷就是名利双收。可尽管前方得胜，依然还有高居台省的文臣口沫飞溅，说长道短。河南道御史李应荐弹劾袁崇焕："假吊修款，设策太奇，顷因狡虏东西交讧，不急援锦州，此似不可为该抚。"被魏忠贤把持的皇帝，御批道："袁崇焕暮气难鼓，物议滋至，已准其引疾求去。"因为父亲病故，袁崇焕此前多次要求离职守制，朝廷都不同意，宁锦大捷后，他一请病假，便获批准。

更可笑的是，论功行赏，袁崇焕不过涨了一级工资："文武增秩赐荫者数百人，忠贤子亦封伯，而崇焕止增一秩。尚书霍维华不平，疏乞让荫，忠贤亦不许。"

要知道这个霍维华可是阉党，也就是说，这事连阉党内部都看不下去。

袁崇焕两次在宁远挫败敌军，虽然没能从根本上改变辽东的被动局面，但也让后金尝到了厉害，从此再不敢轻易出兵，为明朝赢得了调整巩固辽东防御体系的宝贵时间。可惜的是，就在宁锦大捷的当年，明朝历史上规模最大的民变在陕西爆发。其中一个当时毫不起眼的小角色李自成，后来给了明朝致命一击。

平台召对

1627 年八月，天启皇帝朱由校一命呜呼，他的几个儿子已先后死去，帝位便由其异母弟信王朱由检继承，这就是明思宗崇祯皇帝。

当时的崇祯未满十七岁，拿现在的观点看还是未成年人，典型的少年天子。有明一代，皇帝兴趣广泛，爱好众多，可谓"人才辈出"：有人立志学习鲁班，整天做木活；有人渴望建军功，自封为"总督军务威武大将军总兵官镇国公朱寿"；像袁崇焕刚到兵部那样几天不上班不难，难能可贵的是有人几十年如一日地不上班；致力于采阴补阳的，更是不胜枚举。相形之下，崇祯简直就是个淡寡无味的"呆瓜"，既无兴趣又缺爱好，一心用于国事；偏偏还就是他，"非亡国之君，而当亡国之运"。

即位之初，崇祯便表现出了少有的机敏与干练。当时阉党盘根错节，魏忠贤的族孙魏良栋、魏鹏翼还在摇篮里吃奶，也受封为太子太保、少师，享有伯爵。在其手下，文有"五虎"，武有"五彪"，另外还有"十狗""十孩""四十孙"等大小爪牙。为防止阉党下毒，初进宫时，崇祯自带着水和食物。

客观而言，阉党形成气候，与东林党不无关系。因为后者出手太狠，齐党、楚党、浙党等走投无路，便顺水推舟，与魏忠贤互为声援。属于楚党的熊廷弼之所以惨死，东林党便有落井下石之功。正好熊廷弼答应给魏忠贤四万两银子，最后又拿不出来，终于被"传首九边"；而责任更大的王化贞，却多活了好几年。

东林党也好阉党也罢，其实都是毒瘤。崇祯出手稳准狠，将魏忠贤流放凤阳，可流放途中，他身边竟然还有一批死党追随。崇祯闻听大怒，命锦衣卫前去捕拿审判，魏忠贤这才以一根绳子结果自身。

魏忠贤手下为害最大的爪牙还是崔呈秀。他被魏忠贤收为养子，是"五虎"之首，逐渐升到兵部尚书、左都御史、少傅。大树已倒，他自知不免，便"列姬妾，罗诸奇异珍宝，呼酒痛饮，尽一卮即掷坏之，饮已自缢"。

后来定性的阉党有二百六十余名，或处死，或发配，或终身禁锢，朝廷气象顿时为之一新。崇祯同时启用袁崇焕，先提拔他为右都御史、视兵部添注左侍郎事，次年四月，又任命他为兵部尚书兼右副都御史，"出镇行边督师蓟辽兼督登莱天津军务"。七月袁崇焕到达北京，崇祯在平台召见，多有奖誉慰劳。皇帝如此锐意进取，隆恩浩荡，袁崇焕内心无比激动，再度表现出了孙承宗所谓的"多事"，以及王在晋所谓的"轻进"，信口拍了胸脯：约期五年，恢复全辽。毛泽东说五年解放全中国，有周密的判断和计算为基础，袁崇焕可没有这个。他的这个虚妄承诺，只不过是要"聊慰上意"。

崇祯哪里知道，闻听不觉一振。给事中许誉卿觉得太过突然，后来得知袁崇焕并无把握，非常担忧："上英明，安可漫对。异日按期责效，奈何？"袁崇焕这才回过神来，想起事情的严肃性，便又给皇帝提条件要政策："东事本不易竣。陛下既委臣，臣安敢辞难。但五年内，户部转军饷，工部给器械，吏部用人，兵部调兵选将，须中外事事相应，方克有济。"简而言之两个方面，一要人，二要钱。

崇祯一一应允。

袁崇焕到底吃过暗亏，害怕朝堂上有人使绊子，于是又说："以臣之力，制全辽有余，调众口不足。一出国门便成万里，忌能妒功，夫岂无人？即不以权力掣臣肘，亦能以意见乱臣谋。"

崇祯到底想做有为之君，因此郑重其事地"起立倾听"，最后严肃表态："卿无疑虑，朕自有主持。"随即收回王之臣和满桂的尚方剑，转赐袁崇焕，将辽东大计全权委托给他。

这些话其实完全流于形式。当时同意是真诚的，事后反悔也是真诚的。类似谈恋爱，爱与不爱全都发自内心，很少有人处心积虑，成心欺骗。

宁锦虽然取得大捷，但袁崇焕还是感受到了皇太极的难对付。他曾经这样上奏朝廷：

> 我欲合西虏而厚其与，彼即攻西虏而伐我之交。我藉鲜为牵，彼即攻鲜而空我之据。我藉款愚之，乘间亟修凌、锦、中左以扼其咽，彼则分犯鲜之兵而挠我之筑。著著皆狠，而著著不后。

意思是说，他想联合蒙古，皇太极就攻击蒙古；他要用朝鲜牵制，皇太极就逼迫朝鲜；他想修复锦州、右屯，皇太极就分兵阻挠。因为这个原因，这次平台召对，袁崇焕再度调整自己的辽东战略："守为正著，战为奇著，和为旁著。"增添了一个"和"，而这一点，正好埋伏着他死亡的诱因。

私斩岛帅

"五年复辽"起初只是轻率的大话，但袁崇焕很快就进入了状态。还在北京、尚未出发赴任时，他便开始着手筹划，第一把火要烧的是毛文龙。

这些年来，毛文龙孤悬敌后，兵部对他的评价甚高：灭奴不足，牵制有余。但问题在于，此公抗敌八年，好事干，坏事也干；正事干，邪事也干；功劳与非议同样突出。

毛文龙占据的东江也称皮岛，位于鸭绿江口，战略价值极高。他登岛以后，披荆斩棘，筹备器用，召集流民，通行商贾，南货绸布，北贩参貂，挂号抽税，不几年便雄踞一方。在多次牵制后金的同时，常有虚报军饷、杀良冒功的负面新闻。因为天各一方，他与朝廷之间严重缺乏沟通。他认为朝臣扯淡，朝臣觉得他不驯。毛文龙曾经这样上疏崇祯，发泄怨气："臣势处孤危，动遭掣肘，功未见其尺寸，怨已深于寻丈，而皇上知之否？"尽管朝臣整日灌耳边风，崇祯还是有自己的独立判断，因而对此深表理解同情："毛文龙本以义勇简任东江，数年苦心，朕所洞鉴，人言何足置辩！"

崇祯元年（1628）朝廷派人前往东江核实兵员，仅皮岛就有三万六千人，铁山、昌城、满浦、獐鹿、三山、旅顺等地，以及各个岛上的屯军，全都没有统计，因为钦差不愿去；以偏概全已不合理，最终还要打折扣，核定为两万八千人。毛文龙认为此举未免伤良心，崇祯也深以为然，因此这样批复：毛文龙辖境，辽民避难，屯聚海岛，荷锄是民，受甲即兵，不能与内地一概而论。他鼓励毛文龙："乘机奋勇，著有显效，谁得以糜饷为借口！"

但说归说，做归做，最终还是按照两万八千人发饷不说，待遇也只有关宁军的一半。毛文龙在奏折中气愤地质问："关门接壤神京，每月一两四钱、米一斛，尚不敷用。况东江悬海，风涛叵测，百物腾贵，而反议每兵银七钱、米一斛，使各兵肯安心东江耶？"

关宁军每月一两四钱的工资，东江只有七钱；口粮倒是一样，都是一斛。论说东江属于边防海岛、艰苦地区，应该有额外补贴，可实际上不但没有补贴，待遇反倒打对折，搁谁也难以气顺。

明朝的规矩类似宋朝，武将地位很低。即便官居二品的总兵，到兵部汇报工作，也要跪拜。而正常情况下，兵部尚书也不过正二品。武将之上一般都设文臣统领。唯独毛文龙的东江，因为地理原因，实际已成独立王国。无论皇帝如何嘉许慰勉，他与朝廷的隔阂始终存在。袁崇焕当然也能感受到。按照道理，朝廷并没有明确毛文龙受袁崇焕节制，袁崇焕"出镇行边督师蓟辽兼督登莱天津军务"，而皮岛远在朝鲜，并不在此区域之中；朝廷为统一事权、避免扯皮，特意收回王之臣、满桂的尚方剑，却并未收回毛文龙的尚方剑，可为明证。

若是别人，碰上这事可能会睁只眼闭只眼，但袁崇焕不会。既然皇帝将辽事全权委托给他，那他就一定要管。这一点，他对内阁首辅钱龙锡毫不隐瞒。钱龙锡问他五年平辽的具体打算时，他说："恢复当从东江做起，文龙可用则用之，不可用则处之亦不难。"

也就是说，当时袁崇焕已经下定决心：毛文龙服从节制就用，若不服从，他就要"入其军、斩其帅"。说到底，他有科举背景，是赐同进士出身的。尽管亲临一线指挥作战，还是难以从感情上认同毛文龙。

两虎相争，必有一伤，甚至两败俱伤。

为迫使毛文龙就范，袁崇焕首先截断其经济来源：不许登州片帆出海，运往东江的粮草物资，一概改道觉华岛，经由旅顺口转运，先经督师衙门挂号。由于军饷不足，毛文龙不得不派难民进山采人参，卖给南方过去的商人。此举类似南宋初期的各大将，用生意收入补贴军费。袁崇焕此举一出，毛文龙立即肉痛，上疏抗辩，声称是"拦喉一刀"，但崇祯用人不疑，既然托付袁崇焕，也就不再干涉。

崇祯二年（1629）五月二十五，袁崇焕带着尚方剑和督师印信，以阅兵为名漂洋过海，准备跟毛文龙摊牌。起初他还有两手准备，尚未放弃和平争取，因此两雄相见，把酒言欢，开局倒有一团和气。序曲已过，进入正题，袁崇焕要求今后旅顺以东公文用毛文龙印，以西用袁崇焕印，但毛文龙不同意；袁崇焕要求更改营制，设立监司，派文官前来统领，毛文龙也不肯接受"空降的婆婆"。

毛文龙出生于杭州，有名的销金窟、温柔乡。不肯缴权，那么就此"转业"，回到西湖边安度晚年，也算衣锦荣归，但毛文龙对此建议还是抵制："向有此意，但唯我知东事，东事毕，朝鲜衰弱，可袭而有也。"口气还很大，解决了后金，准备占领朝鲜。

就是这句大话，决定了岛帅的末日。那一刻，袁崇焕想必微微心动，但脸上毫不作色。他虽然不比隋朝的杨素治军那么严酷，但杀个把人，岂是高难度动作？

六月初五，袁崇焕在山上张好大幕，说是邀请诸将看士兵比赛射箭，预先派人带领甲士埋伏在大帐之后，等毛文龙进去，就将其部众卫士全部隔离在外。

众将坐定，袁崇焕面色肃穆，指责毛文龙抗命；毛文龙不服，当场辩解。袁崇焕疾言厉色，下令将他除去冠带、五花大绑，随即列举十二大当斩之罪：

专制一方，军马钱粮不受核；

奏报尽欺妄，杀濒海难民冒功；

奏中有"牧马登州，取南京如反掌"语，大逆不道；

每岁饷银数十万，不以给兵，月止散米三斗有半，侵盗军粮；

擅开马市于皮岛，私通海外诸国；

部将数千人，悉冒己姓，副将以下，滥给劄付千，走卒舆夫尽金绯；

自宁远剽掠商船，自为盗贼；

强取民间子女，不知纪极，部下效尤，人不安室；

驱难民远窃人参，不从则幽之岛上，僵卧死者，白骨如莽；

辇金京师，拜魏忠贤为父，塑冕旒像于岛中；

铁山之败，丧军无算，掩败为功；

开镇八年，不能复寸土。

督师一声令下，岛帅人头落地。

袁崇焕晓谕东江将士："诛止文龙，余无罪。"然后下令收殓毛文龙的尸体，次日准备好猪头纸钱，前来落泪祭奠："昨斩尔，朝廷大法；今祭尔，僚友私情。"

想当然地认为袁崇焕彼时流下的是鳄鱼的眼泪，是做给活人看，是权术手腕儿，那恐怕是大错而特错。督师当时的愧疚无比真诚，因为他确实有负于死者：他两次作战得胜，背后都有岛帅的支援，而等对方有警，他却未曾策应。不仅如此，还必须罗织罪名，将其功绩悉数抹杀。观望养敌即是一例；塑魏忠贤像，也可以理解，袁崇焕自己也干过；擅开马市，逼迫难民采人参等，更是无奈之举。朝廷的逻辑是你做买卖能挣钱，所以要扣减粮饷；毛文龙的逻辑是你老扣粮饷，我不得不做生意。"铁山之败"云云，算不算战败暂且不论，其背景正是袁崇焕的观望。

然而毛文龙并非逃兵或者小校。《大明会典》对于处置总兵，有明文规定：

> 总兵、镇守官受朝廷委任以防奸御侮。凡调度军马，区画边务，风宪官皆无得干预。其相见相待之礼，尤须谦敬。如总兵、镇守官有犯违法重事，须用体覆明白，指陈实迹，具奏请旨，不许擅自辱慢。其军职有犯，具奏请旨，已有定例。风宪官巡历去处，亦须以礼待之。并不得轻易凌辱。

何谓风宪官？《大明会典》也说得很清楚："在京都察院、十三道，在外按察司，俱称风宪衙门。"就是中央和地方的监察官。袁崇焕的本官右副都御史，正在其列。照此规定，即便总兵确有严重不法，也得证据确凿，请旨处理。毛文龙还不是一般的总兵官，戴左都督虚衔、持尚方剑。明朝军制，兵部只能调兵，统兵权在五军都督府。袁崇焕的虚衔挂在兵部为尚书，毛文龙的虚衔挂在五军都督府为左都督，也是两条线。正因为如此，事后袁崇焕立即上奏崇祯，说明此前跟首辅钱龙锡透过口风，以此减轻罪责，同时郑重请罪：

> 总兵毛文龙据海自恣，种种不法，臣向在都门，九卿诸臣无不以此为虑。辅臣钱龙锡特过臣寓，商及此事，臣曰："入其军，斩其帅。"如古人作用，某能为也……自去年十二月，臣计已定，文龙有死无生矣。……但文龙大帅，非臣所得擅诛，便宜专杀，……席藁待诛，惟皇上斧钺之，天下是非之。(《崇祯长编》)

起初得知此事，崇祯的反应是："帝骤闻，意殊骇。"转念一想，既然毛文龙已死，边事又要倚重袁崇焕，也就没有追究，反倒"优旨褒答"：

> 毛文龙悬踞海上，糜饷冒功，朝命频违，节制不受。近复提兵进登，索饷要挟，跋扈叵测。且通夷有迹，犄角无资，掣肘兼碍。卿能周虑猝图，声罪正法。事关封疆安危，阃外原不中制，不必引罪。

412

圣旨中列举毛文龙的罪恶，崇祯真是给足了袁崇焕面子。不仅如此，他还下令将毛文龙在北京的亲信全部逮捕，"以安崇焕心"。

需要指出的是，袁崇焕将毛文龙的两万八千人编成四协后，东江的军饷增加了一倍。起初崇祯见"兵减饷增"，很是疑虑，但到底照准所请，原因很简单，"以崇焕故"。

东江到底是毛文龙开创的基业，谁的威信也比不上他。从那以后，东江每况愈下，清初的四个异姓藩王，三个出自东江：孔有德，尚可喜，耿仲明。当然，那时袁崇焕已死。如果他还活着，威信是否足以控制东江，难说。

毛文龙在历史上争议很大，袁崇焕的争议更大。对此事如何评价，也是众说纷纭。很多人说毛文龙是汉奸，该杀；也有人认为，袁崇焕此举是自毁长城。计六奇的《明季北略》甚至直接将袁崇焕列举的十二条罪状类比为召回岳飞的十二道金牌。谈迁的《国榷》、张岱的《石匮书后集》等，也大抵如此。这也很正常，乾隆以前的史学家，对袁崇焕的评价普遍不高。

旁著迭出

平台召对时，袁崇焕的辽事方略较此前有明显变化，增添了"和"，所谓"和为旁著"。他就任之后，便与皇太极"再续前缘"，又谈起了和平。

崇祯二年（1629），袁崇焕与皇太极总共通信十封，其中皇太极来信六函，袁崇焕去书四札。内容全都堂堂正正，可以摆上桌面。袁崇焕首次复信时，对皇太极提出的印信之事，表明了自己的态度，当然也是明朝的官方立场：未降封号，不能妄行。第二封复信指出，辽东原为明朝土地，且有汉人坟墓，后金不应占有。第三封复信解释"使者来时，因在海上航行，而让其久居"，当时他正在处理毛文龙。第四封复信表示，战争长达十年，彼此都缺乏信任，不可能骤然停止，这不是数人所能为、数语所能定的。

按照道理，在袁崇焕的位置上，与后金和谈原无不可。崇祯要的是解决辽东的结果，路径选择在于袁崇焕。假如和议可成，不费刀枪，更是奇功一件。问题在于，他与后金和谈，并未奏报皇帝知道。

袁崇焕被捕之后，锦衣卫主持审讯，有这样的记录：

先是，锦衣卫以斩帅、主款二事究问袁崇焕根因，据崇焕所供，斩帅一事，则龙锡与王洽频以书问之崇焕，而崇焕专断杀之者也，主款一事则崇焕频以书商之洽与龙锡，而洽与龙锡未尝许之也。

也就是说，在毛文龙的问题上，内阁首辅钱龙锡与兵部尚书王洽态度暧昧，近乎默许，"主款"也就是和议一事，两人则从未答应。首辅与本兵都没表态，皇帝当然更不可能知道。

袁崇焕就是"明决"如此。自从进入兵部，他多次冒险，

414

而每次冒险的结果都是成功，这不禁让他的胆量和主意以几何级数增加。是否"轻进"，是否"多事"，全在结果，成则王侯败则贼。

他的和议，确切地说是所谓的"抚"，不仅仅针对后金，还有喀喇沁蒙古。

追根究源，皇太极之所以能够兵薄北京，原因其实在于明成祖朱棣。朱棣夺取江山时，当时最精锐的蒙古骑兵助战有功，因此后来下令大宁卫内撤，将滦河与辽河之间的广大地区，全部赐给漠北蒙古，所谓"兀良哈"，设立朵颜、泰宁、福余这三个"羁縻卫"。然而他们并不接受明朝的"羁縻"，反倒经常带领敌人越境攻击大明。

从1580年起直到17世纪中期，是著名的小冰河期，基本对应着万历、天启和崇祯三朝。太阳黑子消失长达七十年之久，宇宙射线的流量显著降低，同时气候变冷。酷寒使降雨区域普遍南移，导致明朝几乎连年旱灾。先秦晋，后河洛，又齐鲁。万历、崇祯年间，旱灾越发频繁。陕西民变之所以能成气候，根源就在于旱灾——庄稼颗粒无收，县官依旧逼租。

崇祯元年（1628）到二年（1629）的旱灾，波及东北地区。喀喇沁蒙古与后金全部遭灾。明朝疆域广阔，北方遭灾，南方有粮，蒙古与后金却无此便利。因此他们赖以生存的口粮，就成了问题。

此时袁崇焕却突然在高台堡开通米市，卖粮给蒙古。而在此之前，蒙古已经与后金结盟。皇太极对他们的要求是，遵守后金制度，一旦对明朝用兵，他们必须从征：

> 上颁敕谕于科尔沁、敖汉、奈曼、喀尔喀、喀喇沁五部落，令悉遵我朝制度。

> ……谕归顺各部蒙古诸贝勒，申定军令。规定凡遇出师之时，宜踊跃争赴，协力同心，不得迟期……若征明国，每旗大贝勒一员、台吉二员，率精兵百人从征，违者，罚马一千匹、驼百头。于相约会集之地掳掠者，罚马百匹、驼十头。（《清太宗实录》）。

这些情报，袁崇焕身为督师，即便没有确切证据，至少也应该有所耳闻。既然蒙古已跟后金结盟，那么他们也就是敌人。可尽管如此，他还是开了米市。他的判断是，此时正是拉拢喀喇沁（明朝称哈剌慎）蒙古的好时机。他们离蓟州很近，如果彻底倒向后金，那么京师将直接受到威胁。

袁崇焕如此回复崇祯口气严厉的谕旨：

> 臣会同蓟辽总督俞，查得哈剌慎三十六家原在蓟辽抚赏，仇于虎而未与奴通。自去年虎酋攻伯彦黄台吉，据此故穴，彦死之而我不能为各夷之依。夷遂依奴而自固。……业责无与奴通。

他的情报显示，喀喇沁蒙古跟察哈尔蒙古有仇，但并没有臣服于后金。察哈尔林丹汗是皇太极（黄台吉）的死敌，他死后明朝未能为蒙古各部提供庇护，他们只得"依奴自固"，也就是利用后金而已。并且蒙古各部落还曾对他下过保证：

> 各夷共谓："室如悬磬，不市卖一二布帛于东，何由借其利以糊口？宁愿以妻子为质，断不敢诱奴入犯蓟辽。"

也就是说，如果不卖米，他们将彻底断掉活路。因此他们宁愿以老婆孩子为人质，保证不引导后金进犯蓟辽。

此时的崇祯，对袁崇焕依然信任，见他如此表态，口气略微放松，但在根本问题上依然没让步：

> 西夷通虏，讥防紧要。奏内各夷市买于东，明是接应，何以制奴？着该督抚严行禁止。其招来属夷，其有饥困，查明部落多少，计口量许换米，不得卖与布帛米粮及夹带禁品。路将等官，倍加侦察，如有疏违，以通夷罪论处。

也就是说，对于臣服的属夷，可以助其渡过饥荒，但只能"计口量许换米"，有多少人，换多少粮，坚决不能多给，以免流入敌手，否则就以通夷论罪。

417

然而袁崇焕这次卖出的粮食数量颇大，以至于用光了储备。喀喇沁蒙古的总人口"不满万"，他们应该用不了这么多。按照《国榷》和《明史纪事本末补遗》中的说法，这些粮食多数流入了后金。不论此说是否属实，袁崇焕没有执行"计口量许换米"的政策，是毫无疑问的。因为什么？因为他相信自己的判断。而作为辽东前线最高将领，他也确实需要相信自己的判断。毛文龙能杀，粮因何不能卖？

潜越蓟西

喀喇沁蒙古跟袁崇焕做的"不与奴通"的保证，也许曾经认真过，但很快就沦为空言。他们不但"通奴"，甚至还充当进军向导，原因正是他们曾经受过抚赏，因此熟悉路径：

> 上亲统大军伐明，谒堂子启行，以来朝蒙古喀喇沁部落台吉布尔噶都，曾受赏于明，熟识路径，用为进兵向导。（《清太宗实录》）

对于袁崇焕而言，这简直就是个黑色幽默。朱棣大概做梦也想不到，他处心积虑安排的前哨，最终竟然开门揖盗。

清人张廷玉主持修的《明史》，将后金军队大举远征跟毛文龙之死联系起来，说是"文龙既死，甫逾三月，我大清兵数十万分道入龙井关、大安口"。这是崇祯二年（1629）十月二十七日的事情。

对敌军的动向，袁崇焕并非毫无察觉，早在九月就曾派兵增援蓟州，但被顺天巡抚王元雅退回：

> 九月己丑，袁崇焕以清兵欲西，先请驻宁远，增戍关门，至是，遣参将谢尚政等往备；顺天巡抚都御史王元雅曰："此虚警耳，遣其众归。"师果不出。（《崇祯实录》）

这是个狼来了的故事，蓟州的防御因此更加松懈："故蓟益懈。"

兵部尚书王洽已经跟袁崇焕商定紧急处置预案，一旦遭遇攻击，立即令祖大寿与赵率教回师驰援，"伏兵邀击"。因此袁崇焕接到警报，不等圣旨便按照预案，先令赵率教统军四千前往增援。十月二十八日，赵率教出发，兼程三昼夜，赶路三百五十里，经过三屯到达遵化，人困马乏时遭遇埋伏，赵率教战死。十一月初三，遵化陷落。

十一月初五，袁崇焕离开山海关一路向西，初六到达永平，初七在榛子镇接到圣旨，奉命节度所有勤王部队，可以"相机进止，惟卿便宜"。

三天之后，也就是十一月初十，袁崇焕到达重镇蓟州。这是徐达修筑的长城防线的一部分，后来戚继光又经营多年，是重要的战略节点，易守难攻。大兵压境，崇祯不敢有消灭敌军的奢望，只要能挡住其铁蹄，他便心满意足。他这样要求蓟辽总督刘策："以匹马不入为功，若纵入内地，以失机论。"袁崇焕对此十分清楚，因此部署停当后，随即上奏朝廷，保证不让敌军越蓟西一步：

> 入蓟城歇息士马，细侦形势，严备拨哨，力为奋截，必不令越蓟西一步。初臣虞阃截我路未必及蓟，今及之则宗社之灵，而我皇上如天之洪福也，微臣狗马力今可施矣。

他担心的是遭遇阻击，无法到达蓟州；既然能到，那就可保蓟州平安。

十一日、十二日没有战报，这短暂的平静令崇祯十分不安，因此吩咐内阁：

> 连日不见动静，恐别有深谋。崇焕既屯蓟门，倘西绕密西潮河、古北等处，东袭永平、关宁及他空虚，间道捷要临口，俱宜周防。卿等即传于崇焕，远行侦探，预为筹度，若得的确情形，速行具奏。

由崇祯的顾虑，可以看出当时明朝的被动，而消极防御只能防不胜防。不过此时已经无暇争论方略，袁崇焕对此已有考虑。本来蓟辽总督刘策、昌平总兵尤世威、宣府总兵侯世禄已经先后赶来增援，大军齐集蓟州，袁崇焕担心后金分路进攻，便令刘策返回密云，尤世威返回昌平守卫皇陵，侯世禄先退居三河，后来又退到通州，其余要害也分兵防守，然后上奏道：

> 凡要害地方，俱已拨兵防守。其蓟州守，则不忧矣，西建昌、迁安、永平守，则不忧矣，东抚宁、山海、丰润、玉田守，则不忧矣。

袁崇焕在蓟州忙，崇祯在京师忙。军情紧急，病退的孙承宗又被紧急起用，以原官兼兵部尚书驻守通州。对于袁崇焕的部署，孙承宗有不同看法。召对时他说："臣闻袁崇焕驻蓟州，满桂驻顺义，侯世禄驻三河，此为得策。又闻尤世威回昌平，世禄驻通州，似未合宜。"崇祯问道："卿欲守三河，何意？"孙承宗说："守三河可以沮西奔，遏南下。"

崇祯看来对此颇为赞赏，但并未传令袁崇焕更改部署。直到此时，他对袁崇焕依然信任有加，不遥加干预。他嘱咐孙承宗不必赶往通州，而是"总督京城内外守御事务，仍参帷幄"。下令立即为他铸造关防印信。孙承宗从皇宫出来已是深夜，"漏下二十刻矣"。他来不及休息，立即"周阅都城，五鼓而毕，复出阅重城"。

关防印信的余温未散，次日夜半，宫内忽然传旨，又令孙承宗火速赶往通州。孙承宗立即带领二十七名随从出东便门，快马加鞭一路向东。他跑得太快，敌情又重，半路上竟然有三个随从逃亡。

崇祯为何朝令夕改？是他确实像传说中那样"专断多疑"吗？当然不是，是军情实在紧急：敌军已经逼近通州！

敌情刚到蓟州，怎么突然出现在通州？后金大军难道插有翅膀？

周文郁是袁崇焕身边的旗鼓官，当时的经过，他在《辽师入卫纪事》中有详细记载。按照他的说法，后金十一月十一日从遵化兵发蓟州，十二日明军在蓟州以东的马伸桥遭遇后金哨探，"大败之，斩获酋长，军声大振"，次日清晨接到探马报告，后金主力越过马伸桥以东的石门驿，袁崇焕随即下令：

> 马步兵尽出城外列营。营甫定，有奴骑二百余，分四队扎我军之东南，相持两时，并不见贼大兵。公令我发炮，贼闻炮即将四队排为一字，忽退去。竟日无一骑复至，使我欲战而无可战。

皇太极仅用两百多名骑兵，便直接或间接地牵制了袁崇焕的主力整整一天。当时后金的大军何在，史料无载，但据《满文老档》的说法，十三日晚，他们已经神奇地越过蓟州，在五里外扎营："乃过蓟州五里外驻营。"蓟州的城防是对外的，也就是说，主要防御设施朝向东，面对长城一线，背后主要作为依托。后金既然已经越过蓟州，在五里外扎营，那么这座雄关已经失去意义，余下的威胁，只有袁崇焕手下的关宁军。

此时兵部尚书王洽已经下狱，袁崇焕命运的大局已定。

皇太极如何越过蓟州，史料中查不到任何细节，周文郁只有简单的四个字——"潜越蓟西"。袁崇焕大军在蓟州，既没有与敌军苦战，又没有为朝廷争取到时间，一天之内皇太极就越过徐达和戚继光苦心经营的防线：十四日到达三河，十五日到达通州，十六日赶到顺义，攻击宣大军，十七日到达京郊牧马场。通州离北京不过四十里，后金军队到达时，明军竟然没有哨探。兵部对此的解释是"止闻在蓟，不闻在通"，从未听说敌军已到通州。战局恶化如此之快，崇祯皇帝岂能不急？所以孙承宗的任务，一会儿是守京师，一会儿又是守通州。

《满文老档》记载，后金曾经派人到蓟州劝降："十三日，大军至蓟州，获一生员，令持书往谕驻城道员、军官及庶民降。"若此说成立，袁崇焕应该知道皇太极的到来；即便记载有误，或者信未送到，当此危急关头，数万敌军从眼皮子底下过去，明军难道连起码的侦察都没有吗？或者说，侦察范围连五里都达不到？蓟州周围全是崇山峻岭，西南方向又有沽河蜿蜒而过，地势之险要可以想见，否则也不会成为徐达和戚继光选择的防御节点，而此时后金竟然能不战而过，实在是咄咄怪事。要知道他们以骑兵为主，不像步兵，还能像三国时邓艾取蜀那样奇袭阴平，手攀脚蹬，翻山越岭；即便有此能力，皇太极全军敢于越过蓟州的关宁大军直奔北京，也违反军事常识，实在太过冒险。前有坚城，后有雄兵，此时若敌方主力出击打穿插，即便古之名将，也得仔细掂量。

凡此种种，都是蹊跷事。正因为太过反常，所以当时有个流行的说法是袁崇焕还想跟皇太极和谈，但被对方耍弄。结果呢，两岸"袁"声啼不住，"清"舟已过万重山。后金方面确实有档案记载，大军到蓟州时，守军送了"牛酒相慰劳"，真假莫辨。当然即便是真，也未必能成为袁崇焕有阴谋的铁证。先礼后兵，向为古礼，南宋名将吴玠在陕西保卫饶风关时，战前也曾给金将送去一枚黄柑。《国榷》的说法更加超前，说是当时有严令，不许袁崇焕越蓟门一步，因为事前就有人说他导奴入犯："时命崇焕不得过蓟门一步。盖先有言崇焕勾建虏。"

没有证据表明，在此期间，袁崇焕的辽东余部以及东江的毛文龙旧部曾经采取过策应的行动。如果此时他们分别攻击沈阳、辽阳，局势如何演变难以逆料。此时辽东余部似有半数未动，兵力当不下于三四万人；即便不足此数，也该采取行动。当然不必奢望拿下二城，警报响起便是胜利。问题在于，此举完全不符合袁崇焕的用兵方略，因为战只是奇著。

京师之战

此时周文郁建议兵分两路，一路急出超前堵截，一路跟踪抄其后路，但大家都认为力量单薄，无法分兵——刘策等人已被派走，关宁步兵行军速度慢，此时身边只有九千骑兵，确实不多。袁崇焕也未采纳此计。他依旧没有决战的打算，只想赶到敌军前面，争取在通州等地重新设卡堵截，因此没有径向西南，而是不惜绕路，掉头向南，十六日赶到河西务城外扎营。

下一步该怎么办，多数意见是直奔京师。周文郁不同意，他说道：

> "大兵宜向贼，不宜先入都。"诸将又言士马疲敝，恐难野战。余曰："不然，今贼在通（州），张湾距通仅十五里，我兵若屯张湾，取食于河西务，令侦者确探，如贼易则明与决战，一了百了；倘贼坚则我乘夜出奇，击其不意，彼孤军深入，势必站立不住。此一定之策也。"
>
> 诸将狃以勤王之师，必当进京请旨。
>
> 公（袁崇焕）曰："周君言是。第恐逆奴狡诈异常，又如蓟州显持阴遁，不与我战。倘径逼都城，则从未遇敌之人心，一旦摇动，其关系又不忍言。必我先兵至城下，背障神京，面迎劲虏，方是完策。"

袁崇焕还是担心挡不住，不想敌军先到京师，动摇人心。但周文郁考虑得更加充分：

> 余又曰：外镇之兵，未奉明旨而径至城下，可乎？"
> 公曰："君父有急，何遑他恤？苟得济事，虽死无憾！"

还是他对王在晋说过的那句话："我不畏死。"

计议已定，直奔北京。

十七日晚，大军到达左安门。同日或此前一天，满桂和侯世禄也退到北京。

十八日崇祯派太监过来查看，随即以"禄米百石，酒十坛，羊百只，银万两犒师"。

十九日崇祯赐袁崇焕玉带一围、六币有副，其余将领亦有赏赐；当夜袁崇焕派兵劫营，但后金已有防备，没有得手。

二十日，后金大军分成六队而来，袁崇焕下令开营迎战，双方激战于广渠门。这是袁崇焕回援以来，首次也是唯一一次真正意义上的战役。战事极度激烈，"一贼抢刀砍值公，适傍有材官袁升高以刀隔架，刃相对而折，公获免。……时贼矢雨骤，公与余两肋如猬，赖有重甲不透"。最终击退敌军。

这一天，满桂与侯世禄也在北边的德胜门迎战。侯世禄态度消极，满桂虽然奋勇抵抗，最终也未能取胜，自己身负重伤。看来朝廷对满桂的态度比较认可，因此二十二日打开德胜门，收容其残部在瓮城驻扎。

其实蓟州被突破的那一刻，袁崇焕惨死的结局已定。

在此之前，北京曾经两次遭遇威胁，每次都冤死一位大臣：土木之变瓦剌来犯，后来于谦惨死，当然并非因果关系；俺答糜烂京师，兵部尚书丁汝夔冤死，则有直接牵连。土木之变，源于宦官王振误国；俺答来袭，内有奸臣严嵩弄权。而此时主政的崇祯，这个刚刚十八岁的小伙子，励精图治，致力恢复，用人不疑。作为皇帝，他给足了臣下空间，可"五年平辽"的誓言墨迹未干，"必不令越蓟西一步"的承诺言犹在耳，京师怎么就成了前线？

敌兵薄城，都中舆论大哗。后金向来会用间，每次作战都先派细作潜为内应，然后攻城，屡试不爽，无论是过去的沈阳，还是这回的遵化。此时想必他们也没有闲着。其实不必用间，当时的形势足以令袁崇焕百口莫辩。他此前的和议，朝臣并未忘记；这回局势的演变，越琢磨越像是拥兵纵敌。北京城外的许多田庄，都是勋戚贵族的产业，突然遭遇蹂躏，他们损失惨重，怨气难免，而矛头只能指向袁崇焕。

更何况朝堂之上还有要命的党争。

三人成虎，这就是舆论的力量。此时压力最大的，还是崇祯，这个十八岁的小伙子。一方是议论纷纷的多数人，另一方是曾经信任的方面大员，他应该相信谁，他又能够相信谁？

广渠门之战后，两军再没有发生大的战事。直到此时，袁崇焕依然坚持当初的策略（"守为正著，战为奇著"），以守为主。他到底有无谋和之意，众说纷纭，但他军中有作为翻译的喇嘛，倒是事实。单纯从军事的角度出发，敌军远来，利在速战，此时先疲其锐气，倒也能说得过去，问题是袁崇焕已经无法向皇帝开这个口，所以奏章中找不到相关内容。

老这样旷日持久地拖着，群臣的指责过不去，崇祯的面子也过不去。他希望尽快送走瘟神。二十三日后金移营南海子，崇祯再发上谕，催促袁崇焕进兵，但这个命令直到袁崇焕被捕，也没有真正执行；次日崇祯召对，赐袁崇焕狐裘一领、盔甲一副，袁崇焕请求像满桂那样入城，但被拒绝；二十五、二十六日两天，后金与明军对峙；二十七日，后金小规模攻击；二十八日休兵；二十九日袁崇焕"以五百火炮手，潜往海子，距贼营里许，四面攻打，贼大乱，随移营出海子"，然后就是十二月初一，崇祯再度召对，随即将袁崇焕逮捕下狱。

崇祯质问道：你擅杀东江毛文龙，现在敌军打到京师，你怎么还逗留不前？

随后朝野对整个关宁军的怀疑达到高潮："城上人群詈为贼，投石击死数人。所遣逻卒，指为间谍而杀之。"甚至直接炮轰城下的关宁军。若非如此，祖大寿与何可刚又怎会突然带兵逃亡？

朝野的舆论倾向，袁崇焕当然有所耳闻，他心里非常不安。按照《国榷》的说法，崇祯初次召对时，"崇焕不自安。留中使于营，自青衣玄帽入"。竟然要留下传令的太监，作为"人质"，理由是安定军心。而从那一天起，根据《崇祯长编》记载，致力中兴的年轻皇帝更是"费几许踌躇，玉色为焦"。

如果初次召对之后，袁崇焕能组织一次像样的会战，也许还能挽救自己的命运。但随后几天双方基本相安无事，"袁营列前，清营驻后，相距不远，复不出战"（《明季北略》）；甚至还有记载说彼此嬉闹，形同友军："又言城上瞭望，有见敌兵与我兵嬉笑偶语，往来游戏者。"（《石匮书后集》）钱谦益的《初学集》更是言之凿凿，说大敌当前，朝臣胆寒，大家希望能议和罢兵，只是碍于孙承宗阻挠，有人去做他的工作，结果遭遇白眼：

> 当是时中外畏奴甚，喧传袁崇焕挟奴讲款，咸欲
> 倚崇焕以媾奴，而独难公（孙承宗）一人。有私于公
> 者曰："以靖国也，虽城下之盟何害？"公曰："我
> 受命防御，不受命为抚。存亡与公共之。"

关宁步兵此时应该已经赶到，因为起初的兵力据记载是骑兵九千，后来祖大寿、何可刚带兵溃逃时，却有了一万五。就此组织会战也许还嫌不够，那么袁崇焕应该积极筹划，调兵遣将，但史料中也没有相关记录。

"玉色为焦"的崇祯终于下定决心。那确实是个赌博，但赔率至少有一比二，完全值得冒险：如果袁崇焕确实是奸细又不迅速拿下，不仅关宁军，除京营以外的军队都有可能倒戈；如果拿下袁崇焕而他又不是奸细，关宁军难免一时人心躁动，但尚可安抚。

事实上，崇祯别无选择。

得知昔日的袍泽被捕，后来成为烈士的孙承宗写了两首诗。

第二首是：

> 练尔多方练未成，空闻曾铣尔前生。恢疆五载承
> 天语，却虏三师傍帝城。
> 魏绛偏和原有恨，汾阳单骑更无兵。东江千古英

雄手，泪洒黄龙半不平。

在孙承宗看来，袁崇焕到底还是没有历练成功，因此颇有点"哀其不幸，怒其不争"的意思。不过他也深信，袁崇焕一心谋和，毛文龙死非其罪。

但崇祯并没有仓促处置。他还是力求证据充分、罪行确凿、引用法律条文得当，办成铁案，因此七个月甚至八个月后，才最终定罪。结局是大家都知道的，但罪名却未必清楚：

> 以袁崇焕付托不效，专恃欺隐，以市米则资盗，以谋款则斩帅，纵敌长驱，顿兵不战，援兵四集，尽行遣散，及兵薄城下，又潜携喇嘛，坚请入城，种种罪恶，命刑部会官磔示，依律家属十六以上处斩，十五岁以下给功臣家为奴。今止流其妻妾子女及同产兄弟于二千里外，余俱释不问。（《崇祯长编》）

罪名很长，但核心问题有主观和客观两个方面：主观上欺骗朝廷，一心谋和，缺乏战斗意志；客观上不尊号令，卖粮资敌，妄杀大将，遣散援兵，等敌军压境，又"潜携"作为翻译的喇嘛，坚持入城，居心叵测。

这些罪名多有实据，并非完全捏造，只是有个潜台词隐忍未发：审查结果认为，袁崇焕妄杀毛文龙是为了暗中推动和议，袁崇焕与后金早有默契或者勾结。但这一点，崇祯始终不肯明说，只是暗示。他是严谨的，不想落下历史的把柄。正因为如此，就像袁崇焕只杀毛文龙，依旧令其子统领一协旧部那样，崇祯对袁崇焕的家属也有所宽大。

这绝非昏君之所为。崇祯当然也不是什么昏君，就连向北京进军的"闯贼"李自成，在讨伐檄文中也不得不承认"君非甚暗"——皇帝并不太坏。

因为这次事变，多名高官的命运逆转。最先被追究责任的是兵部尚书王洽。后金刚刚兵发遵化的十一月十一，他便因周延儒等人的弹劾而下狱，次年四月"瘐死"。也幸亏瘐死，否则最终难免挨一刀：给袁崇焕定罪期间，已经死去的王洽也未能幸免，连坐当"大辟"，也就是砍头。据说头一年崇祯起用王洽代替王在晋，召对时见王洽相貌伟岸，私下里夸赞"好似门神"。一个姓周的算命先生闻听此事，便断言其"中枢之座不久矣"，因为门神一年即换，果然一语成谶。

最先死去的新任蓟辽总督刘策，则是个典型的倒霉鬼。

此前出任此职的是喻安性。当年夏末，原本作为"东林遗奸"而落职削籍的刘策，又被起复，以原官兵部侍郎兼右佥都御史，总理蓟、辽、保定军务，驻节密云。敌兵破口后，他迅速赶到蓟州，但袁崇焕又命他返回密云。不管过程，只论结果，既然敌兵越境薄城，他也只能与总兵张世显一起，被论罪"弃市"。刘策被处斩刑还是绞刑待考，反正是被暴尸闹市，而且执行时间最早，在崇祯三年（1630）正月。

内阁首辅钱龙锡知道袁崇焕斩帅谋和的意图，却欺瞒不报，也被下狱论死，后来被长期羁押，南明时才获释。

如果钱龙锡、王洽、刘策都有死罪，袁崇焕又如何能免？蓟辽总督是袁崇焕的理论下属，只不过二者各有分工，袁崇焕的奏疏可为明证："若顺天等处，则听督抚为政，臣不敢越俎而议者也。"但破口之后，朝廷已经委任他节度所有勤王兵马。此时敌军威逼京师，他怎能洗得清责任？乾隆期间修成的《明史》，提出著名的"反间计"之说，无论此说是否属实，在后金神奇地越过蓟州最终打到京师的那一刻，袁崇焕的死罪其实已经注定。

勾结一说，人言汹汹而查无实据，应当疑罪从无。正因为如此，临死之前袁崇焕依旧心无愧怍，口占一绝道：

　　一生事业总成空，半世功名在梦中。死后不愁无勇将，忠魂依旧守辽东。

直到此刻，这位唯一一个连挫努尔哈赤和皇太极的明朝封疆大吏，依旧不肯低头。看来即便结局如此，他也未曾怀疑自己的战略："守为正著，战为奇著，和为旁著。"